乡村振兴背景下农民专业合作社发展进路

THE DEVELOPMENT
APPROACH OF
PROFESSIONAL
FARMERS COOPERATIVES
UNDER
THE BACKGROUND OF
RURAL REVITALIZATION

史冰清 —— 著

社会科学文献出版社
SOCIAL SCIENCES ACADEMIC PRESS (CHINA)

目 录

导 论 / 1

上篇 滇西农民专业合作社的发起和社员参与

第一章 滇西农民专业合作社产生和发展的外部环境 / 21
第一节 滇西合作社产生和发展的区域环境 / 21
第二节 滇西合作社产生和发展的政策背景 / 24
第三节 滇西合作社产生和发展的产业环境 / 26
第四节 合作社获得的政策支持及其满意度评价 / 40
第五节 合作社发展所面临的外部融资环境及其融资可得性 / 46
第六节 合作社发展所面临的市场环境 / 55
第七节 本章小结 / 61

第二章 滇西农民专业合作社的发起、参与成员的特征及需求 / 62
第一节 合作社发起的相关理论体系 / 62
第二节 数据来源及说明 / 65
第三节 合作社基本情况及总体特征 / 67
第四节 合作社的发起原因及发起方特征 / 78
第五节 合作社社员家庭的资源禀赋和生产经营特征 / 81

第六节　社员所生产产品的市场特征 / 92

第七节　参加合作社的主要原因及其对合作社提供服务的实际需求 / 97

第八节　社员参与合作社事务的情况 / 99

第九节　本章小结 / 101

第三章　滇西农民专业合作社社员结构及特点 / 102

第一节　合作社社员规模及构成特点 / 102

第二节　合作社理事长及其家庭的资源禀赋特征 / 103

第三节　合作社理事会社员的基本特征 / 117

第四节　合作社社员的异质性情况 / 121

第五节　本章小结 / 136

下篇　乡村振兴背景下滇西农民专业合作社的发展与探索

第四章　滇西农民专业合作社的主要发展模式及其特点 / 139

第一节　云南省农民专业合作社的总体特点 / 139

第二节　滇西农民专业合作社的整体特点 / 140

第三节　种养殖业合作社的发展情况 / 143

第四节　服务类合作社的发展情况 / 152

第五节　本章小结 / 160

第五章　合作社的内部运行机制 / 162

第一节　合作社"三会"制度的实行情况 / 162

第二节　合作社财务制度的实行情况 / 165

第三节　合作社日常运营的决策机制 / 168

第四节　合作社新社员入社条件及内部人事安排 / 174

第五节　本章小结 / 178

第六章　合作社在农业社会化服务中的作用 / 179

第一节　合作社在产前服务中的作用 / 180

第二节　合作社在产中服务中的作用 / 184

第三节　合作社在产后服务中的作用 / 188

第四节　合作社开展的内部信用合作及提供资金借贷服务的情况 / 196

第五节　合作社土地流转及提供土地流转服务情况 / 206

第六节　合作社在提供生产经营服务设施方面的情况 / 211

第七节　合作社对非社员提供服务的情况 / 215

第八节　本章小结 / 219

第七章　合作社带动社员增收效果及其在乡村振兴中的新角色 / 221

第一节　合作社带动社员增收的理论分析 / 221

第二节　合作社带动社员增收效果及影响力 / 222

第三节　滇西合作社在脱贫攻坚中的作用 / 227

第四节　合作社在乡村振兴中的新角色 / 240

第五节　本章小结 / 255

结　语

第八章　滇西农民专业合作社研究的主要结论与政策建议 / 259

第一节　主要结论 / 259

第二节　存在的问题与政策建议 / 263

附　录 / 271

参考文献 / 309

后　记 / 327

导 论

随着乡村振兴战略的实施，按照"产业兴旺、生态宜居、乡风文明、治理有效、生活富裕"的总要求，加快构建现代农业产业体系、生产体系、经营体系，加快探索现代乡村社会综合治理，加快帮助农民增收实现生活富裕等工作将成为重中之重。在这个过程中如何促进小农户与现代农业发展有机衔接、如何处理好新形势下公共服务需求多元化与供给有限性之间的矛盾、如何切实可行地帮助农民增收并避免规模性返贫等一系列问题值得关注与思考。农民专业合作社作为一种新型经营主体，兼具经济和社会功能，通过几十年的实践也证明了其在帮助农民增收、提供多样化的公共服务及承担部分乡村治理社会职能等方面具有一定的优势和可发挥的空间。2015~2022年连续8年中央一号文件均提出要积极探索发挥农民专业合作社在促进小农户和现代农业发展有机衔接、保障粮食安全、壮大集体经济、深化村民自治实践、帮助农民增收方面的作用。

滇西边境片区曾是我国14个集中贫困地区之一，是云南涉及的4个贫困集中地区中贫困区域最广、贫困面大、深度贫困问题突出的片区，云南边境25个县中有16个贫困县位于这一片区。该片区包括大理白族自治州、红河哈尼族彝族自治州、楚雄彝族自治州、西双版纳傣族自治州、保山市、丽江市、普洱市、临沧市等10个地州（市）的61个县。这里少数民族众多，有汉、彝、白、傈僳、景颇、拉祜、傣、佤、怒、纳西、独龙等26个世居民族，其中有15个云南独有少数民族、8个人口较少民族，且这些民族中"直过"、沿边跨境特困少数民族较多，经济封闭而落后，农民组织化程度低,种养规模小而分散,信息技术等获取困难,难以与"大市场"连接。但这里光热条件好、产业资源丰富,在我国广大民族地区的农业发展中具有典型性。

在乡村振兴战略与农业现代化的背景下,如何更有效地整合利用农村丰富的资源要素,积极探索农民专业合作社等新型经营主体在促进少数民族地区小农户和现代农业发展有机衔接、提高农业产值、增加农民收入、改善乡村产业环境和治理环境等方面的作用是推动滇西农村农业发展的重要问题。因此,关注并深入研究滇西边境片区农民专业合作社发展的特殊性和规律具有重要的现实意义。

一 国内外相关研究综述

欧洲是合作经济思想和实践的发源地。16世纪初至今,合作社思想大体经历了早期空想主义、以罗虚代尔思想为标志的改良主义及近代西方进化主义三个阶段。国内对于农民专业合作经济组织的研究,按历史承接的脉络大体可分为三个阶段:第一阶段为20世纪80年代至90年代中期,主要研究农村社区合作组织、农村合作基金会、农村股份合作企业,较少涉及专业协会、专业合作社等。第二阶段为20世纪90年代后期,越来越多的学者力图论证发展农民专业合作社的必要性、重要性和迫切性,同时积极讨论我国农村合作社的发展思路。第三阶段为进入21世纪后,更多的研究重点关注农民专业合作社制度方面,主要包括农民专业合作社的制度安排、产生机制、制约因素、异质性问题、扶持政策等。

(一)关于农民专业合作社本质的研究

根据1995年国际合作社联盟(ICA)给出的定义,合作社是人们自愿联合、通过共同所有和民主管理的企业,以满足经济、社会、文化需要的一种自治组织。国外学者关于合作社的本质主要有三种观点:一是认为合作社是"农场的延伸"(垂直一体化);二是认为合作社是农场主基于集体或联合行动而形成的联盟;三是认为合作社是独立的企业模式,可以被看作是投资者所有企业(IOF)的变体。

自 2006 年《农民专业合作社法》颁布和实施以来，我国农民专业合作社迅猛发展，同时各种所谓"假合作社""空壳合作社"等问题也层出不穷。这引起了学术界的关注，并针对我国农民专业合作社的本质展开了探讨，主要有以下几种观点。

1. 农民专业合作社是所有者与惠顾者同一的互助性经济组织

吴彬、徐旭初（2013）把合作社的本质归纳为所有者与惠顾者同一，自愿、自治和独立，成员民主控制，按惠顾额分配盈余，资本报酬有限。区别于其他类型的经济组织，合作社的本质属性是"所有者与惠顾者同一"（杨丹、刘自敏、徐旭初，2015；苑鹏，2006；邵科、徐旭初、黄祖辉，2013；邓衡山、王文烂，2014），即社员既是合作社的所有者（投资者），又是合作社的惠顾者（使用者），二者可以完全重合。国鲁来（2011）更明确地指出，合作社与其他经济组织的根本区别在于组织内部的同一性，即合作社的财产所有者和惠顾者（业务伙伴或顾客）同一，两者可以完全重合。如果合作社的财产所有者和惠顾者出现错位且达到一定程度，那么合作社将演化为盈利企业，或者演化为公益企业。

2. 农民专业合作社是"异化"的混合性经济组织

有观点认为我国农民专业合作社是一种兼有企业和共同体性质的社会经济组织。黄祖辉、徐旭初（2006）通过对浙江省等地区的研究发现，合作社的分配倾向于按资本分配而不是按惠顾量分配，具有明显的股份制特色。按惠顾量分配还是按资本分配是区分合作社和企业的重要标志之一。这些现象表明，我国农民专业合作社不再是传统意义的"经典合作社"，而是新型的或"变异"的合作社。潘劲（2011）指出合作社的本质特征之一是"成员的民主管理、盈余按惠顾额返还以及资本的报酬有限"。但通过对一些地区的实地调查发现，目前在运营的合作社中，单个成员控股比例在 90% 以上的情况并不少见，因此真正的"民主管理"在此类合作社中根本无法实现。邵科、徐旭初、黄祖辉（2013）指出，随着经济发展，近年来合作社的本质正在发生"漂移"和"异化"。邓衡山、王文烂（2014）认为农民专业合作社的本质就是"所有者与惠顾者的同一"，但是通过案例研究发现，如果按照此经典本质来判断，现实中中国的农民专业合作社都不能算作真正意义上的合作社。

针对这种"异化"的合作社，张晓山（2009）认为"能人、大户和龙头企业领办的合作社是当前中国的现实选择"，这在很大程度上会导致合作社成员具有异质性、合作社运行中的要素在社员间分布不均，这些都是合作社发生"变异"的重要原因。廖小静、应瑞瑶、邓衡山、徐志刚（2016）运用了交易成本理论从食品监管、农户异质性、经营规模及环境支持等方面阐释了现实中农民专业合作社发生异化的原因。

（二）合作行为与农民专业合作社产生的动因研究

关于合作行为与农民专业合作社产生的动因，许多文献运用新古典经济学理论和交易费用理论来分析。新古典经济学家从应对市场失灵的角度解释农业合作社产生的动因，新制度经济学则从交易成本角度来分析上述问题。

1. 从应对市场失灵的角度解释

运用新古典经济学理论研究农业合作社问题始于20世纪40年代，学者认为农产品市场天然存在"市场失灵"。Emelianoff（1942）、Enke（1945）将经典的厂商理论应用于合作组织分析，将农户的合作归类为一种厂商类型，通过合作达成一体化以实现（外部）规模经济。Rhodes（1983，1987）运用可竞争理论分析认为，农业合作社产生的重要原因之一是应对市场失灵。国鲁来（2011）认为当收益内部化的结果优于成本内部化的结果时，合作社的产生便成为可能。合作社的运行成本比较高，之所以能够存续下来，主要是其把增加社员收益作为目标。

黄季焜、邓衡山、徐志刚（2010）认为，农产品市场天然存在"单边垄断结构"，致使分散的小农户在市场交易和谈判中处于弱势地位，难以获得较高的经济回报。任大鹏（2018）指出，单个农户要实现与市场的有效对接，合作是必要的。孙亚范、余海鹏（2009）认为在市场经济条件下，农户自身的利益需求是合作社存在和发展的根本动力与原因。此外，王德祥、李建军（2010）认为，政府在提供农业社会化服务方面存在明显的不足，农户迫切需要的一些公共产品和服务，如政府无力提供或供给不足的与特定作物相关的技术研发和技术培训。张晓山（2009）认为，"市场失灵"和"政府缺位"的存在，使得农业的市场化发展需要有合作社这类组织来弥补市场机制的缺陷以及补充政府部门的相关功能，并通过合作和共享机制来满足农户利益需求。农民专业合作社的产生和发展是对农户生产经营所需的各类准公共产品和服务"缺位"的一种补充。

2. 基于交易费用理论的解释

Levay（1983）和 Staatzs（1987）运用交易费用理论分析了合作社组建的主要动因，认为只有能降低交易费用时农业合作社才会成立。Staatzs（1987）分析了不确定性、资产专用性、外部性及科层制等因素对组建合作社的影响，认为只有当采取合作社这种组织形式可以降低交易成本时，其才会出现。Sexton 和 Iskow（1988）认为，相对于单个农户，合作社不仅具有规模经济和更强的市场开拓能力，还可以减少交易频率和交易风险，从而能确保农民获得稳定的收益。Royer（1995）认为，与 IOF 相比，合作社是农民自己的组织，它不会与农民社员之间的协议精神相违背，因此，合作社能降低由资产专用性引起的交易成本。Bijman 和 Hendrikse（2003）通过对荷兰果蔬业营销合作社的案例分析，认为"组建合作社的根本动机在于建立社员自身的反垄断力量、降低营销过程中信息不对称及外部性的不利影响，同时避免专有资产投资受到机会主义的侵蚀"。

何坪华、杨名远（2000）认为，小农户对接市场体系时会面临着寻找交易对象的费用、讨价还价的费用、订立和执行交易合约的费用、监督违约行为并对之进行制裁等一系列交易费用。黄祖辉等（2011）认为，农民合作组织是一种介于市场与科层之间的制度安排，能够降低交易成本与控制成本。池泽新、张小有（2004）认为较之于纯粹的市场交易，合作组织内部的共同计划和组织，使不确定性、有限理性、机会主义、资产专用性等因素的实际影响程度大为降低，因而合作社具有较一般企业更低的管理成本。张晓山（2009）认为，农民专业合作社可以使得农户进入市场的交易成本降低并获得规模收益。林坚、马彦丽（2006）基于市场结构失衡理论、交易费用理论、集体行动逻辑理论等，分析认为合作社是代表生产者利益的组织，可以更有效地降低交易费用，但合作社本身又是一种高成本组织，合作社节约的交易费用和产生的组织成本的比较决定了其边界。黄祖辉（2011）、苑鹏（2006）、张晓山（2009）、孔祥智等（2009）、黄祖辉和徐旭初（2006）、任大鹏（2018）认为，合作社的发展能提高农户进入市场的组织化程度并改变其在市场谈判中的弱势地位，从而有效降低农户进入市场的交易成本、提高经济收益并增强竞争力，实现小农户与大市场的有效对接。

（三）关于合作社运行治理的研究

黄胜忠、林坚、徐旭初（2008）运用定量分析的方法对农民专业合作社的绩效和治理结构进行了调研分析，认为合理的内部治理是农民专业合作社有效运营的保障，是农民专业合作社稳定快速发展的基础，是影响农民专业合作社绩效的重要因素。

1. 农民专业合作社治理结构的现状及成因研究

徐旭初（2012）认为合作社的治理结构从经济学意义上说是依托社员共有资产的所有权、剩余决策权及盈余返还的一种架构。陈俊梁（2010）认为农民专业合作社治理结构的核心是控制权和剩余索取权的配置安排。关于合作社的控制权，张晓山（2009）认为，《农民专业合作社法》颁布后，龙头企业积极领办或者参与合作社，企业领办型合作社在我国占很大比例并拥有实际控制权。唐宗焜（2007）认为合作社由企业领办，在利润分配方面企业会占有更大比例，合作社在章程上应针对企业明确一定的限制原则，防止企业侵害社员的合法利益。

苑鹏（2008）认为，龙头企业与合作社在经营业务上更多的是产业链上下游关系，作为企业法人的社员容易操控合作社，拥有实际的控制权。在实践中，要注意平衡企业与合作社之间的利益，既要发挥企业的作用，又要让农民真正得利。

此外，目前我国农民专业合作社在控制权与盈余分配上出现了资本化倾向。"一人一票"的表决方式被"一股一票"所取代，合作社中的农村精英拥有较大比例的股份，对合作社拥有实际控制权。黄祖辉、徐旭初（2006）在对浙江省合作社的研究中发现，合作社出现了产权高度集中化现象。在合作社盈余分配上资本化倾向更加突出，按"股份"分配取代了按"惠顾额"分配，农民专业合作社中的少数核心社员获取了绝大多数盈余，而普通农民社员仅获得很少的收益。

关于我国资本主导型合作社治理结构的成因，张晓山（2009）基于风险归属、风险控制与规避等因素解释了现有治理结构形成的原因。他认为，在以农产品加工销售企业为主体的合作社中，企业在支付了社员的产品收购款后独自承担了产品销售风险，因此，在合作社的盈余分配上，企业理应得到由农产品加工和销售而产生的利润，相应的制度安排和利益分配都要为此服务。黄祖辉、徐旭初（2006）从生产要素角度进行了分析，认为当前中国农村经济的现状是资本相对稀缺而劳动力比较充裕，资本作为稀缺的生产要素在农民专业合作社中占据主要地位。徐旭初（2012）从组织能力差异的视角进行了分析，认为"合作社组织成员的能力禀赋、资源等是不均衡的，这种社员能力的差异性就直接决定了合作社制度安排的性质、形态和细节，决定了不同成员在合作社制度安排中的组织权利差异"。

2. 成员"异质性"与合作社治理研究

根据经典的合作社原则，合作社是全体社员共同所有，但随着合作社理事会、监事会、经理人、核心社员与普通社员在资源禀赋、生产规模、风险偏好、参与目的、定位角色等方面的差异增大，成员异质性日益凸显。孙艳华等（2008）认为，合作社成员异化与制度环境、要素价格有直接关系，需要予以矫正才能保证合作社兼顾效率与公平。黄胜忠、徐旭初（2006）认为，合作社在成员资源禀赋、角色作用、利益偏好等方面的异质性会导致合作社在产权结构、控制权、利益分配方面存在诸多问题。黄胜忠、林坚、徐旭初（2008）认为，少数核心社员在集聚生产要素、避免代理问题等方面具有优势，从而拥有合作社的控制权和剩余索取权。邵科、徐旭初（2008）认为成员间的利益诉求存在差异，其中成员入股额度的异质性会对合作社治理结构产生显著的影响。

陈俊梁（2010）指出，要对合作社社员差异性进行分析，对理事长和成员（代表）大会的决策权要有所区别，并将不同的投票权与不同类型的决策相对应，强化合作社内部的监督，从而保证农民专业合作社的高效运转。邵科、徐旭初（2008）指出，成员在业务、资本和管理三个维度参与合作的程度不同，会形成异化的合作社惠顾、产权和治理结构。苑鹏（2013）认为，社员身份多元化会导致农民专业合作社成员异质性进一步增强，并提出异质性成员制度将引领农民专业合作社的多元化发展。

3. 合作社内部治理存在的问题研究

Cook（1995）运用产权理论、委托—代理理论对合作社的产权和决策权配置问题进行了分析，认为合作社剩余索取权与社员惠顾数量相挂钩，且产权缺乏流动性，容易导致搭便车问题，并在视野、控制、投资组合、成本等方面产生不良影响。Hendrikse 和 Veerman（2001）认为合作社的产权和决策权配置方面的缺陷大大影响了合作社运行效率，导致合作社内部资源配置低效。

张燕、吴正刚等（2008）认为，目前不少合作社在利益分配上缺乏制衡机制，利益分配容易由少数核心成员控制，普通成员的利益难以得到保障。常青、孔祥智、张建华（2009）通过对山西祁县、太古农民专业合作社的研究发现，大多数合作社都成立了管理机构，但合作社的利益分配机制不完善，导致普通社员和管理者互相猜忌，影响了合作社的凝聚力。陈俊梁（2010）认为，从决策机制来看，目前我国农民专业合作社仍存在民主决策性不强、家族化倾向严重、协调机制不通畅、决策效率较低等问题。这些问题对于合作社的高效运营有着消极影响。丁建军（2011）认为，在农民专业合作社监督机制方面，成员代表大会、监事会大部分流于形式、形同虚设，合作社的主要权力集中在理事长及理事会成员手中，社员与监事会难以履行监督职责。吴彬、徐旭初（2013）基于对东部沿海地区农民专业合作社的调研认为，目前农民专业合作社的治理结构是一种"基于能力和关系的合作治理结构"。张晓山（2014）认为合作社规范发展的难点是如何在领办的龙头企业与农民社员之间建立公平合理的利益联结机制。

（四）影响合作社发展的因素研究

关于影响合作社发展的因素，现有研究主要从内部因素和外部因素两方面进行探讨。

1. 影响合作社发展的内部因素

吴彬、徐旭初（2013）认为影响合作社绩效的最重要因素是产权结构，其次是合作社的牵头人情况和理事会结构。黄季焜、邓衡山、徐志刚（2010）认为影响合作社服务功能实现的主要因素有组织化的潜在收益、合作社的创建方式及人力资本条件等。黄祖辉、高钰玲（2012）认为主营产品类型、成员的特性、经营条件以及外部环境等是影响合作社服务功能实现程度的主要因素。张荣和王礼力（2014）认为社员受教育程度、收入水平、社员与合作社契约紧密程度等因素对合作社内部搭便车行为有显著影响。张晓山（2014）认为我国现有合作社缺乏对理念、价值观及人文精神的培育，农户仅是为了满足自身需求而成立或加入合作社，这将影响合作社的可持续发展。崔宝玉（2015）认为我国农民专业合作社中核心社员对非核心社员的利益侵占以及委托—代理等内部治理失范问题影响了绩效。覃杰、袁久和、朱腾（2016）通过研究发现了成员异质性、要素异质性与合作社组织认同和管理等问题，进而从组织统一性的视角归纳影响农民专业合作社发展的因素。

2. 影响合作社发展的外部因素

关于影响合作社发展的外部因素，现有文献主要从制度环境、政策环境、市场环境及多种因素协同作用这几个方面进行分析。

（1）制度环境对合作社发展的影响研究

"中国农民专业合作社的成立和发展既不是单纯地由政府推动的强制性制度变迁，也不是单纯地由农民在逐利动机驱使下自发行动促成的诱致性制度变迁，而是介于两者之间，在政府主导下的内生需求诱导性制度变迁"（黄祖辉、徐旭初，2006）。黄祖辉等（2014）认为制度环境对于合作社建立和发展尤为重要，对合作社的影响也最为明显。制度环境包括正式制度环境和非正式制度环境。

孙艳华等（2008）认为不利于生产要素自由流动的市场环境是导致合作社发生异化的主要原因。苑鹏（2006）指出《农民专业合作社法》的颁布对合作社的发展产生了较大的影响，合作社在发展趋势、合作领域、合作内容以及农业现代化与产品专业化、标准化、品牌化等方面都发生了新的变化。徐旭初（2019）指出，农民专业合作社的立法导向应该是促进合作社面向市场、实现社员主导、利于合作社提高竞争力。

非正式制度环境主要包括文化和信任等社会环境。周立群、曹利群（2001）认为构建合作信誉机制可以降低合作社治理中的不确定性，抑制机会主义倾向，有助于建立稳定的交易关系和提高组织治理效率。柳晓阳（2005）认为在合作社规模较小、成员关系紧密的发展初期，基于信任的治理方式可降低交易和管理成本，减少道德风险和逆向选择问题。徐志刚等（2011）基于吉林等7省758个村庄的考察发现，村民之间信任度比较高的村庄更容易成立农民专业合作社，社会信任对合作社的产生、存续与发展有正向的影响。黄祖辉等（2006）提出"基于能力和关系的治理结构可形成对核心成员行为的有效约束。文化则以知识、惯例和习俗等形式潜移默化地影响合作社治理过程"。胡平波等（2012）关注了地域文化对合作社成立和发展的影响，认为地域文化与外来文化相互交融，推动了农民在生产经营过程中的合作文化不断演化。

（2）政策环境对合作社发展的影响研究

苑鹏（2006）指出，改善合作社经营的外部环境即建立有利于合作社发展的法律和政策框架是提高其应对外部挑战的能力的有效途径。孔祥智等（2006）认为影响农民专业合作社发展的关键因素是法律和社会环境。国鲁来（2006）在分析其他国家扶持农业合作组织发展的经验和教训的基础上，建议我国应出台符合国情、有利于农民专业合作社发展的相关政策，以改善我国农民专业合作社的发展环境。苑鹏（2019）分析了发达国家政府针对合作社从无为到干预再到服务的演变过程，认为政府对合作社的扶持重心应放在为其独立、自主发展营造良好的市场竞争环境上。孔祥智等（2009）详细阐述了政府支持合作社发展的重要性和必要性，在介绍国外政府针对合作社的扶持政策的基础上，指出政府对合作社的扶持主要体现在支持（资金支持、税收优惠、金融服务）、推动、参与（协助合作社的成立和运作）三方面。

徐旭初（2012）分析了合作社发展过程中政府行为的维度、动因、作用机制及其赋权行为特征，从赋权视角探讨了政府行为对合作社发展的影响。苑鹏（2017）分析了美国从立法、税收、资金、技术等方面支持合作社发展的做法，对我国政府扶持合作社发展提出相关的政策建议。Deng 等（2010）基于中国 380 个村 2003 年和 2009 年的实地调查，指出政府的支持对农民专业合作社的迅速发展起着不容忽视的作用。苑鹏（2019）通过调查各地政府对农民专业合作社的支持情况指出，政府相对于合作社的立法定位应为"指导"、"扶持"和"服务"，政府通过相关政策帮助合作社提升综合能力。潘劲（2011）指出，政府以资金、实物或项目等形式支持合作社的发展，对合作社的收益产生了较大影响。宋金田、祁春节（2013）认为政府的引导和支持对合作社的成立与发展起着重要的作用。

（3）市场环境及多因素协同作用对合作社发展的影响研究

苑鹏（2007）认为农村合作组织是市场经济发展的产物，良好的市场竞争环境和经济环境是农民专业合作社健康发展的重要前提条件。Egerstrom（2004）的研究表明，行业竞争对手、潜在进入者、上游供应商、下游购买者等相关市场主体都会影响合作社参与市场竞争的过程，进而影响合作社的市场竞争力和可持续发展能力。

黄祖辉等（2002）认为农产品的技术特性和市场特性是影响农民合作意愿的重要因素，生产集群因素是影响农民合作能否实现的重要因素，而组织成员因素和制度环境因素则共同决定了农民专业合作社的创建水平、组织制度、运营机制及发展路径。郭红东、蒋文华（2007）基于调研数据的研究表明，市场发育程度、区域经济发展水平、生产专业化水平和商品化程度、农户的文化水平以及政策支持力度等是影响农民专业合作社成长和发育的重要因素。刘婷（2011）认为农户内生力量和涉农企业、政府部门等外部支持联合起来才能共同促进农民专业合作社的形成与发展。李金珊等（2016）从知识、战略、组织三要素的内部协调以及市场环境、文化因素、法律法规等外部因素的影响两方面来研究农民专业合作社的内外协同创新对其发展的影响。王图展（2017）认为，合作社内部的自生能力和外部的政策扶持力度共同影响着其功能的实现。

（五）合作社在帮助农户增收减贫方面的研究

关于农民专业合作社在增收减贫方面的作用，现有文献主要从合作社增收减贫的路径、效果等角度进行研究。

Birchall（2003）认为，农民专业合作社秉承着国际合作社联盟"自愿、开放的成员资格"原则，贫困户也能够参与其中，在解决农村贫困问题上具有天然的优势。吴彬、徐旭初（2013）指出，合作社运动的初衷是益贫的，罗虚代尔公平先锋社的章程中明确提出，建社的目的在于增进社员经济利益，改善社员社会地位和家庭境况。任大鹏（2018）认为，合作社公平优先的原则使得其在制度安排上体现出"利贫"的特性，能帮助小规模的农户获得社会化服务从而提高收益、改善相对弱势的地位。因此，在反贫困方面农民专业合作社能够发挥企业难以相比的作用（周振、孔祥智，2017）。

1. 合作社在促进社员增收方面的研究

国鲁来（2011）认为，农民专业合作社在不同的农业生产环节为社员提供的各种专业化服务能够帮助社员实现规模经济。分散的小农户通过联合建立农民专业合作社可以提高市场谈判力，从而获得更低价格的投入品、更高价格的产出品（苑鹏，2006；唐宗焜，2007）。杜吟棠（2002）认为，农民专业合作社通过提高纵向一体化程度而获得增值利润，进而使社员获得更多的利润返还。张民省（2009）认为农民专业合作社主要通过三个方面增加农民的收入，一是通过初加工或深加工提升产品附加值，二是通过统一购买生产资料降低成本促进农民增收，三是通过吸收农村劳动力增加农民的工资性收入。蔡荣（2011）认为，分散的小农户通过组建、参与合作社能够降低由信息不对称及资产专用性的存在而产生的交易费用。施晟等（2012）认为，农民专业合作社通过标准化生产与品牌化经营帮助社员获得产品溢价。

王小平（2012）从三个方面分析了农民专业合作社帮助农民受益的途径：一是通过土地流转实现规模化经营，充分发挥规模经济的优势以降低生产资料成本、交易成本等；二是在规模化生产的基础上实现生产标准化、专业化，提高生产效率和产品品质；三是通过品牌化建设，提高产品附加值，进而提升合作社的经营效益。朋文欢、黄祖辉（2017）认为，农民专业合作社通过提供农业社会化服务来提高社员收入并改善社员福利。苑鹏（2019）认为农民专业合作社提高了农户的组织化程度，既可以通过合同来约束农户的生产经营行为，又可以提高农户在市场交易中的谈判能力，有利于农业市场的双向调节，进而保护农户利益。

2. 合作社在产业扶贫中作用的研究

赵晓峰等（2016）认为，农民专业合作社是产业扶贫过程中实现资产收益扶贫、合作金融扶贫和农业科技扶贫的重要载体。一是通过开展内部信用合作来缓解贫困户在农业产业经营中所面临的资金约束；二是通过整合国家扶贫资源建立起资产收益扶贫的长效机制；三是依托农民专业合作社来传播和推广农业新科技，提高科技对贫困户增收的贡献率。李冰（2017）认为，农民专业合作社在组织性质和管理制度方面的优势使其比龙头企业、大户等其他新型农业经营主体更有利于支撑贫困地区的农业发展。

3. 合作社在提升农户"资源禀赋"方面的研究

吴彬、徐旭初（2013）指出，贫困农户自身能力的提升是实现贫困地区整体脱贫与贫困人口持续增收的关键。农民专业合作社在提升农户经营管理水平、自我发展能力等方面有着突出的表现。Develtere等（2008）通过对非洲11国的案例分析认为，合作社通过对社员的技能培训，提高了社员的劳动技能和管理才能，实现了社员人力资本的积累。此外，合作社有助于提高社员的收入水平，从而增加其子女受教育的机会，有效缓解贫困的代际传递。赵晓峰等（2016）认为，农民专业合作社在优化社员的社会资本方面发挥着重要作用，主要体现在，一方面合作社内部成员间的互动能有效拓展社员的社会网络，另一方面合作社作为连接政府和贫困户之间的桥梁，能帮助贫困社员获得更多的社会资源。朋文欢、黄祖辉（2017）表示，资源禀赋的贫弱是导致农户深陷贫困的根源。实践证明，合作社能帮助农户提高收入，从而有助于实现贫困户的资本积累。

4. 合作社在增收减贫效果方面的研究

Bernard 和 Spielman（2009）通过对埃塞俄比亚 205 个合作社样本的分析发现，近 50.5%的农户未达到入社标准。并且，在合作社的日常决策中贫困户社员往往都被排斥在外。Mercer（2002）表示，合作社对贫困户的排斥以及贫困户受到的不公正待遇，很大程度上会固化甚至进一步拉大农户间的收入差距。Shylendra（2013）的研究显示，由于排斥贫困户，合作社的金融扶贫功能未能有效发挥，合作社的减贫效果十分有限。

周晔馨等（2012）的研究表明，农户参与合作社的回报率与个体收入水平呈正向相关关系。温涛等（2015）的研究发现，农民专业合作社的增收效果对于资源禀赋高的农户而言更显著。刘俊文（2017）的研究发现，贫困户参与合作社的概率很低，合作社普遍存在"精英俘获"现象。朋文欢、黄祖辉（2017）采用实证分析方法考察了合作社的服务功能对农民收入的影响，结果显示，农民专业合作社与社员增收之间的关系取决于合作社服务功能的发挥程度。

本部分从农民专业合作社本质、农户的合作行为与合作社产生的动因、合作社内部运行治理、影响合作社发展的因素及合作社帮助农户增收减贫的效果等方面对现有文献进行了梳理和评述。由此可见，目前国内外有关农民专业合作社的研究成果颇丰，这为本书的后续研究展开奠定了良好的理论基础。但是，关于我国特困民族地区农民专业合作社的研究相对较少，特困民族地区的农民专业合作社在成立、运营等过程中有没有特殊性，背后的原因是什么？厘清这些问题对推动特困民族地区农民专业合作社的健康发展乃至对推动特困民族地区农业产业化、现代化发展都有重要的理论和现实意义。基于此，本书对乡村振兴背景下滇西边境片区农民专业合作社的成立和运营等进行深入的调查和研究。

二 研究意义与基本框架

1. 研究意义

从学术价值来看，本书采用定量研究与案例研究相结合的方法，从宏微观两个层面对滇西边境片区农民专业合作社及其社员这两个主体进行分析，从具有民族特色的社会关系网络、资源禀赋等视角深入探讨农民专业合作社的成立条件、运行效率、利益分配机制、社员的加入意愿、实际需求等，这对于厘清各主体之间的利益联结机制，建立和完善民族地区农民专业合作社的理论体系具有重要的意义。

从应用价值来看，本书通过实地调研并结合官方的数据资料对滇西边境片区农民专业合作社的发起与组织成员构成、合作社在农业社会化服务中的作用、合作社的内部运营机制及其所面临的外部环境、合作社在乡村振兴中的积极作用、合作社社员的资源禀赋及其参与合作社运营情况等方面进行了深入的分析，这有助于深化对滇西边境片区各类合作社发展的特殊性和规律的认识，从而为推动民族地区农民专业合作社的发展提供具有可操作性的政策建议。同时，这也为滇西在农业农村发展过程中积极探索农民专业合作社等新型经营主体促进民族地区落后的小农户和现代农业发展的有机衔接、提高农业产值、增加农民收入、改善乡村环境等问题提供了翔实的资料和新思路。

2. 本研究的基本框架

根据本书的研究主旨，将对滇西边境片区农民专业合作社的成立、发展、绩效及影响因素进行分析，总体框架如下。

（1）第一部分：滇西合作社的发起和社员参与

本部分首先对滇西边境片区农民专业合作社产生和发展的区域环境、政策环境、产业环境等宏观因素进行梳理；其次通过实地调研，对合作社的发起和社员参与情况进行分析；最后对滇西农民专业合作社内部组织成员结构及其特点进行描述性分析，以深化规律性认识。

（2）第二部分：乡村振兴背景下滇西农民专业合作社的发展与探索

本部分首先对滇西边境片区农民专业合作社的主要发展模式及其特点进行梳理，其次对农民专业合作社的内部运行机制及其在农业社会化服务中的作用进行描述性分析，最后对农民专业合作社带动社员增收效果及其在乡村振兴中的新角色进行深入的探讨。

(3) 第三部分：滇西农民专业合作社研究的主要结论与政策建议

首先，从上述研究结论出发，找出政策设计的介入点；其次，在各个介入点，选择合适的政策措施及指导方式；最后，设计相关配套制度及措施，形成滇西边境片区农民专业合作社发展的政策指导体系。

三　主要的研究方法

（一）定量分析法

针对滇西边境片区农民专业合作社及其成员设计调查问卷，对合作社的社会化服务程度、产销渠道、人力资本、成员构成、运行机制、分配机制、激励机制等进行调研，整理调查问卷数据，并利用所得数据对合作社的发起、运营、服务等进行实证研究。

（二）参与观察法、案例分析法

结合实地调查，对滇西边境片区具有代表性的合作社进行案例分析，重点对其在助力乡村产业振兴、推动乡村和谐发展、促进乡风文明建设、参与农村社会管理等方面的新角色进行探索性思考。

四　主要创新与不足

在研究方法上，本书采用典型性抽样法对研究对象进行抽样，并运用调查问卷法获得一定数量的样本数据，基于对数据的定量分析和对典型案例的定性分析对滇西边境片区农民专业合作社及社员的相关情况进行研究，这种定量与定性相结合的研究方法在目前我国民族地区农民专业合作社的研究领域是具有创新性的。

本书的研究对象是滇西边境片区农民专业合作社，滇西边境片区曾是我国 14 个集中贫困地区之一，是云南涉及的 4 个集中贫困地区中贫困区域最广、贫困面大、深度贫困问题突出的片区。这里少数民族众多，且"直过"、沿边跨境特困少数民族较多，经济封闭而落后，很多村民不会说也听不懂汉语，在调研过程中沟通困难是最大的障碍，这直接影响到访谈资料的有效获取，进而影响到研究中材料的丰富性和论证的充分性。

随着乡村振兴战略的实施，各种社会资源、经济项目逐渐向乡村聚集，这对农村基层组织的服务意识和能力提出了新的要求。面对乡村社会内部的职业分化、需求分化、利益分化的新局面，传统的治理主体难以满足差异化和多元化的服务需求。合作社作为一种新型经营主体，从提供多样化公共服务的角度，其在创新乡村公共治理体系中的作用及机理是需要进一步深入研究的问题。

五 田野点的选择与数据来源

（一）田野点的选择

滇西边境地区曾是云南所涉及的4个集中连片特困地区中贫困区域最大、贫困面广且深度贫困问题突出的片区，云南边境25个县中有16个贫困县位于这一片区。该片区包括大理白族自治州、红河哈尼族彝族自治州、楚雄彝族自治州、西双版纳傣族自治州、保山市、丽江市、普洱市、临沧市、德宏傣族景颇族自治州和怒江傈僳族自治州等10个地州（市）的61个县，少数民族众多，且涉及沿边跨境少数民族。这里光热条件好、热区资源丰富，在我国广大民族地区的农业发展中具有典型性。

根据滇西边境片区的实际情况，结合地理位置、民族分布、产业类型等因素，2017年4～8月笔者参与由10余人组成的调查小组赴云南省保山市、红河州、临沧市及大理州4个地州（市），根据合作社规模、产品类别、发育程度、所处民族区域等因素来选取所要调查的样本，整个调研活动历时5个月。具体来说，从每个地州（市）选取一个县，从每个县选取4～6个乡镇，根据合作社所涉及的行业、成员规模、发展情况等因素，按照典型抽样的原则，从每个乡镇选取2～4个合作社，每个合作社随机选取10名左右的农户社员开展深入的访谈。通过问卷访谈，对4个地州（市）的4个县19个乡镇的50个合作社及381名社员进行了调研，最终得到有效合作社样本47个、有效合作社社员样本367个。

被调研合作社的区域分布情况：保山市昌宁县的田园、柯街、温泉、鸡飞、耈街共5个乡镇；红河州元阳县攀枝花、新街、马街、沙拉托共4个乡镇；临沧市沧源县的勐省、糯良、勐董、单甲、勐来、勐角共6个乡镇；大理州巍山县的永建、马鞍山、南诏、庙街共4个乡镇。

（二）数据来源

本书所使用的数据主要来自两个渠道：2017年田野点调查所获得的一手资料；相关的政府报告、政府网站公布的数据、所涉及地区的统计年鉴以及国内外相关文献等。

上篇　滇西农民专业合作社的发起和社员参与

第一章 滇西农民专业合作社产生和发展的外部环境

自 2009 年以来，滇西合作社发展势头良好，数量大幅增加，运营能力不断增强，并且伴随着滇西的脱贫攻坚取得巨大进展。合作社的产生、发展除了与自身内部因素有关外，还与外部环境有着密切的关系。合作社发展所面临的外部环境主要包括政策环境、经济环境、市场竞争环境等。合作社在参与市场竞争过程中，受到行业内竞争对手、上游供应商、下游购买者、潜在进入者和替代品等的影响。外部环境对合作社的发展有着重要的影响。

第一节 滇西合作社产生和发展的区域环境

一 滇西的整体环境

滇西位于云南省西部地区，辖区面积 20.9 万平方公里，大部分处于横断山区南部和滇南山间盆地。气候类型总体上属热带亚热带季风气候。海拔高度悬殊，最高海拔 6740 米，最低海拔 76.4 米，立体气候特征明显，年均降水量 1100 毫米左右，森林覆盖率达 54.6%。滇西包括云南省大理白族自治州、红河哈尼族彝族自治州、楚雄彝族自治州、西双版纳傣族自治州、保山市、丽江市、普洱市、临沧市、德宏傣族景颇族自治州和怒江傈僳族自治州等 10 个地州（市）的 61 个县。

滇西自然人文资源丰富，既有高山深谷、三川并流、雪山与雨林并存等独特的气候特征和地理地貌，又有历史悠久、丰富多彩的少数民族文化，还有着锡、贫铁矿、铅锌、银、钨、汞、锗、稀土、大理石等丰富的矿产资源和水利资源。生物多样性为其发展特色农业提供了优越的条件。更值得关注的是，滇西的区位优势明显，有7个地州（市）、19个边境县分别与老挝、缅甸、越南接壤，边境线长达3148公里，占云南省陆地边境线长度的77.5%、全国的13.8%。区内有49个地方口岸、12个省级口岸和9个国家级口岸，是面向东南亚、南亚对外贸易的重要通道。

2017年，滇西总人口为2354.6万人，其中乡村人口1345.4万人，占比从2010年的85.6%下降为57.1%；少数民族人口占47.5%，有汉、彝、白、傈僳、景颇、拉祜、傣、佤、怒、纳西、独龙等26个世居民族，其中有15个云南独有少数民族、8个人口较少民族。[1] 2021年滇西所涉及的10个地州（市）生产总值为11123.39亿元，城镇居民人均可支配收入为36731.9元；农村居民人均可支配收入从2010年的3306元提高为13845.8元。三次产业结构从2010年的26∶37∶37调整为2021年的20.4∶33.7∶45.9。[2]

从上述数据可以看出，滇西多数地州（市）处于边境少数民族地区，由于社会历史原因，经济基础较为薄弱，经济发展水平与全国平均水平相比仍有较大差距，虽然产业结构已调整为以第二、第三产业为主，但乡村发展滞后仍是其面临的问题，农业人口比重远高于农业增加值在产业结构中的比重，形成人口比例与产业比例不协调的局面。在现代农业的背景下，如何实现新形势下"统分"结合、适度的规模经营，如何有效地整合利用农村丰富的资源要素，如何发挥合作社等新型农业主体在提高农业产值、增加农民收入、改善乡村生产生活环境方面的作用仍是滇西经济发展中需要解决的问题。

---

[1] 数据来源于云南省2017年统计年鉴，http://www.stats.yn.gov.cn/tjsj/tjnj/。滇西所涉10个地州（市）同一口径的人口最新数据为2017年。

[2] 数据来源于微信公众号"云南统计"中的"数据云南"板块。

二 滇西合作社产生和发展的比较优势

滇西农业生产环境整体较好。除丽江市和怒江州外，滇西的生态环境相较于云南省其他地区更适宜发展农业。滇西农作物、经济作物种类齐全，并且有些作物是独有的，如甘蔗、橡胶、热带水果、咖啡、特色药材等。此外，其他地区的大部分产品，滇西也能播种，且产量较大，如茶叶。甘蔗、橡胶、热带水果和茶叶是滇西四大经济作物，这是云南其他地区难以比拟的。

（一）滇西地区良好的生态环境是农业发展的优势条件

滇西气候多样，有温带、亚热带和热带三种气候类型，具备发展多样化农业和特色农业的条件。滇西的平均温度为18.2℃，平均降雨量为1259.6毫米，高于滇东的16.1℃和1138.4毫米、滇中的17.0℃和1046.6毫米。除怒江、丽江和楚雄北部地区外，滇西多数地区冬季不明显，日照时间长于滇东和滇中。因此，滇西具备多季种植和可反季种植的条件，在土地面积相同情况下，滇西的农地产出水平相对高于滇东，并且反季种植带来的效益较高，这在一定程度上弥补了各地州（市）播种总面积不如滇东和滇中的短板。

（二）滇西地区的生物资源是发展农业的重要优势

滇西不仅是云南省的粮食主产区，其优势还体现在特色资源和特色作物上，素有"动物王国""植物王国""生物基因宝库""药物宝库"之称，是紫胶和松脂的重要产地，是云南省石斛、滇龙胆、砂仁、草果、滇重楼、茯苓、黄精、白及、续断等中药材的重要产业基地。滇西是云南橡胶的主产地，经过多年的发展面积已达到865.95万亩；茶叶产量占全省的90%左右，种植面积达600多万亩；滇西也是云南甘蔗的主产地，面积已达307.05万亩。2000年以后咖啡种植业也发展起来，种植面积已达到166万亩左右。滇西得益于气候条件可以发展热带、亚热带和温带三种气候类型的水果，是云南省温带水果梨、亚热带水果葡萄、柑橘、石榴，热带水果香蕉、芒果、菠萝、荔枝等的主产区。滇西也是云南省重要的坚果生产基地，其中澳洲坚果产量在全省排名前列，大理市和临沧市的核桃种植面积分别为33万公顷和20万公顷，排全省前两位。橡胶、茶叶、甘蔗、咖啡、水果等作为大宗消费品，国际国内市场需求量大且价格相对于粮食价格要高，已经成为当地居民的重要收入来源。①

（三）畜牧产品特色突出

滇西畜牧业发展水平整体低于滇东，但其特色突出，奶制品和禽蛋等的优势明显。大理奶制品产量达27.61万吨，红河州禽蛋产量达17.24万吨，均列全省第一。红河的奶制品和大理的禽蛋产量分列全省的第三和第四位。

滇西人少地多、气候条件好、资源丰富、高原特色农业集中度高等优越的外部条件有力地推动了其农业发展，同时也使该地区新型农业经营主体在发展上具备了一定的竞争优势。

第二节 滇西合作社产生和发展的政策背景

滇西合作社的发展有赖于国家宏观环境、政策支持。自2012年以来，中国农业的发展模式发生了深刻的变化，农业现代化向纵深发展，农村发展重点从单纯的产业发展模式调整逐渐走向综合性、立体性改革，这为从根本上解决"三农"问题、实现城乡一体化发展奠定了坚实的基础。在此背景下，粮食安全保障、脱贫攻坚、美丽乡村建设、农业供给侧改革、特色农业发展、一二三产业融合发展、集体经济发展、新型经营主体培育等成为新时期农村工作的重点。为此，各级政府出台了一系列政策措施，为合作社的发展提供了基础性条件。

一 中央政府的相关政策措施

2006年国家颁布了《中华人民共和国农民专业合作社法》，经过十年的

---

① 数据来源于云南省2017年统计年鉴，http://www.stats.yn.gov.cn/tjsj/tjnj/。

实践，2017年国家针对实践中出现的问题对农民专业合作社法进行了修订。2011年以来，中央实施的农业政策以乡村振兴和脱贫攻坚为核心，具体涉及土地制度改革、农产品结构调整和粮食安全保障、产业融合发展、流通营销体系建设、农业机械化和信息化、农业科技和质量标准体系建设、生产服务社会化、美丽乡村建设、新型农民和新型经营主体培育等，形成了一个多维度的综合有机体系。其中，2015~2019年连续5年中央一号文件提出要加大对新型农业主体的培育力度，助力构建现代农业经营体系，积极发挥农民专业合作社在促进小农户与现代农业发展有机衔接、壮大集体经济、深化村民自治实践、帮助农民增收等方面的作用。

中央围绕农业现代化和供给侧改革形成了一系列综合的、分类的政策措施，构建了农业制度体系。它以农村要素和产权改革为基础，逐步形成一个农业生产组织体系更为完善、农业科技支撑更加深入、农产品整体结构更趋合理、农村人居环境和社会化服务更为优良的新农村大格局。在此制度体系下，中国农村将发生深刻变化，城乡之间在资源要素配置、产业模式、生活方式和生活水平等各个方面的差异都将日趋减小。

二 云南省政府的相关政策措施

云南少数民族人口数量位列全国第二。云南省特殊的历史文化、自然地理和社会经济情况决定了其发展水平。云南省经济基础薄弱，城市化水平低于全国平均水平，农业人口占比超过50%。2015年云南省贫困县有88个，列全国第一。2018年全省脱贫工作取得了较大突破，但仍有40个贫困县，贫困发生率高于3%。然而，随着"一带一路"倡议的提出、中国—中南半岛经济走廊及长江经济带建设的加快等，云南省迎来了新的发展机遇。

在农业现代化和农业供给侧改革的大背景下，云南省基于自身的优势制定了推动农业农村发展的相关政策措施。2008年以来的主要政策措施包括：综合性政策措施方面，有《云南省乡村振兴战略规划（2018—2022年）》、《云南省农村扶贫开发纲要（2011—2020年）》、《云南省脱贫攻坚规划

（2016—2020年）》、《中共云南省委　云南省人民政府关于打赢精准脱贫攻坚战三年行动的实施意见》等；分类指导性政策措施方面，有土地政策和集体产权改革、农产品结构调整和粮食安全保障、产业融合发展和流通营销体系建设、农业机械化和信息化、农业科技和质量标准体系建设等。其中关于新型农民和新型经营主体培育的政策有《云南省人民政府办公厅关于加快发展农民专业合作社的通知》、《农业部关于促进家庭农场发展的指导意见》、《云南省加强培育新型职业农民的实施意见》、《关于做好扶持村级集体经济发展试点的通知》、《关于加快构建政策体系培育新型农业经营主体的实施意见》等。

云南省的各项政策措施是中央农业制度体系在地方的体现，有较强的实践性和地方性。这些政策措施有助于农业的整体性发展、促进云南农业现代化和供给侧改革，也有助于云南的脱贫攻坚、一二三产业融合发展、农业主体和组织建设、乡村经济发展，对普通农户和各类经营主体起到了示范引领作用，为新型经营主体的发展提供了指导方向和参考依据。

第三节　滇西合作社产生和发展的产业环境

合作社的发展除了受政策措施影响外，还与其所处的产业环境有着密切的关系。农业发展的融资条件、相关涉农产业发展情况、农产品发展前景、农业人力资源现状等会在很大程度上影响合作社的发展。

一　各级政府加大对农业的支持力度

2013年以来，各级政府不断完善农业农村多元投入的长效机制，完善财政支农制度、农业补贴制度并统筹涉农资金使用制度，构建了一个由中央和地方共同承担、中央为主的扶贫资金、统筹涉农资金和农业补贴组成的支农资金体系，覆盖了"三农"建设的各个方面，其中包括产业发展和新型农业主体培育。

2011~2018年，云南省投向农林水的财政资金从327.2亿元增加到

788.5亿元。2017年云南省农林水支出资金中农业生产支持补贴达50.4亿元，2018年该项预算为51.5亿元；2017年农业组织化和产业化经营支出2.98亿元，2018年该项预算为3.1亿元；2017年农产品加工促销补贴4773万元，2018年该项预算为5180万元；2017年渔业补贴603万元，2018年该项预算620万元；2017年农业结构调整（休耕）补贴7138万元，2018年该项预算为7530万元；2017年用于病虫害防治的资金为1.01亿元，2018年该项预算为1.05亿元；2017年用于稳定农民收入补贴为993万元，2018年该项预算为1125万元。在农林水总支出中，直接用于农业生产方面的资金占到8.26%。[①]

这些惠农资金促进了云南省农业的整体发展，也推动了滇西的"三农"建设和产业化发展。2018年云南省共整合涉农资金370.3亿元用于支持贫困地区经济发展，其中以云南省四次省级统筹涉农资金共46.9亿元为例（见表1-1），同滇东、滇中相比，滇西地区的资金总量相对较大，共22.4亿元，但各地州（市）的均值为2亿元，远低于滇东的7亿元。在县一级的扶贫资金获得方面，滇西地区共获得扶贫资金51.4亿元，高于滇东和滇中地区，但各地州（市）的均值（5.1亿元）低于滇东（9.4亿元）。

表1-1　2018年云南省四次省级统筹涉农资金

单位：万元

区域		第一次	第二次	第三次	第四次	合计
滇中	昆明	11020.85	13328.45	207.20	0	24556.50
	玉溪	0	0	0	0	0
	总计	11020.85	13328.45	207.20	0	24556.50
	均值	5510.43	6664.23	103.60	0	12278.25
滇东	昭通	53016.55	35437.42	1495.71	805.44	90755.12
	曲靖	25217.21	40017.45	180.45	896.86	66311.97
	文山	25962.45	26102.65	776.00	359.00	53200.10
	总计	104196.21	101557.52	2452.16	2061.30	210267.19
	均值	34732.07	33852.51	817.39	687.10	70089.06

---

① 根据云南省2017年统计年鉴整理。

续表

区域		第一次	第二次	第三次	第四次	合计
涉藏地区	迪庆	8202.99	1308.73	165.00	497.00	10173.72
滇西	红河	25150.17	17419.39	743.40	530.10	43843.06
	普洱	25379.41	16021.25	171.90	487.80	42060.36
	西双版纳	2962.44	389.95	0	0	3352.39
	楚雄	15023.62	9435.74	208.80	226.35	24894.51
	大理	16599.72	12133.43	199.35	0	28932.50
	保山	11326.49	3740.51	417.60	0	15484.60
	德宏	6519.36	2079.71	70.56	176.69	8846.32
	丽江	8829.76	4726.15	0	694.80	14250.71
	怒江	14481.76	3895.75	413.00	749.50	19540.01
	临沧	15282.27	6967.05	665.10	0	22914.42
	总计	141555.00	76808.93	2889.71	2865.24	224118.88
	均值	13614.36	7101.61	277.70	305.66	21299.33
合计		264975.05	193003.63	5714.07	5423.54	469116.29

数据来源：根据云南省财政厅公开数据整理，http://czt.yn.gov.cn/xxgk/ynsfpzjglgk/index.html。

在中央统筹涉农发展资金方面（见表1-2），2018年云南共获得中央财政统筹涉农发展资金60.07亿元，其中专门针对贫困县拨出涉农发展资金11.54亿元，用于农业结构调整、技术推广、优势产业发展、合作社和集体资产发展、新型职业农民培育等方面。滇西共获得7.3亿元，高于滇东和滇中，但从均值看，滇西各地州（市）的均值为0.73亿元，低于滇东。

表1-2　2018年中央统筹涉农发展资金（贫困县）

单位：万元

区域		农综产业发展	农业生产发展	林业改革发展	合计
滇中	昆明	0.00	2946.10	1155.81	4101.91
	玉溪	0.00	0.00	0.00	0.00
	总计	0.00	2946.10	1155.81	4101.91
	均值	0.00	1473.05	577.91	2050.96

续表

区域		农综产业发展	农业生产发展	林业改革发展	合计
滇东	昭通	320.00	15113.70	5688.75	21122.45
	曲靖	0.00	6452.90	3413.75	9866.65
	文山	552.00	3195.40	4042.95	7790.35
	总计	872.00	24762.00	13145.45	38779.45
	均值	290.67	8254.00	4381.82	12926.48
涉藏地区	迪庆	330.00	1063.01	2141.36	3534.37
滇西	红河	253.00	4769.32	4930.75	9953.07
	普洱	382.00	3673.18	4623.12	8678.30
	西双版纳	0.00	357.36	944.30	1301.66
	楚雄	464.00	2829.18	2157.78	5450.96
	大理	443.00	5508.71	3406.61	9358.32
	保山	528.00	5113.46	1400.02	7041.48
	德宏	144.00	8284.23	1321.82	9750.05
	丽江	0.00	3496.88	1704.33	5201.21
	怒江	826.00	2580.62	2562.58	5969.20
	临沧	1478.00	4461.95	4446.53	10386.48
	总计	4518.00	41074.89	27497.84	73090.73
	均值	451.80	4107.49	2749.78	7309.07
合计		5720.00	69846.00	43940.46	115404.55

数据来源：根据云南省财政厅公开数据整理，http：//czt.yn.gov.cn/xxgk/ynsfpzjglgk/index.html。

在扶贫资金方面（见表1-3），2018年滇西10个地州（市）共获得中央地方扶贫资金35.4亿元，中央贫困县扶贫资金16亿元。在兴边富农计划的支持资金方面，2018年滇西边境8个地州（市）的24个县获得以四位一体建设为主的资金6000万元，其中较大部分用于集体经济建设；2018年滇西除大理和楚雄外，其他8个地州（市）共获得边境转移支付资金34.5亿元；2018年滇西获得上海扶贫资金8.6亿元左右。[①]

---

① 数据来源：根据云南省财政厅公开数据整理，http：//czt.yn.gov.cn/xxgk/ynsfpzjglgk/index.html。

表 1-3 2018 年云南省扶贫资金

单位：万元

区域		中央地方扶贫资金	中央贫困县扶贫资金	合计
滇中	昆明	30828	5176	36004
	玉溪	10969	0	10969
	总计	41797	5176	46973
	均值	20898.5	2588.0	23486.5
滇东	昭通	118243	35522	153765
	曲靖	53946	13964	67910
	文山	49082	13676	62758
	总计	221271	63162	284433
	均值	73757	21054	94811
涉藏地区	迪庆	33256	55162	88418
滇西	红河	70742	16398	87140
	普洱	61032	13009	74041
	西双版纳	7309	2077	9386
	楚雄	39225	8072	47297
	大理	48932	10078	59010
	保山	25719	3821	29540
	德宏	19981	3727	23708
	丽江	16909	4087	20996
	怒江	26144	93025	119169
	临沧	37845	5997	43842
	总计	353838	160291	514129
	均值	35383.8	16029.1	51412.9
合计		650162	283791	933953

数据来源：根据云南省财政厅公开数据整理，http://czt.yn.gov.cn/xxgk/ynsfpzjglgk/index.html。

此外，省政府针对农业产业发展设置了专项资金，用于推动涉农企业和产业组织发展，包括：云南省农产品深加工科技型中小企业、云南省［地州（市）］农业产业化经营与农产品加工省级重点龙头、云南省高原特色农业专项资金、扶持"菜篮子"产品生产项目、国家现代农业示范区旱涝保收标准农田示范项目、农业综合开发产业化经营项目、土地治理项目、"一县一特"产业发展试点项目等。这些资金项目从 5 万元到 300 万元不等,对于包括合作社在内的中小农业产业组织发展起到重要的推动作用。

上述中央地方财政拨款进入地州(市)后会以直接拨款和项目经费的形式由当地相关部门统一利用或直接成为农户、合作社、村集体和其他农业经营组织开展农业活动的资金。可见,在涉农支持项目中,对农业经营者的支持逐渐成为重点之一,这对农村新型经营主体的培育和发展起到了关键的作用。

二 金融政策的支持使农业的融资环境得到改善

农村传统的生产方式以家庭为主,经营主体分散且小而弱,经营风险较大,还贷能力差,因此较难获得贷款。政府为了支持中小农业经营主体的发展,加大了对农村经营主体融资的支持力度。2011 年云南省出台了《云南省人民政府办公厅关于推进农村金融产品和服务方式创新的实施意见》,明确加大对农村农业的金融支持力度,鼓励开展针对农村的生产消费贷款项目,尤其鼓励为了扶持包括合作社在内的新型农业主体的小型贷款发放。

(一)加大向农村发放贷款的力度,引导金融机构业务向基层倾斜,在广大的农村地区开展业务

截至 2016 年 9 月,云南省各类银行对 93 个贫困县的贷款总额达到 6328.5 亿元[①],其中针对农户、新型经营主体的小额信贷额达 76.9 亿元。此外,云南省正在积极构建综合型农村金融服务体系,主要包括以农村信用社、农村合作银行和农村商业银行为主的小型农村金融机构和以村镇银行、小型信贷公司、资金互助社为主的新型农村金融机构。截至 2017 年,全省小型农村金融机构共 2306 家。村镇银行自 2008 年兴办以来成长迅速,2017 年底全省共有村镇银行 132 家,小型信贷公司 549 家。2015 年底全省共有资金互助社 1467 个,资金互助小组 8657 个。截至 2016 年 9 月,全省 14262 个行政村(含城区居委会、社区等)中有 13312 个行政村实现基础金融服

---

① 张末冬:《云南银监局:引导银行业深入落实金融扶贫》,《金融时报》2016 年 11 月 9 日。

务覆盖，覆盖率达 93.3%，金融机构基本覆盖全省各乡镇。①

（二）为降低金融风险，国家大力发展农业担保

中央政府成立了国家信贷担保公司，云南省成立了云南省信贷担保公司，业务以农村生产经营贷款担保为主，鼓励适度规模经营、生产社会化服务体系建设等，2018 年，中央下拨云南省信贷担保公司 5.87 亿元用于支持各项工作开展。

（三）扩大农户和涉农企业贷款抵押物的范围

为了降低农户和涉农企业的贷款门槛，金融部门扩大了贷款抵押物的范围。允许用大型农用生产设备、林权、经济作物、养殖业活体牲畜、农村土地承包经营权、宅基地使用权和农村房屋等作为抵押物，以及使用应收账款、股权、仓单、存单、知识产权等权利质押申请贷款等。截至 2016 年 9 月，全省林权抵押贷款余额 176 亿元，居全国首位；农房抵押贷款余额 16.46 亿元，农土抵押贷款余额 1.6 亿元。②

三 较为完善的产业环境为滇西合作社发展提供了重要支撑和基础

滇西地区的一二三产业融合发展为合作社的良好运行提供了较好的基础。

（一）较为完善的现代农业市场体系为合作社发展提供了良好的产品流通条件

农村现代市场体系的核心是"工业品下乡、农产品进城"，农产品进城包括产地市场、中转系统和终端市场三个方面，具体建设内容为农业生产资料经营服务网络体系、农村日用消费品现代流通经营网络体系、再生资源回收利用网络体系、农副产品市场购销网络体系、农产品市场网络体系和农副产品冷链系统、农村流通信息网络体系等。

---

① 张末冬：《云南银监局：引导银行业深入落实金融扶贫》，《金融时报》2016 年 11 月 9 日。
② 张末冬：《云南银监局：引导银行业深入落实金融扶贫》，《金融时报》2016 年 11 月 9 日。

1. 逐步形成一个覆盖城乡、连通省内外、多层次、多主体的规模化市场体系

从 2007 年万千市场工程开始至 2013 年，云南省的建设重点在于增加流通主体和完善流通网络，以量的扩张为主。在促进内需、构建工业品进村的体系方面，以农业生产资料经营服务网络体系和农村日用消费品现代流通网络体系建设为主，以流通企业、配送中心和农家店系统的建设为核心。2009 年，供销社系统就基本建立起一个相对完整的农村现代流通网络框架，在全省打造了 147 家物资配送中心，发展了 145 家农村流通龙头企业、4563 家农村超市、3578 家农资放心店，兴建了 226 个乡村农贸市场、1.44 万个农村综合服务社，综合服务社覆盖了云南省 100% 的乡镇和 90% 以上的行政村。① 截至 2015 年，全省有供销社和商务厅主办的农家店 3 万个左右，配送中心 600 余个，配送覆盖了全省近 60% 的行政村。除了政府直接指导建设的农家店外，民间力量自发形成的农家店也大量出现。这些农家店既能满足农民日常生活的需求，也能提供大部分的农资产品，有效地助力农业生产。

2013 年以前，云南省农产品的流通中转系统主要由以下三部分组成。

一是粮食流通体系，也是云南省较早构建起来的相对完备的农产品流通体系。国家自 2000 年以来就重视粮食增产和储备工作，并将其置于保障国家安全的高度，因此，政府对建设粮食流通体系的支持力度较大。云南省通过中储粮云南分公司和本省粮食局系统的协同工作，建立了一个由收购、仓储、运输、销售组成的完整的粮食流通体系。

二是供销流通体系，云南省的供销系统通过对农副产品的收购初步建立了农业生产资料、日用杂品、副食果品、土特产品、棉麻制品、烟花爆竹的购销网络。这些产品以菌类和干货为主，如供销系统的食用菌购销网络在促使食用菌成为云南省重要的出口创汇产品方面发挥了重要的作用。

三是由公司、合作社和农产品经纪人等社会组织构成的民间流通体系。该体系以蔬菜等鲜活产品流通为主。从 20 世纪 80 年代末期开始，加快建设以农产品批发市场和终端农贸市场为核心的农产品民间流通体系，其在 90

---

① 段继红：《加快农村现代流通网络建设》，《云南日报》2009 年 7 月 17 日。

年代经历了一个高速发展时期，到2004年全省共有农产品批发单位868个，交通运输、仓储和邮政业的法人单位1315个，从事交通运输的个体户达24.18万户。市场虽达到一定规模，但由于以民间自发力量为主，市场不规范情况比较突出。2005~2013年，尤其是2011~2013年国家连续三年将云南作为南菜北运的重点省份，云南省在中央政府的引导下和南菜北运基地项目的要求下，进一步完善市场环境，构建鲜活产品的流通体系，以建立初步产业化的农产品体系和农产品绿色通道为主，打造更为规范有序的高效流通体系。①

在民间流通体系的建设过程中，私人公司和个体户是主体，由普通商贩或收购个体户演变而来的农产品经纪人发挥了关键的作用。农产品经纪人分布在全省各地，他们深入最边远的农村地区，对农产品流通体系的建设起到了重要的作用。自2005年以来，云南省通过由省供销社牵头实施的乡村流通工程逐步培育农业经纪人，滇西的红河、大理等是最早开始培育经纪人的地区。2009年，省供销社开始举办经纪人培训班，并不断根据新形势、新要求对经纪人进行与时俱进的培训，这对全省农产品经纪人整体素质的提升起到了重要的作用。

在产地流通体系建设方面，2006年末，全省76.33%的乡镇有综合市场，17.37%的乡镇有各类专业市场，12.22%的乡镇有农产品专业市场，3.87%的乡镇有年交易额超过1000万元的农产品专业市场。经过10年的建设，2016年末，全省83.1%的乡镇有商品交易市场，46.1%的乡镇有以粮油、蔬菜、水果为主的专业市场，14.6%的乡镇有以畜禽为主的专业市场，1.5%的乡镇有以水产为主的专业市场。② 这些乡村市场的建设使农产品的流通更为便捷、农业流通体系更为完善。

终端销地市场主要分为省内、省外和国外三个市场。在省内市场方面，通过建设配送中心以及标准化菜市场、农贸市场、生鲜超市、社区菜店、平

---

① 数据来源：根据2008年和2013年《云南省国民经济和社会发展统计公报》整理。
② 数据来源：根据云南省第一次和第三次全国农业普查资料整理。

价商店、直销店、消费合作社等零售机构，完成了农产品从田间到餐桌的过程。在省外市场方面，在南菜北运和西菜东运的支持下，云南农产品在北方省份和沿海省份都有广阔的市场，"云菜进京""云菜入沪""云菜入粤""云菜入疆""云菜供港""云菜出海"成为云南农产品销售常态。此外，云南省也在积极地拓展国际市场。目前，云南农产品已销往100多个国家和地区，东南亚、日本和欧美是云南农产品的主要出口市场。三类终端消费市场的建立极大地促进了云南农产品的有效流通和农业的发展。

2013年以前，三个中转系统和产销地市场系统共同构成了云南省农产品流通体系的基本框架，对云南省的农产品流通起到了重要的作用，但也存在一些问题，如农产品流通体系的现代化建设相对不足。围绕农产品流通体系的基础设施和流通队伍的建设不足，尤其在鲜活农产品的运输仓储方面，缺乏高质量的基础设施。在组织建设上，除了国有流通部门外，资本雄厚、规模较大的流通企业较少，民间流通体系资本实力弱、组织小而分散。这些制约因素导致云南农产品流通体系无法完全满足省内的需求，在外销和出口方面也受到极大的影响。

2. 市场体系向覆盖面更广、品牌更丰富、流通系统更智能、参与主体更多元的方向迈进

2013年以来，在市场需求升级、国际国内消费者对农产品的要求越来越高的背景下，尤其是在北方地区以蔬菜水果为代表的农业经济强势发展的形势下，云南蔬菜种植面积和产量在全国的排名均跌出前十名，除得益于环境优势的地方特色产品外，云南农产品面临的竞争压力增大，急需转型升级。云南省以南菜北运项目升级和国家鼓励农村电子商务发展为契机，大力推动现代农业市场体系建设，对已有的农产品流通架构进行升级，既注重量的增加也注重质的提升，这对于推动农产品流通起到了重要的作用。这一时期的发展重点主要有以下两个方面。

第一，继续扩大农产品生产规模，提升农产品的品牌形象和质量保障水平。经过多年的发展，云南农产品的产业化发展初具规模，一些产品如蔬菜、水果、咖啡、食用菌、花卉等在全国形成了一定的优势，但总体上产品科技含量低、影响力不足、附加值不高，这影响了云南农产品的品质提升。以蔬菜种植为例，2016 年云南蔬菜种植面积占全国的 4.4%，而产量仅占全国的 2.3%，蔬菜农业产值仅占全国的 2.5%。为此，云南省专门出台了一系列政策鼓励农产品品牌建设，并于 2016 年建立了云南省农产品质量安全追溯平台，将品牌建设作为发展的重点。2017 年底，全省获得"三品一标"的农产品企业共 810 家，农产品 1792 个，地理标志产品 74 个。全省蔬菜类"三品一标"累计认证产品 367 个、认定面积 297 万亩，已建成国家级蔬菜标准园 121 个、国家级标准化示范区 24 个，有 12 个蔬菜产区获评全国一村一品示范村镇、10 个省级和 3 个国家级出口农产品质量安全示范区。①

第二，深化流通体系改革，加强现代化市场体系建设，即市场和物流仓储系统的品质提升与农产品营销的信息化建设。在市场扩容和品质提升方面，农村电子商务是这一时期市场体系建设的突破口。从 2015 年开始，云南省政府连续出台了多个文件支持电子商务发展。2015 年以来，云南省先后引进了阿里巴巴、苏宁、京东、唯品会等电子商务巨头。云南省商务厅启动电子商务兴边富民三年行动计划，助力各地州（市）发展电子商务。2015 年云南省共安排资金 4880 万元，以沿边地州（市）为重点，支持 12 个地州（市）26 个县（市）144 个乡镇三级电子商务公共服务中心的建设，实现全省 110 个边境乡镇电子商务全覆盖。2016 年云南省供销社专门成立了云南供销电子商务公司以助力农村电子商务发展，建成"云品惠"电商平台和"云供销"淘宝企业店。此外，供销社还积极推动农村电商主体发展，仅 2017 年全系统就成立电商公司 37 家，涉及电商业务的企业 170 家、专业合作社 477 个，搭建平台 13 个，建立电商小店 325 家、城乡社区电商服务站 859 个，成立电商协会 7 个，电商销售总额达 11.26 亿元，同比增加 82.35%。到 2019 年，云南与阿里巴巴集团合作建成 34 个县级农村淘宝服务中心、1490 个村级服务站，覆盖近 3000 个行政村。在淘宝特色中国板块下开设了曲靖、玉溪、楚雄、大理、丽江、迪庆等 13 个云南地方馆。与京

---

① 蒋卓成：《云菜成健康绿色生态代名词》，《昆明日报》2018 年 12 月 12 日。

第一章　滇西农民专业合作社产生和发展的外部环境

东集团合作，9个地州（市）开设特产馆，建成53个县级农村电商服务中心、84家京东帮服店，覆盖4200余个行政村。①

在传统市场方面，云南农产品市场体系建设也取得了一定的突破。在流通中转方面，大力推进大中型批发市场建设，大中型批发市场从2012年的35个发展到2015年的65个，2014年全省统一对部分大型批发市场进行了升级改造。在终端消费市场方面，持续增设省内零售市场并着力提升市场的服务能力。在实践中，云南省通过社区农家店的发展来推动农产品零售市场扩容，通过产业集聚发展和产品质量提升等继续保持在省外市场上的优势。云南省的农产品营销企业进一步整合力量，通过资本联合的形式积极拓展省外市场。例如，2014年祥云县龙云经贸有限公司与保山市坤茂绿色产业有限公司、润兴绿色产业开发有限公司、柯街蔬菜专业合作社、庆英商贸有限公司等5家云南"南菜北运"蔬菜流通企业通过资源共用、信息共享和市场共创实现了人、财、物的高效利用，先后"抱团"创办了北京大洋路市场、内蒙古乌海市场、银川四季鲜市场、陕西咸阳市场等，建立了由6家企业共同享有的云南蔬菜专销区、批发区和直销区。②通过各方的努力，云南农产品在省外市场上的竞争力进一步增强。2017年，云南供应香港的蔬菜占全港蔬菜进口量的44.5%，位居全国第一；云南供应北京的蔬菜总量位居全国第五；云南供应新疆的蔬菜位居全国第六。③此外，云南农产品在国际市场上的销量也持续增长，2017年云南省农产品出口至116个国家和地区，连续多年稳居西部省区第一。

在物流仓储系统的提升方面，2011年以来，云南蔬菜水果和肉类等产品成为出口创汇的龙头产品，国际和国内市场的发展都对云南省的流通体系建设提出了更高的要求。云南省2012年出台了《云南省人民政府办公厅关于加强鲜活农产品流通体系建设的实施意见》，建设以壮大流通队伍、提升

---

① 林碧锋：《云南网络零售额突破779亿元　农村电商加速发展》，《云南经济日报》2019年3月27日。
② 《云南六企业创新蔬菜流通模式　抱团发展闯市场》，新浪财经网，2014年4月17日。
③ 简秋：《安心云品　绿色共享》，《创造》2018年11月15日。

流通质量为核心的农产品现代流通体系，冷链流通是这一时期的建设重点。2016年出台的《云南省现代物流产业发展"十三五"规划》《云南省现代物流产业发展"十三五"规划实施方案（2016—2020年）》和2018年出台的《云南省加快推进现代物流产业发展10条措施》都将冷链物流产业集聚发展作为重点。冷链物流园区是这一时期的建设重点，以昆明东盟冷链物流园区、玉溪通海国际冷链物流园区为代表的一系列新型物流园区覆盖了全省多个地州（市）。推动物流产业集聚发展也是工作重点之一，主要通过政策支持和方向引导等引入外部大型物流企业，带动地方企业集聚发展。目前云南已经引入顺丰、苏宁物流、菜鸟、普洛斯等企业，并与招商集体、日本通运等企业建立了合作关系。

2013年以来，在政策的支持下，通过品牌质量提升、农村电子商务发展、物流体系建设，云南省的农村市场体系进一步完善，工业品下乡、农产品进城的渠道更为通畅，农产品与工业品之间形成了良性的循环，各种农业经营主体的生产活动得到了更为充分的保障。

（二）不断完善的农产品加工和服务体系带动了合作社的发展

云南省农产品加工业产值与农业总产值之比由2017年的0.67∶1提高到2018年的1.11∶1，这说明云南省的农产品加工业经过多年的发展取得了较大的成果。

云南早在20世纪50年代就形成了门类相对齐全的农产品加工业，其在云南工业体系中占有重要的位置。农产品加工业涉及卷烟、茶糖酒、橡胶、副食品加工、肉类加工、林产品加工、中药材加工等，在经济发展中占有举足轻重的地位。2017年，云南的卷烟产值为1534.04亿元，农副产品、食品制造业，酒、饮料和精制茶制造业，林产品加工、橡胶和塑料制品业，生物制药业的总产值达到2092.311亿元，远超有色金属、化工、能源等产业的总产值。2004~2013年，云南省农产品生产相关的加工业生产单位数量从5321个增加到6430个，总产值从753.51亿元增加到1595.44亿元。[①]

[①] 数据来源：根据2004年、2008年和2013年云南省统计年鉴整理。

云南农产品加工企业数量呈增加态势,其中农副产品加工业、食品制造业、饮料制造业、林产品加工业和生物制药业企业数量增长较为明显,普遍增长了2倍左右,生物制药业企业数量更是增长了近百倍。同时,从事初加工业的个体户数量有所下降,2004年为13.03万户,2008年为11.8万户,2013年为5.53万户。这说明个体加工逐渐向规模化加工转化,从而使农产品的加工环境更加规范、生产加工能力更强、更能应对复杂的市场环境。

除上述产业外,部分产业企业数量有所下降。例如,橡胶与塑料制品产业企业2004年为455家,2008年降为200家左右,其原因一方面是产能调整,另一方面是资本整合,一些企业整合为实力更为雄厚的集团,生产力、竞争力都有所提升。目前云南橡胶生产企业主要包括180家左右的初加工企业,以及云南石化集团有限公司、昆明市橡胶工业公司和云南农垦集团有限公司三家大型企业及其分公司。蔗糖产业状况类似,经过资本整合,有16家资本实力、生产加工能力更强的糖企。洋浦南华、英茂糖业年产量超过50万吨,凤庆糖业集团、富宁永鑫糖业等6家企业年产量接近或超过10万吨,8家企业产量占全省总产量的85.2%,规模经济效应显著。

2013年以后,云南省涉农产品加工业结构进一步优化。2015年,全省烟草、食品工业、农产品加工业、饮料加工业企业共5035家。烟草制品产业完成增加值1300.16亿元;非烟食品工业完成增加值304.63亿元,其中,农副食品加工业实现增加值143.46亿元,食品制造业完成增加值54.13亿元,酒、饮料和精制茶制造业完成增加值103.97亿元。[1] 2017年,云南省规模化农产品加工业的总产值达3551.21亿元,农产品加工业除了总量不断增加外,在品质上也有长足的进步。例如,2016年全省茶叶企业中获评"国家农业产业化重点龙头企业"的有4家,"中国驰名商标"有12个,"省级龙头企业"有60余家,"省著名商标"新申请认定23个,云茶公共品牌、区域品牌知名度和影响力进一步提升。[2]

---

[1] 数据来源:《云南省"十三五"食品医药工业发展规划》,https://wenku.baidu.com/view/b6890804f08583d049649b6648d7c1c708a10b85.html。

[2] 数据来源:《数据:2016云茶产业发展情况》,http://www.puercn.com/cysj/dcbg/111923.html。

除了农产品加工业之外,服务业对推动农村经济发展也起到了重要的作用,尤其表现在旅游业和餐饮业方面。近年来云南旅游业发展迅速,旅游人次从2012年的20.08亿人次增加到2017年的57.33亿人次,增加了近2倍,对餐饮业的带动作用是巨大的。① 相关数据显示,云南餐饮业的产值从2001年的90.1亿元增加到2017年的947.8亿元,增加了约10倍,其中旅游产业的促进作用是巨大的。② 滇西的大理、丽江、西双版纳、保山、德宏等都是省内重点旅游区,在全国有较高的知名度。旅游业的发展利好于餐饮业和农产品营销从而对当地的农业农村发展起到巨大的推动作用。

云南农产品加工业和服务业的发展为农业产业化提供了良好的环境。加工企业的发展对农产品规模化生产提出了新的需求,这既在一定程度上影响了土地制度改革,也为土地制度改革提供了基础,有助于农产品规模化生产,促进新型农业经营主体的发展。

第四节　合作社获得的政策支持及其满意度评价

为了进一步了解合作社在成立和发展过程中得到的政策支持情况,下文将基于对47个合作社的田野调查等一手资料,对政府在合作社成立和发展过程中在信息、技术、法律、融资、现金、实物补贴及办公设施等方面提供的服务进行分析,并同时了解合作社的满意度。

(一)政府在合作社成立过程中提供的服务及合作社的满意度评价

1. 在宣传发动方面

在宣传合作社的理念、产品等方面,合作社是否获得过政府的帮助呢?在受访的47个合作社中,表示在宣传、发动方面获得过政府帮助的有29个,占被调查合作社总数的61.7%;表示在宣传、发动方面没有获得过政

---

① 数据来源:根据云南省2012~2017年统计年鉴整理。
② 数据来源:根据2002~2017年《云南省国民经济和社会发展统计公报》整理。

府帮助的有18个，占被调查合作社总数的38.3%。由调查数据可见，约3/5的合作社获得过政府在宣传合作社的理念、产品，以及发动农户了解合作社、尝试加入合作社等方面的帮助。

在获得过政府帮助的29个合作社中，表示不太满意的有2个，有效百分比为6.9%；表示满意度一般的有6个，有效百分比为20.7%；表示比较满意的有16个，有效百分比为55.2%；表示非常满意的有5个，有效百分比为17.2%。由调查数据可见，大部分合作社对政府在宣传、发动方面的帮助比较或非常满意。

2. 在制定章程方面

在受访的47个合作社中，表示在制定章程方面获得过政府帮助的有34个，占被调查合作社总数的72.3%；表示在制定章程方面没有获得过政府帮助的有13个，占被调查合作社总数的27.7%。由调查数据可见，约72%的合作社在制定章程方面获得过政府帮助。

在制定章程方面获得过政府帮助的34个合作社中，表示满意度一般的有2个，有效百分比为5.9%；表示比较满意的有27个，有效百分比为79.4%；表示非常满意的有5个，有效百分比为14.7%。由调查数据可见，大部分合作社对政府在制定章程方面提供的服务比较或非常满意。

3. 在登记注册方面

在受访的47个合作社中，所有的合作社都表示获得了政府在登记注册方面提供的便利。

在获得过政府在登记注册方面提供的便利的47个合作社中，表示满意度一般的有6个，有效百分比为12.8%；表示比较满意的有35个，有效百分比为74.5%；表示非常满意的有6个，有效百分比为12.8%。由调查数据可见，大部分合作社对政府在登记注册方面提供的帮助比较或非常满意。

（二）政府在信息、技术、法律、融资方面的服务及合作社的满意度评价

1. 在信息服务方面

在受访的47个合作社中，表示获得了政府提供的相关市场信息服务的有21个，占被调查合作社总数的44.7%；表示没有获得政府提供的相关市

场信息服务的有 26 个，占被调查合作社总数的 55.3%。由调查数据可见，近 45% 的合作社获得了政府提供的相关市场信息服务。

在获得过政府提供的相关市场信息服务的 21 个合作社中，表示不满意的有 1 个，有效百分比为 4.8%；表示不太满意的有 1 个，有效百分比为 4.8%；表示满意度一般的有 8 个，有效百分比为 38.1%；表示比较满意的有 8 个，有效百分比为 38.1%；表示非常满意的有 3 个，有效百分比为 14.3%。由调查数据可见，约 52% 的合作社对政府提供的相关市场信息服务比较或非常满意。

2. 在技术服务方面

在受访的 47 个合作社中，表示获得了政府提供的相关技术培训服务的有 27 个，占被调查合作社总数的 57.4%；表示没有获得过政府提供的相关技术培训服务的有 20 个，占被调查合作社总数的 42.6%。由调查数据可见，超过一半的合作社表示获得过政府提供的相关技术培训服务。

在获得过政府提供的相关技术培训服务的 27 个合作社中，表示满意度一般的有 4 个，有效百分比为 14.8%；表示比较满意的有 21 个，有效百分比为 77.8%；表示非常满意的有 2 个，有效百分比为 7.4%。由调查数据可见，85% 左右的合作社对政府提供的技术培训服务比较或非常满意。

3. 在法律援助服务方面

在受访的 47 个合作社中，表示获得过政府提供的相关法律咨询服务的有 12 个，占被调查合作社总数的 25.5%；表示没有获得过政府提供的相关法律咨询服务的有 35 个，占被调查合作社总数的 74.5%。由调查数据可见，约 1/4 的合作社表示获得过政府提供的相关法律咨询服务。

在获得过政府提供的相关法律咨询服务的 12 个合作社中，表示不太满意的有 1 个，有效百分比为 8.3%；表示满意度一般的有 1 个，有效百分比为 8.3%；表示比较满意的有 9 个，有效百分比为 75.0%；表示非常满意的有 1 个，有效百分比为 8.3%。由调查数据可见，约 83% 的合作社对政府提供的相关法律咨询服务比较或非常满意。

4. 在融资信贷服务方面

在受访的 47 个合作社中，表示获得过政府提供的信贷相关服务的有 16 个，占被调查合作社总数的 34%；表示没有获得过政府提供的信贷相关服务的有 31 个，占被调查合作社总数的 66%。由调查数据可见，约 1/3 的合作社获得过政府提供的信贷相关服务。

在获得过政府提供的信贷相关服务的 16 个合作社中，表示不太满意的有 1 个，有效百分比为 6.3%；表示满意度一般的有 4 个，有效百分比为 25%；表示比较满意的有 7 个，有效百分比为 43.8%；表示非常满意的有 4 个，有效百分比为 25%。由调查数据可见，近 69% 的合作社对政府提供的信贷相关服务比较或非常满意。

（三）政府在现金、实物补贴及办公设施方面的支持及合作社的满意度评价

1. 现金补贴方面

在受访的 47 个合作社中，表示获得过政府现金补贴的有 26 个，占被调查合作社总数的 55.3%；表示没有获得过政府现金补贴的有 21 个，占被调查合作社总数的 44.7%。由调查数据可见，超过一半的合作社获得过政府现金补贴。

关于合作社获得政府现金补贴的额度情况，在获得过政府现金补贴的 26 个合作社中，额度在 10 万元以内的有 13 个，占受访合作社总数的 27.7%；额度在 10 万~30 万元的有 5 个，占受访合作社总数的 10.6%；额度在 30 万~50 万元的有 2 个，占受访合作社总数的 4.3%；额度在 50 万~100 万元的有 4 个，占受访合作社总数的 8.5%；额度在 100 万元以上的有 2 个，占受访合作社总数的 4.3%。

在获得过政府现金补贴的 26 个合作社中，表示不太满意的有 1 个，有效百分比为 3.8%；表示满意度一般的有 1 个，有效百分比为 3.8%；表示比较满意的有 20 个，有效百分比为 76.9%；表示非常满意的有 4 个，有效百分比为 15.4%。由调查数据可见，约 92% 的合作社对政府的现金补贴比较或非常满意。

表 1-4　合作社获得政府现金补贴的金额

单位：个，%

补贴额度	频数	百分比	累计百分比
0	21	44.7	44.7
0~10万元	13	27.7	72.4
10万~30万元	5	10.6	83.0
30万~50万元	2	4.3	87.3
50万~100万元	4	8.5	95.8
100万元以上	2	4.3	100.0
总计	47	100.0	—

2. 实物补贴方面

在受访的47个合作社中，表示获得过政府实物补贴的有14个，占被调查合作社总数的29.8%；表示没有获得过政府实物补贴的有33个，占被调查合作社总数的70.2%。由调查数据可见，近30%的合作社获得过政府的实物补贴。

关于合作社获得政府实物补贴的折现额情况，在获得过政府实物补贴的14个合作社中，获得过政府实物补贴的折现额在1万~5万元的有9个，有效百分比为19.1%；获得过政府实物补贴的折现额在5万~10万元的有2个，有效百分比为4.3%；获得过政府实物补贴的折现额在10万~40万元的有3个，有效百分比为6.4%。

表 1-5　合作社获得政府实物补贴的折现额

单位：个，%

实物补贴折现额	频数	百分比	累计百分比
0	33	70.2	70.2
1万~5万元	9	19.1	89.3
5万~10万元	2	4.3	93.6
10万~40万元	3	6.4	100.0
总计	47	100.0	—

在获得过政府实物补贴的 14 个合作社中，表示不太满意的有 1 个，有效百分比为 7.1%；表示满意度一般的有 4 个，有效百分比为 28.6%；表示比较满意的有 7 个，有效百分比为 50%；表示非常满意的有 2 个，有效百分比为 14.3%。由调查数据可见，近 65% 的合作社对政府的实物补贴比较或非常满意。

3. 在办公场所方面

在受访的 47 个合作社中，表示获得了政府提供的办公场所服务的有 9 个，占被调查合作社总数的 19.1%；表示没有获得过政府提供的办公场所服务的有 38 个，占被调查合作社总数的 80.9%。由调查数据可见，不足 1/5 的合作社获得过政府提供的办公场所服务。

在获得过政府提供的办公场所服务的 9 个合作社中，表示比较满意的有 6 个，有效百分比为 66.7%；表示非常满意的有 3 个，有效百分比为 33.3%。由调查数据可见，所有获得过政府提供的办公场所服务的合作社表示比较或非常满意。

（四）合作社对当地政府相关支持政策的了解情况及对支持力度的满意度评价

1. 合作社对当地政府相关支持政策的了解情况

关于合作社对当地政府支持合作社发展的相关政策的了解情况，在受访的 47 个合作社中，表示了解当地政府支持合作社发展的相关政策的有 34 个，占被调查合作社总数的 72.3%；表示不了解当地政府支持合作社发展的相关政策的有 13 个，占被调查合作社总数的 27.7%。由调查数据可见，超过 70% 的合作社了解当地政府支持合作社发展的相关政策。

合作社如何获知相关支持性政策呢？在了解当地政府支持合作社发展相关政策的 34 个合作社中，表示是通过看电视获知的有 2 个，有效百分比为 5.9%；表示是通过看报纸获知的有 2 个，有效百分比为 5.9%；表示是通过专门的合作社微信群获知的有 22 个，有效百分比为 64.7%；表示是通过亲朋介绍获知的有 5 个，有效百分比为 14.7%；表示是通过政府公告获知的有 3 个，有效百分比为 8.8%。由调查数据可见，微信这种新兴的社交通信工具因其便捷性、时效性已经成为人们获取相关信息的重要渠道。

表1-6 合作社如何获知相关支持性政策

单位：个，%

项目	频数	百分比	有效百分比	累计百分比
电视	2	4.3	5.9	5.9
报纸	2	4.3	5.9	11.8
微信群	22	46.8	64.7	76.5
亲朋介绍	5	10.6	14.7	91.2
政府公告	3	6.4	8.8	100.0
小计	34	72.3	100.0	—
缺失	13	27.7	—	—
总计	47	100.0	—	—

2. 合作社对当地政府支持力度的整体满意度评价

关于合作社对当地政府支持力度的整体满意度情况，在受访的47个合作社中，表示不满意的有2个，有效百分比为4.3%；表示不太满意的有12个，有效百分比为25.5%；表示满意度一般的有16个，有效百分比为34%；表示比较满意的有14个，有效百分比为29.8%；表示非常满意的有3个，有效百分比为6.4%。由调查数据可见，约36%的合作社对当地政府的支持力度比较或非常满意。

第五节 合作社发展所面临的外部融资环境及其融资可得性

资金一直是制约合作社发展的重要因素之一，下文将利用调研所得的数据资料对47个合作社在成立和发展过程中所面临的外部融资环境及其融资可得性进行深入的分析。

（一）合作社的融资需求情况

关于合作社是否存在资金短缺问题，在受访的47个合作社中，表示存在资金短缺问题的有34个，占被调查合作社总数的72.3%；表示不存在资金短缺问题的有13个，占被调查合作社总数的27.7%。由调查数据可见，

72%左右的合作社存在资金短缺问题。

（二）合作社的融资渠道

关于合作社如何解决资金短缺问题，在存在资金短缺问题的34个合作社中，表示没有办法的有5个，有效百分比为14.7%；表示向农村信用社贷款的有4个，有效百分比为11.8%；表示通过民间借贷的有6个，有效百分比为17.6%；表示向商业银行贷款的有1个，有效百分比为2.9%。

表1-7 合作社如何解决资金短缺问题

单位：个，%

项目	频数	百分比	有效百分比	累计百分比
没有办法	5	10.6	14.7	14.7
向农村信用社贷款	4	8.5	11.8	26.5
通过民间借贷	6	12.8	17.6	44.1
向商业银行贷款	1	2.1	2.9	47.0
通过社员筹资	3	6.4	8.8	55.8
通过政府扶持	3	6.4	8.8	64.7
社员向金融机构贷款	5	10.6	14.7	79.4
通过理事会、监事会成员筹款	1	2.1	2.9	82.4
通过理事长向自己的企业借款	2	4.3	5.9	88.2
向农村信用社、商业银行贷款	1	2.1	2.9	91.2
向农村信用社贷款、通过政府扶持	1	2.1	2.9	94.1
通过民间借贷款、社员筹资	1	2.1	2.9	97.1
向农村信用社贷款、通过社员筹资	1	2.1	2.9	100.0
小计	34	72.3	100.0	—
缺失	13	27.7	—	—
总计	47	100.0	—	—

表示通过社员筹资的有3个，有效百分比为8.8%；表示通过政府扶持的有3个，有效百分比为8.8%；表示通过社员向金融机构贷款的有5个，有效百分比为14.7%；表示通过理事会、监事会成员筹款的有1个，有效百分比为2.9%；表示通过理事长向自己的企业借款的有2个，有效百分比为5.9%。

表示向农村信用社、商业银行贷款的有1个，有效百分比为2.9%；表示向农村信用社贷款、通过政府扶持的有1个，有效百分比为2.9%；表示通过民间借贷、社员筹资的有1个，有效百分比为2.9%；表示向农村信用社贷款、通过社员筹资的有1个，有效百分比为2.9%。

（三）合作社通过金融机构[①]获得贷款情况

本研究将从合作社贷款的申请次数、获得次数、申请额度、融资利率等指标的特征值对合作社融资的整体情况进行描述。

表1-8 合作社信贷方面变量的特征值

项目	申请次数（次）	获得次数（次）	申请额度（万元）	获得额度（万元）	授信额度（万元）	金融机构贷款年利率（%）	民间借贷年利率（%）	亲朋好友借贷年利率（%）
有效（个）	12	12	12	12	8	27	19	25
缺失（个）	35	35	35	35	39	20	28	22
平均数	5.4	2.3	176.3	155.5	105	7.6	12.1	2.4
最小值	1	1	3	2	5	3.6	0	0
最大值	20	12	800	700	200	10	30	24

关于合作社信贷方面相关指标的特征值，针对"合作社向金融机构申请过几次贷款"这个问题，有12个合作社给予了明确回答，最少的申请过1次，最多的申请过20次，平均申请次数为5.4次；针对"合作社获得过几次金融机构的贷款"这个问题，有12个合作社给予了明确回答，最少的获得过1次，最多的获得过12次，平均获得次数为2.3次。

针对"合作社共向金融机构申请过的贷款额度"这个问题，有12个合作社给予了明确回答，最小的申请额度为3万元，最大的申请额度为800万元，平均申请额度为176.3万元；针对"合作社获得过金融机构的贷款额度"这个问题，有12个合作社给予了明确回答，最小的获得额度为2万元，最大的获得额度为700万元，平均获得额度为155.5万元；针对"金融机构

---

① 此处金融机构特指各种国有、民营的银行。

给予合作社的授信额度"这个问题,有 8 个合作社给予了明确回答,最小的授信额度为 5 万元,最大的授信额度为 200 万元,平均授信额度为 105 万元。

针对"合作社如果向金融机构申请贷款,要付的年利率"这个问题,有 27 个合作社给予了明确回答,最低的年利率为 3.6%,最高的年利率为 10%,平均年利率为 7.6%;针对"合作社如果向民间借贷,要付的年利率"这个问题,有 19 个合作社给予了明确回答,最低的年利率为 0,最高的年利率为 30%,平均年利率为 12.1%;针对"合作社如果向亲朋好友借贷,要付的年利率"这个问题,有 25 个合作社给予了明确回答,最低的年利率为 0,最高的年利率为 24%,平均年利率为 2.4%。

1. 是否通过金融机构获得过贷款

在受访的 47 个合作社中,表示获得过金融机构贷款的有 12 个,占被调查合作社总数的 25.5%;表示没有获得过金融机构贷款的有 35 个,占被调查合作社总数的 74.5%。由调查数据可见,约 1/4 的合作社表示获得过金融机构的贷款。

2. 通过金融机构申请贷款的可得率

表 1-9 合作社获得贷款次数与申请贷款次数之比

单位:个,%

项目	频数	百分比	有效百分比	累计百分比
0.1	2	4.3	16.7	16.7
0.2	1	2.1	8.3	25.0
0.5	3	6.4	25.0	50.0
1.0	6	12.8	50.0	100.0
小计	12	25.5	100.0	—
缺失	35	74.5	—	—
总计	47	100.0	—	—

注:合作社获得金融机构的贷款次数与申请贷款次数之比=合作社获得金融机构的贷款次数/合作社向金融机构申请贷款的次数。

为了对合作社向金融机构贷款的可得性做进一步分析，本研究选取了"合作社获得金融机构的贷款次数与申请贷款次数之比"和"合作社获得金融机构的贷款金额与申请贷款金额之比"这两个指标来衡量合作社向金融机构贷款的可得性。

在对向金融机构申请贷款次数及获得的次数这两个问题均做出明确回答的12个合作社中，由计算可得，获得贷款次数与申请贷款次数之比的值为0.1的有2个，即合作社向金融机构贷款的成功率为10%的有2个，有效百分比为16.7%；获得贷款次数与申请贷款次数之比的值为0.2的有1个，即合作社向金融机构贷款的成功率为20%的有1个，有效百分比为8.3%；获得贷款次数与申请贷款次数之比的值为0.5的有3个，即合作社向金融机构贷款的成功率为50%的有3个，有效百分比为25%；获得贷款次数与申请贷款次数之比的值为1的有6个，即合作社向金融机构贷款的成功率为100%的有6个，有效百分比为50%。

关于合作社获得贷款金额与申请贷款金额之比，在对向金融机构申请贷款金额及获得的金额这两个问题均做出明确回答的12个合作社中，由计算可得，获得贷款金额与申请贷款金额之比的值为0.44的有1个，即合作社向金融机构贷款金额的获得率为44%的有1个，有效百分比为8.3%；获得贷款金额与申请贷款金额之比的值为1的有11个，即合作社向金融机构贷款金额的获得率为100%的有11个，有效百分比为91.7%。调查数据显示，在获得贷款的合作社中，绝大部分合作社都可以按照申请金额获得贷款。

表1-10 合作社获得贷款金额与申请贷款金额之比

单位：个，%

项目	频数	百分比	有效百分比	累计百分比
0.44	1	2.1	8.3	8.3
1.00	11	23.4	91.7	100.0
小计	12	25.5	100.0	—
缺失	35	74.5	—	—
总计	47	100.0	—	—

注：合作社获得金融机构的贷款金额与申请贷款金额之比＝合作社获得金融机构的贷款金额/合作社向金融机构申请贷款的金额。

3. 获得过贷款的种类

关于合作社获得过贷款的种类,在获得过金融机构贷款的12个合作社中,获得信用贷款的有4个,有效百分比为33.3%;获得抵押贷款的有1个,有效百分比为8.3%;获得担保贷款的有5个,有效百分比为41.7%;获得信用贷款、抵押贷款的有1个,有效百分比为8.3%;获得抵押贷款、担保贷款的有1个,有效百分比为8.3%。

表1-11 合作社获得过贷款的种类

单位:个,%

项目	频数	百分比	有效百分比	累计百分比
信用贷款	4	8.5	33.3	33.3
抵押贷款	1	2.1	8.3	41.6
担保贷款	5	10.6	41.7	83.3
信用贷款、抵押贷款	1	2.1	8.3	91.7
抵押贷款、担保贷款	1	2.1	8.3	100.0
小计	12	25.5	100.0	—
缺失	35	74.5	—	—
总计	47	100.0	—	—

4. 获得贷款的担保情况

在获得过担保贷款的6个合作社中,由调查数据可见,获得由政府提供的政策性担保的有4个,有效百分比为66.7%;获得由成员互保的担保贷款的有2个,有效百分比为33.3%。

5. 获得金融机构授信情况

在获得过金融机构贷款的12个合作社中,获得金融机构授信额度的有7个,有效百分比为58.3%;没有获得金融机构授信额度的有5个,有效百分比为41.7%。

在获得金融机构授信额度的7个合作社中,由政府帮助而获得的有5个,有效百分比为71.4%;由金融机构支持而获得的有2个,有效百分比为 28.6%。

6. 获得金融机构贷款利率优惠情况

在获得金融机构贷款的 12 个合作社中,获得利率优惠的有 6 个,有效百分比为 50%;没有获得利率优惠的有 6 个,有效百分比为 50%。

关于合作社获得利率优惠的途径,在获得过利率优惠的 6 个合作社中,由政府帮助而获得的有 3 个,有效百分比为 50%;由金融机构支持而获得的有 3 个,有效百分比为 50%。

(四)合作社获得的最大一笔贷款的相关情况

本研究将从贷款的金额、利率、年限这三个指标的相关特征值对合作社获得的最大一笔贷款情况进行描述。

在获得金融机构贷款的 12 个合作社中,最大一笔贷款的最小值是 5 万元,最大值是 550 万元,平均值是 152.9 万元;关于最大一笔贷款的年利率情况,最大一笔贷款年利率的最小值是 0,最大值是 8%,平均值是 5.6%;关于最大一笔贷款的年限情况,最大一笔贷款年限的最小值是 1 年,最大值是 3 年,平均值是 2.46 年。

1. 最大一笔贷款的借贷人情况

关于借贷人情况,在获得金融机构贷款的 12 个合作社中,获得的最大一笔贷款是以合作社名义申请的最多,有 7 个,有效百分比为 58.3%;获得的最大一笔贷款是以合作社理事长个人名义申请的有 3 个,有效百分比为 25%;获得的最大一笔贷款是以合作社其他社员名义申请的有 2 个,有效百分比为 16.7%。

2. 最大一笔贷款的金额分布情况

在获得金融机构贷款的 12 个合作社中,获得的最大一笔贷款在 10 万元以内的有 2 个,有效百分比为 16.7%;获得的最大一笔贷款在 10 万~50 万元的有 3 个,有效百分比为 25%;获得的最大一笔贷款在 50 万~100 万元的有 1 个,有效百分比为 8.3%;获得的最大一笔贷款在 100 万元以上的最多,有 6 个,有效百分比为 50%。

表 1-12 合作社获得的最大一笔贷款情况

单位：个，%

区间	频数	百分比	有效百分比	累计百分比
0~10万元	2	4.3	16.7	16.7
10万~50万元	3	6.4	25.0	41.7
50万~100万元	1	2.1	8.3	50.0
100万元以上	6	12.8	50.0	100.0
小计	12	25.5	100.0	—
缺失	35	74.5	—	—
总计	47	100.0	—	—

3. 最大一笔贷款的贷款来源

在获得金融机构贷款的 12 个合作社中，获得的最大一笔贷款来自农村信用社的最多，有 9 个，有效百分比为 75%；获得的最大一笔贷款来自其他商业银行的有 3 个，有效百分比为 25%。

4. 最大一笔贷款的贷款种类

在获得金融机构贷款的 12 个合作社中，获得的最大一笔贷款是信用贷款的最多，有 6 个，有效百分比为 50%；获得的最大一笔贷款是抵押贷款的有 1 个，有效百分比为 8.3%；获得的最大一笔贷款是社员联保贷款的有 1 个，有效百分比为 8.3%；获得的最大一笔贷款是第三方担保贷款的有 4 个，有效百分比为 33.3%。

5. 最大一笔贷款的用途

在获得金融机构贷款的 12 个合作社中，关于合作社获得的最大一笔贷款的用途情况，用于收购成员产品的有 1 个，有效百分比为 8.3%；用于建设仓储设施或加工厂的有 4 个，有效百分比为 33.3%；用于建设生产基地的有 2 个，有效百分比为 16.7%；用于合作社日常运作费用支出的有 1 个，有效百分比为 8.3%。

表 1-13　合作社获得的最大一笔贷款的用途情况

单位：个，%

项目	频数	百分比	有效百分比	累计百分比
收购成员产品	1	2.1	8.3	8.3
建设仓储设施或加工厂	4	8.5	33.3	41.6
建设生产基地	2	4.3	16.7	58.5
合作社日常运作费用支出	1	2.1	8.3	66.8
购买生产资料、收购成员产品	1	2.1	8.3	75.1
购买生产资料、建设仓储设施或加工厂	1	2.1	8.3	83.4
购买生产资料、建设生产基地	1	2.1	8.3	91.7
购买生产资料、合作社日常运作费用支出	1	2.1	8.3	100.0
小计	12	25.5	100.0	—
缺失	35	74.5	—	—
总计	47	100.0	—	—

合作社获得的最大一笔贷款用于购买生产资料、收购成员产品的有 1 个，有效百分比为 8.3%；用于购买生产资料、建设仓储设施或加工厂的有 1 个，有效百分比为 8.3%；用于购买生产资料、建设生产基地的有 1 个，有效百分比为 8.3%；用于购买生产资料、合作社日常运作费用支出的有 1 个，有效百分比为 8.3%。

（五）合作社没有获得过金融机构贷款的原因

在没有获得过金融机构贷款的 35 个合作社中，关于没有获得贷款的原因，表示是无法提供抵押品的最多，有 29 个，有效百分比为 82.9%；表示是无法找到愿意提供担保的人或单位的有 2 个，有效百分比为 5.7%；表示是金融机构对合作社不了解、不认可的有 1 个，有效百分比为 2.9%；表示是既无法提供抵押品又无法找到愿意提供担保的人或单位的有 3 个，有效百分比为 8.6%。

第六节　合作社发展所面临的市场环境

合作社在参与市场竞争过程中还要受到行业内竞争对手、上游供应商、下游购买者、潜在进入者和替代品等的影响。这些外部因素会对合作社的发展产生重大影响。

（一）可供合作社选择的生产资料供应厂家情况

关于可供合作社选择的生产资料供应厂家情况，在对此问题做出明确回答的 44 个合作社中，表示可选择的生产资料供应厂家很少的有 5 个，有效百分比为 11.4%；表示可选择的生产资料供应厂家比较少的有 14 个，有效百分比为 31.8%；表示可选择的生产资料供应厂家一般的有 4 个，有效百分比为 9.1%；表示可选择的生产资料供应厂家比较多的有 19 个，有效百分比为 43.2%；表示可选择的生产资料供应厂家很多的有 2 个，有效百分比为 4.5%。由调查数据可见，近 48% 的合作社表示可选择的生产资料供应厂家较多或很多。

（二）合作社获得新技术的渠道情况

在市场竞争中，技术升级及相关新产品的推出对合作社的市场竞争力有着重大的影响。因此，获取和运用新技术对合作社的发展而言有着重要的意义。

关于合作社获得新技术的渠道，在对此问题做出明确回答的 45 个合作社中，表示获得新技术的渠道很少的有 5 个，有效百分比为 11.1%；表示获得新技术的渠道比较少的最多，有 18 个，有效百分比为 40%；表示获得新技术的渠道数量一般的有 7 个，有效百分比为 15.6%；表示获得新技术的渠道比较多的有 12 个，有效百分比为 26.7%；表示获得新技术的渠道很多的有 3 个，有效百分比为 6.7%。由调查数据可见，约 33% 的合作社表示获得新技术的渠道比较多或很多。

下文将对合作社可获得的最重要的技术渠道（3 个）做进一步分析。关于合作社可获得的第一个最重要的技术渠道，在对此问题做出明确回答的 45 个合作社中，表示科研院所是可获得的第一个最重要的技术渠道的有 5

个，有效百分比为11.1%；表示政府技术推广部门是可获得的第一个最重要的技术渠道的有12个，有效百分比为26.7%；表示学习种养殖大户的技术经验是可获得的第一个最重要的技术渠道的最多，有16个，有效百分比为35.6%；表示厂家技术培训推介是可获得的第一个最重要的技术渠道的有8个，有效百分比为17.8%；表示自己的技术经验总结积累是可获得的第一个最重要的技术渠道的有4个，有效百分比为8.9%。由调查数据可见，超过30%的合作社表示，可获得的第一个最重要的技术渠道是向种养殖大户学习技术经验。

表1-14 合作社可获得的第一个最重要的技术渠道

单位：个，%

项目	频数	百分比	有效百分比	累计百分比
科研院所	5	10.6	11.1	11.1
政府技术推广部门	12	25.5	26.7	37.8
学习种养殖大户的技术经验	16	34.0	35.6	73.4
厂家技术培训推介	8	17.0	17.8	91.2
自己的技术经验总结积累	4	8.5	8.9	100.0
小计	45	95.7	100.0	—
缺失	2	4.3	—	—
总计	47	100.0	—	—

关于合作社可获得的第二个最重要的技术渠道，在对此问题做出明确回答的32个合作社中，表示科研院所是可获得的第二个最重要的技术渠道的有4个，有效百分比为12.5%；表示政府技术推广部门是可获得的第二个最重要的技术渠道的最多，有13个，有效百分比为40.6%；表示学习种养殖大户的技术经验是可获得的第二个最重要的技术渠道的有8个，有效百分比为25%；表示厂家技术培训推介是可获得的第二个最重要的技术渠道的有6个，有效百分比为18.8%；表示自己的技术经验总结积累是可获得的第二个最重要的技术渠道的有1个，有效百分比为3.1%。由调查数据可见，超过40%的合作社表示，可获得的第二个最重要的技术渠道是政府技术推广部门。

表 1-15 合作社可获得的第二个最重要的技术渠道

单位：个，%

项目	频数	百分比	有效百分比	累计百分比
科研院所	4	8.5	12.5	12.5
政府技术推广部门	13	27.7	40.6	53.1
学习种养殖大户的技术经验	8	17.0	25.0	78.1
厂家技术培训推介	6	12.8	18.8	96.9
自己的技术经验总结积累	1	2.1	3.1	100.0
小计	32	68.1	100.0	—
缺失	15	31.9	—	—
总计	47	100.0	—	—

关于合作社可获得的第三个最重要的技术渠道，在对此问题做出明确回答的 24 个合作社中，表示科研院所是可获得的第三个最重要的技术渠道的有 1 个，有效百分比为 4.2%；表示政府技术推广部门是可获得的第三个最重要的技术渠道的有 5 个，有效百分比为 20.8%；表示学习种养殖大户的技术经验是可获得的第三个最重要的技术渠道的有 8 个，有效百分比为 33.3%；表示厂家技术培训推介是可获得的第三个最重要的技术渠道的最多，有 9 个，有效百分比为 37.5%；表示自己的技术经验总结积累是可获得的第三个最重要的技术渠道的有 1 个，有效百分比为 4.2%。由调查数据可见，近 38% 的合作社表示，可获得的第三个最重要的技术渠道是厂家技术培训推介。

表 1-16 合作社可获得的第三个最重要的技术渠道

单位：个，%

项目	频数	百分比	有效百分比	累计百分比
科研院所	1	2.1	4.2	4.2
政府技术推广部门	5	10.6	20.8	25.0
学习种养殖大户的技术经验	8	17.0	33.3	58.3
厂家技术培训推介	9	19.1	37.5	95.8
自己的技术经验总结积累	1	2.1	4.2	100.0
小计	24	51.1	100.0	—
缺失	23	48.9	—	—
总计	47	100.0	—	—

（三）合作社可选择的产品销售渠道

销售渠道是合作社产品顺畅对接市场的关键，合作社可以选择的销售渠道数量及模式等能够在一定程度上反映合作社产品对接市场的难易程度。

1. 合作社可选择的销售渠道数量情况

在受访的 47 个合作社中，表示产品销售渠道很少的有 5 个，占被调查合作社总数的 10.6%；表示产品销售渠道比较少的有 10 个，占被调查合作社总数的 21.3%；表示产品销售渠道数量一般的有 5 个，占被调查合作社总数的 10.6%；表示产品销售渠道比较多的有 25 个，占被调查合作社总数的 53.2%；表示产品销售渠道很多的有 2 个，占被调查合作社总数的 4.3%。由调查数据可见，近 58% 的合作社表示产品的销售渠道比较多或很多。

2. 合作社最重要的三个销售渠道情况

下文将对合作社产品最重要的销售渠道（3 个）做进一步分析。在受访的 47 个合作社中，关于合作社产品第一个最重要的销售渠道，表示是商贩的最多，有 29 个，占被调查合作社总数的 61.7%；表示是相关企业的有 9 个，占被调查合作社总数的 19.1%；表示是直接与超市对接的有 3 个，占被调查合作社总数的 6.4%；表示是直接与社区消费者对接的有 1 个，占被调查合作社总数的 2.1%；表示是网络订单的有 1 个，占被调查合作社总数的 2.1%；表示是一级批发市场的有 3 个，占被调查合作社总数的 6.4%；表示是实体店的有 1 个，占被调查合作社总数的 2.1%。由调查数据可见，近 62% 的合作社表示产品第一个最重要的销售渠道是商贩。

表 1-17　合作社产品最重要的销售渠道 1

单位：个，%

项目	频数	百分比	累计百分比
商贩	29	61.7	61.7
相关企业	9	19.1	80.8
直接与超市对接	3	6.4	87.2
直接与社区消费者对接	1	2.1	89.4

第一章　滇西农民专业合作社产生和发展的外部环境

续表

项目	频数	百分比	累计百分比
网络订单	1	2.1	91.5
一级批发市场	3	6.4	97.9
实体店	1	2.1	100.0
总计	47	100.0	—

关于合作社产品第二个最重要的销售渠道，在对此问题做出明确回答的24个合作社中，表示是商贩的有1个，有效百分比为4.2%；表示是相关企业的有10个，有效百分比为41.7%；表示是直接与超市对接的有5个，有效百分比为20.8%；表示是直接与社区消费者对接的有2个，有效百分比为8.3%；表示是网络订单的有5个，有效百分比为20.8%；表示是一级批发市场的有1个，有效百分比为4.2%。由调查数据可见，近42%的合作社表示产品第二个最重要的销售渠道是相关企业。

表1-18　合作社产品最重要的销售渠道2

单位：个，%

项目	频数	百分比	有效百分比	累计百分比
商贩	1	2.1	4.2	4.2
相关企业	10	21.3	41.7	45.9
直接与超市对接	5	10.6	20.8	66.7
直接与社区消费者对接	2	4.3	8.3	75.0
网络订单	5	10.6	20.8	95.8
一级批发市场	1	2.1	4.2	100.0
小计	24	51.1	100.0	—
缺失	23	48.9	—	—
总计	47	100.0	—	—

关于合作社产品第三个最重要的销售渠道，在对此问题做出明确回答的6个合作社中，表示是商贩的有1个，有效百分比为16.7%；表示是直接与

超市对接的有 2 个,有效百分比为 33.3%;表示是直接与社区消费者对接的有 1 个,有效百分比为 16.7%;表示是网络订单的有 2 个,有效百分比为 33.3%。

表 1-19 合作社产品最重要的销售渠道 3

单位:个,%

项目	频数	百分比	有效百分比	累计百分比
商贩	1	2.1	16.7	16.7
直接与超市对接	2	4.3	33.3	50.0
直接与社区消费者对接	1	2.1	16.7	66.7
网络订单	2	4.3	33.3	100.0
小计	6	12.8	100.0	—
缺失	41	87.2	—	—
总计	47	100.0	—	—

3. 合作社长期订单业务情况

关于合作社与相关企业、商贩等签订长期销售合同的情况,在受访的 47 个合作社中,表示有签订的有 9 个,占被调查合作社总数的 19.1%;表示没有签订的有 38 个,占被调查合作社总数的 80.9%。由调查数据可见,不足 20% 的合作社与相关企业、商贩等签订了长期销售合同。

在长期销售合同期限方面,在对此问题做出明确回答的 9 个合作社中,表示是 1 年的有 6 个,有效百分比为 66.7%;表示是 2 年的有 2 个,有效百分比为 22.2%;表示是 15 年的有 1 个,有效百分比为 11.1%。由调查数据可见,近 67% 的合作社签订的长期销售合同的期限是 1 年。

关于合作社与相关企业、商贩等签订长期销售合同时有无违约处罚措施,对此问题做出明确回答的 9 个合作社均表示签订长期销售合同时有相关的违约处罚措施。

(四)合作社面对的市场竞争对手情况

合作社在收购社员产品方面是否存在其他竞争对手呢?在受访的 47 个合作社中,表示有竞争者的有 30 个,占被调查合作社总数的 63.8%;表示没有竞争者的有 17 个,占被调查合作社总数的 36.2%。由调查数据可见,近 64% 的合作社在收购社员产品时存在其他竞争者。

第七节 本章小结

本章从自然资源、产业结构、融资环境、宏观政策等方面对滇西特困地区农民专业合作社成立和发展的外部环境进行了分析。中央和省级政府关于土地制度改革、农产品结构调整和粮食安全保障、产业融合发展、流通营销体系建设、农业机械化和信息化、农业科技和质量标准体系建设、生产服务社会化、美丽乡村建设、新型农民和新型经营主体培育等的政策、法规和规划,为滇西合作社发展提供了重要支撑和直接基础。在滇西合作社发展过程中,政府在注册、资金等方面给予了支持,但合作社所面临的融资环境和市场竞争环境使其在融资、获取新技术、销售渠道建设等方面仍存在很大的困难。

第二章 滇西农民专业合作社的发起、参与成员的特征及需求

农民的合作化有利于更好地解决单个农户解决不好或解决不了的事情,农民之间的有效合作需要什么样的条件,现实中农民是出于何种动机自愿组成合作社,合作社的组建又是在何种条件下由哪些人发起的呢?为了搞清楚这些问题,本章将基于所调查的滇西47个合作社和367名合作社社员的一手数据资料,对合作社所在村的人文地理环境、合作社总体概况、合作社发起原因、合作社发起方特征、社员参与合作社的原因、参与合作社事务情况等做深入的分析。

第一节 合作社发起的相关理论体系

合作社作为农业产业链中很重要的一种组织形态和制度安排,影响了大约1/3的农产品生产和供应。关于合作社产生和发展的原因,新古典经济学从应对市场失灵的角度作出解释(Emelianoff, 1942; Enke, 1945; Sexton 等, 1988),新制度经济学则从交易成本角度,认为只有能降低交易费用时农业合作社才会产生(Levay, 1983; Hobbs, 1999; Hendrikse 和 Veerman, 2001)。

关于合作社成立、农户参与合作社的影响因素,国外学者主要从组织成员关系、人际信任度、组织绩效、内部管理制度等方面展开研究(Fulton, 2000; Verhofstadt 和 Maertens, 2015)。国内学者对于农户合作行为的研究主要

从行为态度、主观规范和知觉行为控制等方面展开。黄祖辉等（2012）指出，影响农户合作的主要因素有产品特性、生产集群、合作成员及制度环境；郭红东、蒋文华（2007）的研究表明，农户加入合作组织的意愿受户主文化程度、生产的商品化程度、市场发育程度、政策支持力度以及经济发展水平等因素的影响；马彦丽、林坚（2006）提出，农民专业合作社的领办人员的身份会直接影响到农户的合作意愿；黄胜忠（2007）认为，农民的参与意愿主要由他们从合作社中获得的利益决定，获得的利益越大，其合作意愿越强；邓衡山等（2011）通过对我国7个省份758个村庄的农民专业合作社的调查数据分析指出，农户间的社会信任是农民合作经济组织初期产生、存续和发展的必要条件；韩喜平（2011）认为，社员个人特征、家庭资源禀赋、目的动机、风险偏好等是影响其参与合作社意愿的主要因素；杨亦民等（2016）通过对湖南生猪合作社社员合作意愿的调查研究表明，社员需求是促使其选择合作的原动力；孙艳华等（2018）基于浏阳市生猪合作社237份社员资料对社员合作意愿进行分析，认为合作社社员间的信任、资本和管理意愿等对合作意愿有显著影响；杨立社等（2018）通过对陕西礼泉农民专业合作社的实证研究指出，农民对合作社的认知程度及对政府支持政策的了解程度会影响到其参与合作的积极性。

结合学者们已有的研究成果和农民专业合作社的实际发展情况，本书将影响农户参与组建合作社的因素归纳如下。

一是农户的资源禀赋和生产经营特征，主要包括：户主个人特征、农户的兼业化程度、农户的土地规模、生产的商品化程度等。行为理论认为，个人因素间接影响个体的意向和行为。户主的个人特征及其家庭生产经营特征会通过影响其行为，进而影响合作意向。一方面，户主作为农户家庭生产经营的主要决策者，其个人特征在很大程度上会影响加入合作社与否的决策。户主的个人特征主要是指户主的民族类别、年龄及文化程度等。关于民族类别，不同民族的文化特点会在一定程度上影响其对新事物的认知。关于年龄，从理论上来说，不同年龄阶段的人在生理、心理和认知方面有不同的特点。在农村，年龄较大的农民对合作社这种新生事物的认知程度没有年龄较小的农民那么高，对新生事物的尝试意愿也没有那么强，因此，年龄越大的农民参与组建合作社的意愿可能越低。关于文化程度，一般来说，文化程度越高，其接受新事物和新知识的速度就越快，对合作社的认知程度越高。所以，从理论上说文化程度高的农户参与组建合作社的积极性更高。

农户的生产经营特征在理论上也会对其参与组建合作社的行为产生影响。农户的生产经营特征主要包括农户的兼业化程度、生产的商品化程度、农户的经营规模等。关于农户的兼业化程度，主要是指农户从事农业劳动人数占家庭总人口的比例，一般来说，兼业化程度低的农户，对农业收入的依赖性较高，其参与合作社带来的预期收益要高于兼业化程度高的农户，因而其参与合作社的意愿可能较强。关于生产的商品化程度，一般来说，商品化程度高的农户，所生产的大都是一些投入较大且经济价值较高的产品，为了降低在生产经营过程中所面临的生产风险和市场风险，这类农户往往更愿意通过参与合作社来降低风险。关于农户的经营规模，理论上说，经营规模大的农户，对技术、销售等服务的需求较大，为了减轻在生产经营过程中所面临的资金、技术、销售等方面的压力，他们合作的态度可能更积极。

二是社员所生产产品的市场特征。本研究中产品的市场特征主要是指农产品市场的发育程度，具体体现为农产品可加工和销售的顺畅程度。如果农产品市场体系比较完善，农户生产产品的可加工或销售渠道很多，不存在销售难问题，那么农户参与组建合作社的积极性就不会很高。反之，如果产品加工服务很难获取或者销售渠道很少，销售难问题凸显，农户组建合作社的积极性就会比较高。

三是合作社牵头人的特征。在社会心理学领域，信任是在有风险的情况下对他人的动机持有的一种积极、自信的期待状态（Cottrell 和 Neuberg，2007）。信任能够降低人们之间的合作成本，是人们合作的起点、前提和基础（Ferrin 等，2007）。目前，在我国的农村，特别是偏远落后地区的农村，农民的市场意识普遍不强，对新生事物的认知在很大程度上依赖于其所信任的人际关系网络的传播。所以，作为合作社的牵头人——当地的种植大户、各类技术能人、龙头企业主、村干部、政府官员等,不同身份会有不同的资源特点和影响力,影响力越大的牵头方,其领办的合作社对当地农户的吸引力也越强。

四是地方政府的支持力度。当地政府对合作社的宣传、资金、实物等方面的支持,可以快速地帮助更多农户了解合作社,也可以有效地降低合作社的创立成本和运行成本,有利于合作社的成立、发展。因此,政府的支持力度越大,合作社组建运营的成本越低,这也在一定程度上降低了各方参与组建合作社的成本和风险,从而有助于提高各主体参与组建合作社的积极性。

第二节 数据来源及说明

根据滇西边境片区的合作社分布情况,结合地理位置、民族分布、产业类型等因素,2017年4月、5月、7月、8月笔者参与的由10余人组成的调研小组对云南省保山市、红河州、临沧市及大理州4个地州(市)的农民专业合作社进行了历时4个月的调研。具体来说,从每个地州(市)选取一个县,从每个县选取4~6个乡镇,考虑合作社所涉及的行业、成员规模、发展情况等因素,按照典型抽样的原则,从每个乡镇选取2~4个合作社,每个合作社随机选取10名左右的农户成员。通过问卷访谈,共对4个地州(市)的4个县19个乡镇的50个合作社及381名社员进行了调研,最终得到有效合作社样本47个,有效社员样本367个。

被调研合作社有效样本的具体分布情况是:对保山市昌宁县田园、柯街、温泉、鸡飞、耇街5个乡镇的15个合作社进行了调研,占合作社样本总数的31.9%;对红河州元阳县攀枝花、新街、马街、沙拉托4个乡镇的7个合作社进行了调研,占合作社样本总数的14.9%;对临沧市沧源县勐省、糯良、勐董、单甲、勐来、勐角6个乡镇的15个合作社进行了调研,占合作社样本总数的31.9%;对大理州巍山县的永建、马鞍山、南诏、庙街4个乡镇的10个合作社进行了调研,占合作社样本总数的21.3%。

表 2-1 被调研合作社有效样本所在地区分布

单位：个，%

区域	乡镇	频数	有效百分比
保山市昌宁县	田园	4	8.5
	柯街	4	8.5
	温泉	2	4.3
	鸡飞	3	6.4
	耇街	2	4.3
小计		15	31.9
红河州元阳县	攀枝花	2	4.3
	新街	2	4.3
	马街	2	4.3
	沙拉托	1	2.1
小计		7	14.9
临沧市沧源县	勐省	3	6.4
	糯良	2	4.3
	勐董	3	6.4
	单甲	2	4.3
	勐来	3	6.4
	勐角	2	4.3
小计		15	31.9
大理州巍山县	永建	4	8.5
	马鞍山	1	2.1
	南诏	2	4.3
	庙街	3	6.4
小计		10	21.3
总计		47	100.0

合作社理事长是合作社实际运营的负责人，合作社的生产、销售等相关事项大都由理事长负责，理事长对合作社的具体情况比较了解，因此合作社问卷的访谈对象主要是合作社理事长，社员问卷的访谈对象是合作社社员。

第三节 合作社基本情况及总体特征

为了能全面清楚地介绍合作社的基本情况,本研究将从合作社成立时的社员数量、注册资本及行业分布,合作社所在村的地理位置、民族结构、经济资源特征,合作社的发起方及合作社成立原因,合作社社员入社要求及现有社员构成特点,合作社固定资产、流动资产及负债分布等多个维度对合作社的基本情况及总体特征进行详尽的描述。

一 合作社的总体特征

(一)总体特征值

关于被调研合作社的总体特征,本研究将从发起人数、成立时社员总数、注册资本、周围企业数量等相关指标的特征值进行总体描述。在发起人数方面,合作社发起人数最少的是1人,最多的是13人,平均数是5人;在成立时社员总数方面,合作社成立时社员总数最少的是3人,最多的是200人,平均数是66人;在注册资本方面,合作社的注册资本最少的是0.5万元,最多的是7200万元,平均数是248.1万元;在周围企业数量方面,最少的是没有任何企业,最多的是有20家企业,平均数是2.5家企业;在所在村人均经营土地面积(包括林地面积)方面,最小值是人均1亩,最大值是人均30亩,平均数是人均4.9亩;在与县城的距离方面,最近的就在城区,最远的距县城120公里,平均数为31.8公里;在与省道或国道最近的距离方面,最小值是0,即紧挨着村边就有,最大值是距离70公里,平均数是12.2公里;在与高速公路入口最近的距离方面,最小值是5公里,最大值是300公里,平均数是72.3公里。关于合作社的地理位置、成员构成、成立发起过程中的具体情况等问题将在下文逐一介绍。

表 2-2　被调研合作社总体特征值

项目	发起人数（人）	成立时社员总数（人）	注册资本（万元）	周围企业数量（家）	所在村人均经营土地面积（包括林地面积）（亩）	与县城的距离（公里）	与省道或国道最近的距离（公里）	与高速公路入口最近的距离（公里）
有效(个)	47	47	47	47	47	47	47	47
平均数	5	66	248.1	2.5	4.9	31.8	12.2	72.3
最小值	1	3	0.5	0	1	0	0	5
最大值	13	200	7200	20	30	120	70	300

（二）示范合作社级别

在受访的 47 个合作社中，属于国家级示范社的有 2 个，占被调研合作社总数的 4.3%；属于省级示范社的有 8 个，占被调研合作社总数的 17%；属于市级示范社的有 6 个，占被调研合作社总数的 12.8%；属于县级示范社的有 7 个，占被调研合作社总数的 14.9%；不是示范社的差不多占到一半，有 24 个，占被调研合作社总数的 51.1%。

二　合作社成立时的社员数量、注册资本、行业分布等情况

（一）合作社成立时的社员数量

在被调研的 47 个合作社中，成立时社员数量在 50 人以下的合作社有 25 个，占被调研合作社总数的 53.2%；社员数量在 50~100 人的合作社有 8 个，占被调研合作社总数的 17%；社员数量在 100~150 人的合作社有 8 个，占被调研合作社总数的 17%；社员数量在 150~200 人的合作社有 6 个，占被调研合作社总数的 12.8%。可见，在成立初期，超过一半的合作社社员规模在 50 人以下。

（二）合作社的注册资本

在注册资本方面，注册资本是 10 万元以下的合作社有 16 个，占被调研合作社总数的 34%；注册资本在 10 万~50 万元的合作社有 10 个，占被调研

表 2-3 被调研合作社成立时的社员数量

单位：个，%

社员数量	频数	百分比	累计百分比
50 人以下	25	53.2	53.2
50~100 人	8	17.0	70.2
100~150 人	8	17.0	87.2
150~200 人	6	12.8	100.0
总计	47	100.0	—

合作社总数的 21.3%；注册资本在 50 万~100 万元的合作社有 7 个，占被调研合作社总数的 14.9%；注册资本在 100 万~200 万元的合作社有 9 个，占被调研合作社总数的 19.1%；注册资本在 200 万元以上的合作社有 5 个，占被调研合作社总数的 10.6%。从调研的结果可见，注册资本在 10 万元以下的合作社所占比例最高，超过半数的合作社注册资本在 50 万元以下。

表 2-4 被调研合作社的注册资本

单位：个，%

区间	频数	百分比	累计百分比
10 万元以下	16	34.0	34
10 万~50 万元	10	21.3	55.3
50 万~100 万元	7	14.9	70.2
100 万~200 万元	9	19.1	89.3
200 万元以上	5	10.6	100.0
总计	47	100.0	—

（三）合作社所在的行业分布

在被调研的 47 个合作社中，属于蔬果种植业的数量最多，为 14 个，占被调研合作社总数的 29.8%；其次是粮食种植业和特种种植业（例如花卉、中草药等），数量均为8个，均占被调研合作社总数的17%；林业类合作社有4个，占被调研合作社总数的8.5%；观光旅游、餐饮住宿等休闲服务业类合作社有2个，占被调研合作社总数的4.3%；统防统治、播种收割等生产性服务业类合作社有2个，占被调研合作社总数的4.3%；从事育种业的合作社有2个，占被调研合作社总数的4.3%；从事畜牧养殖业、水产养殖业的合作社均有1个，均占被调研合作社总数的2.1%。此外，涉及两种行业以上的综合型合作社有4个，例如，同时涉及育种业、特种种植业、林业等，目前综合型合作社已经成为重要的合作社类型之一，这种综合型合作社占被调研合作社总数的8.5%。

表2-5 被调研合作社所在行业分布

单位：个，%

项目	频数	百分比	累计百分比
育种业	2	4.3	6.4
粮食种植业	8	17.0	23.4
蔬果种植业	14	29.8	53.2
特种种植业	8	17.0	70.2
畜牧养殖业	1	2.1	72.3
水产养殖业	1	2.1	74.5
林业	4	8.5	83.0
休闲服务业	2	4.3	87.2
生产性服务业	2	4.3	91.5
综合型	4	8.5	100.0
总计	46	100.0	—

三 合作社所在村的地理位置、经济资源特征

我国的合作社发展根植于农村，合作社所在村的地理位置、民族文化、资源分布等因素构成了其发展的外部环境，对其发起成立、运营发展具有重要影响。

（一）合作社所在村的地理位置特点

1. 合作社所在村的地域地形情况

合作社所在村的地域地形是影响其生产经营的重要因素之一，在被调研的47个合作社中，大部分的合作社都位于山区，共34个，占被调研合作社总数的72.7%；位于坝区的合作社有13个，占被调研合作社总数的27.6%。山区相对于坝区在交通上更不便利，在自然环境、生态资源上也更具特殊性，合作社的经营范围受客观环境的影响更明显，特色也更突出。

2. 合作社所在村与县城的距离

一般来说，县城是人口规模较大且居住集中、物质资料丰富、物流较发达、经济活动相对繁荣的地方。县城是所在县域的经济中心，辐射周边地区的经济社会发展。合作社与县城的距离在一定程度上能反映出合作社参与县域经济活动的便利程度。在所调研的47个合作社中，距离县城0~20公里的有16个，占被调研合作社总数的34%；距离县城20~40公里的有16个，占被调研合作社总数的34%；距离县城40~60公里的有12个，占被调研合作社总数的25.5%；距离县城60~120公里的有3个，占被调研合作社总数的6.4%。由调研数据可见，68%的合作社距离县城在40公里以内，参与县域经济活动还是比较便利的。

3. 合作社所在村与最近的省道（国道）、高速路口距离

目前，交通的便利程度和物流成本是影响合作社生产经营的一个重要方面。合作社的地理位置，更具体地说，合作社与省道或国道、高速公路入口的距离决定着合作社交通的便利程度及物流成本。在所调研的47个合作社中，距离省道或国道0~10公里的最多，有26个，占被调研合作社总数的55.3%；距离省道或国道10~20公里的有15个，占被调研合作社总数的31.9%；距离省道或国道20~30公里的有2个，占被调研合作社总数的4.3%；距离省道或国道30~70公里的有4个，占被调研合作社总数的8.5%。由调研数据可见，近年来随着农村基础设施的不断完善，有半数以上的合作社距离省道或国道在10公里以内，交通比较便利，但是也可以看出，仍有近45%的合作社距离省道或国道超过10公里，交通

不便会给合作社生产经营销售带来困扰，增加运营成本。

与高速公路入口的距离是衡量交通便利程度的另一个重要指标。在所调研的47个合作社中，合作社所在村周围没有高速公路的最多，共20个，占被调研合作社总数的42.6%；距离高速公路入口0~30公里的有5个，占被调研合作社总数的10.6%；距离高速公路入口30~60公里的有6个，占被调研合作社总数的12.8%；距离高速公路入口60~100公里的有3个，占被调研合作社总数的6.4%；距离高速公路入口100~200公里的有10个，占被调研合作社总数的21.3%；距离高速公路入口200~300公里的有3个，占被调研合作社总数的6.4%。由调研数据可见，近90%的合作社周围都没有高速公路或距离高速公路入口超过30公里。这在一定程度上说明在滇西边境片区高速公路的分布还比较少，作为现代物流重要条件之一的高速公路的缺失成为保鲜标准较高的特殊产品远距离销售的瓶颈。

（二）合作社所在村的经济资源特征

1. 合作社所在村人均拥有的土地面积

土地是从事农业生产经营活动的重要资本，关于被调研合作社所在村人均拥有土地面积情况，从调研的数据来看，合作社所在村人均土地面积在0~3亩的最多，共有29个，占被调研合作社总数的61.7%；人均土地面积在3~6亩的，共有9个，占被调研合作社总数的19.1%；人均土地面积在6~10亩的，共有5个，占被调研合作社总数的10.6%；人均土地面积规模较大的，在10~30亩的很少，共有4个，占被调研合作社总数的8.5%。

表2-6 被调研农民专业合作社所在村人均土地面积

单位：个，%

人均土地面积	频数	百分比	累计百分比
0~3亩	29	61.7	61.7
3~6亩	9	19.1	80.8
6~10亩	5	10.6	91.5
10~30亩	4	8.5	100.0
总计	47	100.0	—

注：表中的人均土地面积包括耕地和林地。

2. 合作社所在村及周边地区的企业数量

合作社周围的企业数量在一定程度上反映了合作社所处的市场环境，在调研中，合作社所在村及村周边地区没有企业存在的有 25 个，占被调研合作社总数的 53.2%；合作社所在村及村周边地区有 1~5 家企业的有 17 个，占被调研合作社总数的 36.2%；合作社所在村及村周边地区有 5~10 家企业的有 1 个，占被调研合作社总数的 2.1%；合作社所在村及村周边地区有 10 家以上企业的有 4 个，占被调研合作社总数的 8.5%。从调研的数据来看，89.4%的合作社所在村及周边地区没有企业或企业不足 5 家，这在一定程度上说明，目前大部分被调研合作社所处的产业环境较差，市场资源相对匮乏。

四 合作社固定资产、流动资产及负债分布情况

合作社拥有的资产情况是衡量其实力的重要指标。本研究从合作社固定资产总值、固定资产结构、流动资产及负债等方面对合作社的资产情况进行分析。

（一）合作社资产的总体特征值

在合作社拥有的固定资产方面，受访的 47 个合作社中，固定资产最小值为 0，最大值是 3500 万元，平均值是 213.7 万元；在固定资产的结构方面，将从合作社拥有的经营性场所和农机具两个方面进行具体分析。

在合作社拥有仓库、厂房、大棚等经营性场所方面，受访的 47 个合作社中有 28 个合作社拥有此类固定资产。关于这些场所可以使用的年限，从调研数据可见，最小的使用年限是 1 年，最大年限是 30 年，平均数是 13.2 年。建设这些经营性场所的总费用最小值是 1.5 万元，最大值是 374 万元，平均数是 149.4 万元。在合作社拥有拖拉机、收割机、农用运输车辆、烘干机等农机用具方面，受访的 47 个合作社中有 11 个合作社拥有此类固定资产。关于这些农机用具可以使用的年限，从调研数据可见，最小的使用年限是 1 年，最大年限是 6 年，平均数是 3 年。购置这些农机用具的总费用，最小值是 3.3 万元，最大值是 140 万元，平均

数是49万元。

关于合作社的流动资产和负债情况,在受访的47个合作社中,合作社拥有的流动资产最小值是0,最大值是1000万元,平均数是117.1万元。在合作社的负债方面,最小值是没有负债,最大值是550万元,平均数是41.5万元。

表2-7 被调研合作社资产变量特征值

项目	固定资产总值(万元)	经营性场所使用年限(年)	经营性场所总花费(万元)	农机用具可使用年限(年)	农机用具总花费(万元)	流动资产(万元)	负债(万元)
有效(个)	47	28	28	11	11	47	47
缺失(个)	0	19	19	36	36	0	0
平均数	213.7	13.2	149.4	3	49	117.1	41.5
最小值	0	1	1.5	1	3.3	0	0
最大值	3500	30	374	6	140	1000	550

(二)合作社所拥有的固定资产及其构成

1. 合作社所拥有的固定资产总值

在从总体上介绍了合作社的资产情况后,下文将进一步对合作社资产的具体情况进行分析。在固定资产总值方面,在受访的47个合作社中,固定资产在50万元以下的最多,有26个,占被调研合作社总数的55.3%;固定资产在50万~100万元的有4个,占被调研合作社总数的8.5%;固定资产在100万~200万元的有7个,占被调研合作社总数的14.9%;固定资产在200万~500万元的有6个,占被调研合作社总数的12.8%;固定资产在500万~1000万元的有3个,占被调研合作社总数的6.4%;固定资产在1000万元以上的只有1个,占被调研合作社总数的2.1%。由调研的数据可见,目前,大部分合作社固定资产在100万元以下,固定资产超过500万元的极少,这在一定程度上也反映了能进行产品加工尤其是深加工的合作社并不多。

表 2-8　被调研合作社固定资产总值

单位：个，%

区间	频数	百分比	累计百分比
50 万元以下	26	55.3	55.3
50 万~100 万元	4	8.5	63.8
100 万~200 万元	7	14.9	78.7
200 万~500 万元	6	12.8	91.5
500 万~1000 万元	3	6.4	97.9
1000 万元以上	1	2.1	100.0
总计	47	100.0	—

2. 合作社经营性场所的投资情况

关于被调研合作社在仓库、厂房、大棚等经营性场所方面的投资情况，在受访的 47 个合作社中，有 20 个合作社没有此类投资，占被调研合作社总数的 42.6%；经营性场所投资额在 0~10 万元的有 7 个，占被调研合作社总数的 14.9%；经营性场所投资额在 10 万~50 万元的有 10 个，占被调研合作社总数的 21.3%；经营性场所投资额在 50 万~100 万元的有 2 个，占被调研合作社总数的 4.3%；经营性场所投资额在 100 万~200 万元的有 3 个，占被调研合作社总数的 6.4%；经营性场所投资额在 200 万元以上的有 5 个，占被调研合作社总数的 10.6%。由调研数据可以看出，近 79% 的合作社没有经营性场所投资或者相关投资在 50 万元以下，这说明大多数合作社经营性场所投入不足，设施简陋。

表 2-9　合作社经营性场所的投资情况

单位：个，%

区间	频数	百分比	累计百分比
0	20	42.6	42.6
0~10 万元	7	14.9	57.5
10 万~50 万元	10	21.3	78.7
50 万~100 万元	2	4.3	83.0
100 万~200 万元	3	6.4	89.4
200 万以上	5	10.6	100.0
总计	47	100.0	—

3. 合作社农机用具的投资情况

关于被调研合作社在拖拉机、收割机、农用运输车辆、烘干机等农机用具方面的投资情况，在受访的 47 个合作社中，有 36 个合作社没有此类投资，占被调研合作社总数的 76.6%；农机用具投资额在 0~10 万元的有 8 个，占被调研合作社总数的 17%；农机用具投资额在 10 万~20 万元的有 2 个，占被调研合作社总数的 4.3%；农机用具投资额在 20 万元以上的有 1 个，占被调研合作社总数的 2.1%。由调研数据可见，绝大部分合作社没有农机用具方面的投入，93.6% 的合作社在农机用具方面没有投入或投入额在 10 万元以下，这也在一定程度上说明了大部分合作社在农业社会化服务方面的能力不足。

表 2-10　合作社农机用具的投资情况

单位：个，%

区间	频数	百分比	累计百分比
0	36	76.6	76.6
0~10 万元	8	17.0	93.6
10 万~20 万元	2	4.3	97.9
20 万元以上	1	2.1	100.0
总计	47	100.0	—

（三）合作社所拥有的流动资产情况

在受访的 47 个合作社中，有 14 个合作社没有流动资产，占被调研合作社总数的 29.8%；有 9 个合作社的流动资产在 0~10 万元，占被调研合作社总数的 19.1%；有 6 个合作社的流动资产在 10 万~50 万元，占被调研合作社总数的 12.8%；有 5 个合作社的流动资产在 50 万~100 万元，占被调研合作社总数的 10.6%；有 3 个合作社的流动资产在 100 万~200 万元，占被调研合作社总数的 6.4%；有 10 个合作社的流动资产在 200 万元以上，占被调研合作社总数的 21.3%。由调研数据可见，近 62% 的合作社流动资产在 50 万元以下，这说明整体上合作社的流动资产规模仍比较小。

表 2-11 被调研合作社的流动资产

单位：个，%

区间	频数	百分比	累计百分比
0	14	29.8	29.8
0~10 万元	9	19.1	48.9
10 万~50 万元	6	12.8	61.7
50 万~100 万元	5	10.6	72.3
100 万~200 万元	3	6.4	78.7
200 万元以上	10	21.3	100.0
总计	47	100.0	

（四）合作社的负债情况

关于负债，在受访的 47 个合作社中，有 35 个合作社没有负债，占被调研合作社总数的 74.5%；负债在 0~10 万元的有 2 个，占被调研合作社总数的 4.3%；负债在 10 万~50 万元的有 3 个，占被调研合作社总数的 6.4%；负债在 50 万~100 万元的有 3 个，占被调研合作社总数的 6.4%；负债在 100 万~200 万元的有 1 个，占被调研合作社总数的 2.1%；负债在 200 万元以上的合作社有 3 个，占被调研合作社总数的 6.4%。由调研数据可见，大部分合作社都没有负债或者负债很少，但这并不意味着合作社的资金都很充裕，事实上，从了解的情况来看，大部分合作社没有或负债很少是由于经营规模小，缺乏资金但又很难获得贷款，只能根据自身资金情况来进行生产经营活动，不敢负债。

表 2-12 被调研合作社的负债

单位：个，%

区间	频数	百分比	累计百分比
0	35	74.5	74.5
0~10 万元	2	4.3	78.8
10 万~50 万元	3	6.4	85.1
50 万~100 万元	3	6.4	91.5

续表

区间	频数	百分比	累计百分比
100万~200万元	1	2.1	93.6
200万元以上	3	6.4	100.0
总计	47	100.0	—

第四节　合作社的发起原因及发起方特征

合作社是在什么情况下成立的，由谁牵头发起，发起方有什么特点，这些问题一直是合作社研究的重要方面。合作社发起人、牵头方的特征对合作社的成立、运营有着至关重要的影响。本研究将对合作社成立时发起人及牵头方的情况、合作社成立原因等进行具体分析。

（一）合作社发起方的基本情况

关于合作社发起方的基本情况，本研究从合作社成立时牵头方的身份及合作社理事长在发起过程中的参与情况进行分析。

1. 合作社成立时牵头方的身份

合作社发起人、牵头方的身份是研究关注的重点之一，不同类型的发起人对合作社的运营有着较大影响。在受访的47个合作社中，由产销大户发起成立的合作社最多，有15个，占被调研合作社总数的31.9%；发起人是村干部的有13个，占被调研合作社总数的27.7%；发起方是政府部门的有4个，占被调研合作社总数的8.5%；发起人是科技示范户或技术能手的有4个，占被调研合作社总数的8.5%；由企业牵头成立的合作社有3个，占被调研合作社总数的6.4%；由供销社牵头成立的合作社有2个，占被调研合作社总数的4.3%；由村干部、政府部门、产销大户、企业、供销社、科技示范户或技术能手等多方共同牵头成立的合作社有6个，占被调研合作社总数的12.8%。

表 2-13 被调研合作社成立时牵头方的身份

单位：个，%

项目	频数	百分比	累计百分比
村干部	13	27.7	27.7
政府部门	4	8.5	36.2
产销大户	15	31.9	68.1
企业	3	6.4	74.5
科技示范户或技术能手	4	8.5	83.0
供销社	2	4.3	87.3
多方共同牵头	6	12.8	89.4
总计	47	100.0	—

2. 合作社理事长是否为牵头人及理事长是否更换过

理事长是合作社的掌舵人，负责合作社的具体运营。由受访的资料可以看出，在受访的47个合作社中，合作社理事长是牵头人之一的有39个，占被调研合作社总数的83%；合作社理事长不是牵头人之一的有8个，占被调研合作社总数的17%。自合作社成立以来，一直没有更换过理事长的合作社有35个，占被调研合作社总数的74.5%；更换过理事长的合作社有12个，占被调研合作社总数的25.5%。可见，绝大部分合作社的理事长是由发起人担任的，且合作社理事长一职相对稳定，更换情况较少。

（二）合作社成立的主要原因

在合作社成立的主要原因方面，主要由受访的合作社理事长列举三个最主要的原因，关于成立合作社的第一重要原因，在受访的47个合作社中，有17个表示是为了降低生产资料购买成本、更容易获取技术服务等而自发成立合作社，占被调研合作社总数的36.2%；有17个合作社表示是为了解决销售环节的问题，为了使产品更容易走向市场而成立合作社，占被调研合作社总数的36.2%；有10个合作社表示当初是由政府要求并牵头成立的，占被调研合作社总数的21.3%；有3个合作社表示当初是由相关企业为了获得稳定的原材料而牵头成立的，占被调研合作社总数的6.4%。可见，为了获得农业社会化服务和更容易与市场对接是大部分合作社成立的最重要原因。

表 2-14　被调研合作社成立的第一重要原因

单位：个，%

项目	频数	百分比	累计百分比
自发合作	17	36.2	36.2
市场刺激	17	36.2	72.4
政府牵头	10	21.3	93.7
企业牵头对接合作	3	6.4	100.0
总计	47	100.0	—

成立合作社的第二重要原因，在受访的 47 个合作社中，有 40 位受访的理事长对此问题进行了回答。有 15 个合作社表示第二重要原因是为了降低生产资料购买成本、更容易获取技术服务等而自发成立合作社，有效百分比为 37.5%；有 22 个合作社表示第二重要原因是为了解决销售环节的问题，为了产品更容易走向市场，有效百分比为 55.0%；有 2 个合作社表示第二重要原因是由政府要求并牵头成立的，有效百分比为 5%；有 1 个合作社表示第二重要原因是由相关企业为了获得稳定的原材料而牵头成立的，有效百分比为 2.5%。

表 2-15　被调研合作社成立的第二重要原因

单位：个，%

项目	频数	百分比	有效百分比	累计百分比
自发合作	15	31.9	37.5	37.5
市场刺激	22	46.8	55.0	92.5
政府牵头	2	4.3	5.0	97.5
企业牵头对接合作	1	2.1	2.5	100.0
小计	40	85.1	100.0	—
缺失	7	14.9	—	—
总计	47	100.0	—	—

成立合作社的第三重要原因，在受访的 47 个合作社中，有 28 位受访的理事长对此问题进行了回答。有 24 个合作社表示第三重要原因是由政府要求并

牵头成立的,有效百分比为85.7%;各有2个合作社表示第三重要原因是为了产品更容易走向市场与降低生产资料购买成本、更容易获取技术服务等,有效百分比均为7.1%。从上述调研数据可见,成立合作社的排前三的原因是为了获取农业社会化服务、解决销售问题及由政府的大力推动。

表2-16 被调研合作社成立的第三重要原因

单位:个,%

项目	频数	百分比	有效百分比	累计百分比
自发合作	2	4.3	7.1	7.1
市场刺激	2	4.3	7.1	14.3
政府牵头	24	51.1	85.7	100.0
小计	28	59.6	100.0	—
缺失	19	40.4	—	—
总计	47	100.0	—	—

第五节 合作社社员家庭的资源禀赋和生产经营特征

社员作为合作社组织的主体,其家庭的基本情况及主要特征是怎样的呢?本研究将从社员家庭人口结构、户主的资源禀赋特征、社员家庭拥有的土地资源及家庭经济收入水平等方面对合作社社员家庭的资源禀赋进行具体的分析。

一 合作社社员家庭资源禀赋的总体特征

关于合作社社员家庭资源禀赋相关的一些变量,在调研中做了进一步的梳理和分析。关于受访社员的家庭人口总数这个变量,在受访的367个样本中,有效样本为367个,受访社员家庭人口总数最小值是1,最大值是11,平均数为4.6;关于受访社员的家庭人口中涉农劳动力这个变量,在受访的367个样本中,有效样本有367个,受访社员家庭涉农劳动力人数最小值是0,最大值是7,平均数为2.5。

表 2-17　合作社社员家庭资源禀赋相关变量特征值

项目	家庭人口总数（人）	涉农劳动力（人）	土地面积（亩）	块数（块）	自家承包（亩）	租(转)入（亩）	可灌溉面积（亩）	"社员产品"种植面积（亩）
有效(个)	367	367	358	358	358	358	358	255
缺失(个)	0	0	9	9	9	9	9	112
平均数	4.6	2.5	16.7	4.7	14.4	1.4	6.2	10.5
最小值	1	0	1	1	0.6	0	0	0.5
最大值	11	7	120	30	120	39	90	120

注：表中土地面积包括耕地面积和林地面积两部分。

关于受访社员家庭生产经营土地面积这个变量，在受访的 367 个样本中，有效样本有 358 个，受访社员家庭生产经营土地面积最小值是 1，最大值是 120，平均数为 16.7；关于受访社员家庭生产经营土地块数这个变量，在受访的 367 个样本中，有效样本有 358 个，受访社员家庭生产经营土地块数最小值是 1，最大值是 30，平均数为 4.7；关于受访社员家庭生产经营土地中属于自家承包的面积这个变量，在受访的 367 个样本中，有效样本为 358 个，受访社员家庭生产经营土地中属于自家承包的面积最小值是 0.6，最大值是 120，平均数为 14.4。

关于受访社员家庭生产经营土地中通过租（转）入的面积这个变量，在受访的 367 个样本中，有效样本为 358 个，受访社员家庭生产经营土地中通过租（转）入的面积最小值是 0，最大值是 39，平均数为 1.4；关于受访社员家庭生产经营土地中可灌溉面积这个变量，在受访的 367 个样本中，有效样本为 358 个，受访社员家庭生产经营土地中可灌溉的面积最小值是 0，最大值是 90，平均数为 6.2；关于受访社员因参加合作社而生产经营的相关产品的种植面积这个变量，在受访的 367 个样本中，有效样本为 255 个，受访社员生产经营的"社员产品"种植面积最小值是 0.5，最大值是 120，平均数为 10.5。

二 合作社社员家庭人口结构情况

（一）合作社社员家庭人口总数的分布情况

关于社员家庭总人口的分布情况，在受访的367个样本中，家庭总人口在0~3人的有78个，占受访社员总数的21.3%；家庭总人口在3~6人的最多，有260个，占受访社员总数的70.8%；家庭总人口在6~9人的有26个，占受访社员总数的7.1%；家庭总人口在9人以上的有3个，占受访社员总数的0.8%。由调查数据可见，90%以上的社员家庭人口总数在6人以内。

（二）合作社社员家庭涉农劳动人口数量与所占比例情况

在受访的367个样本中，家庭涉农劳动人口数量为0的有3个，占受访社员总数的0.8%；家庭涉农劳动人口数量为0~3人的最多，有287个，占受访社员总数的78.2%；家庭涉农劳动人口数量为3~6人的有76个，占受访社员总数的20.7%；家庭涉农劳动人口数量为6人以上的有1个，占受访社员总数的0.3%。由调查数据可见，79%的社员家庭涉农劳动人口数量在3人以内。

关于社员家庭涉农劳动力占家庭总人口的比例的情况，在受访的367名社员中，社员家庭涉农劳动力占家庭总人口的比例为0的有4个，占受访社员总数的1.1%；社员家庭涉农劳动力占家庭总人口的比例在0~30%的有21个，占受访社员总数的5.7%；社员家庭涉农劳动力占家庭总人口的比例在30%~60%的最多，有204个，占受访社员总数的55.6%；社员家庭涉农劳动力占家庭总人口的比例在60%~90%的有93个，占受访社员总数的25.3%；社员家庭涉农劳动力占家庭总人口的比例在90%~100%的有45个，占受访社员总数的12.3%。由调查数据可见，在受访的合作社社员中，约62%的社员家庭涉农劳动力占家庭总人口的比例在60%以下。

表 2-18 涉农劳动力占家庭总人口的比例

单位：个，%

项目	频数	百分比	累计百分比
0	4	1.1	1.1
0~30%	21	5.7	6.8
30%~60%	204	55.6	62.4
60%~90%	93	25.3	87.7
90%~100%	45	12.3	100.0
总计	367	100.0	—

注：涉农劳动力占家庭总人口的比例=家庭中从事农业劳动人口数量/家庭总人口数量。

三 合作社社员家庭户主的民族类别与文化程度情况

户主在家庭决策中具有主导地位，是生产经营活动的主要决策者，其资源禀赋特征对家庭的整体经营具有重要影响。本研究选取户主的民族类别与文化程度来反映其整个家庭相关方面的资源禀赋特征。

（一）合作社社员家庭户主的民族类别情况

关于户主的民族类别情况，在受访的367名社员中，户主为汉族的最多，有144个，占受访社员总数的39.2%；户主为佤族的有101个，占受访社员总数的27.5%；户主为彝族的有74个，占受访社员总数的20.2%；户主为回族的有22个，占受访社员总数的6%；户主为傣族的有19个，占受访社员总数的5.2%；户主为哈尼族的有5个，占受访社员总数的1.4%；户主为布朗族的有1个，占受访社员总数的0.3%；户主为白族的有1个，占受访社员总数的0.3%。

（二）合作社社员家庭户主的文化程度情况

在受访的367名社员中，户主文化程度为小学及以下的最多，有194个，占受访社员总数的52.9%；户主文化程度为初中的有130个，占受访社员总数的35.4%；户主文化程度为高中的有28个，占受访社员总数的7.6%；户主文化程度为大专的有10个，占受访社员总数的2.7%；户主文化程度为本科的有3个，占受访社员总数的0.8%；户主文化程度为本科以上的有 2 个，占受访社员总数的 0.5%。由调查数据可见，在受访的合作社社员中，约 88% 的户主文化程度在初中及以下。

四 合作社社员家庭的土地资源情况

土地作为农户家庭生产经营的最核心要素，能直接反映农户的生产资源特征。本研究将从社员家庭土地面积、家庭承包经营土地面积、家庭租入土地面积及其占比、家庭可灌溉土地面积及其占比等方面对合作社社员家庭的土地资源情况进行具体的分析。

（一）合作社社员家庭土地面积分布情况

关于社员家庭土地面积情况，在对此问题做出明确回答的 358 名社员中，社员家庭土地面积为 0~5 亩的有 88 个，有效百分比为 24.6%；社员家庭土地面积为 5~10 亩的有 78 个，有效百分比为 21.8%；社员家庭土地面积为 10~20 亩的有 97 个，有效百分比为 27.1%；社员家庭土地面积为 20~40 亩的有 79 个，有效百分比为 22.1%；社员家庭土地面积为 40~60 亩的有 10 个，有效百分比为 2.8%；社员家庭土地面积为 60~80 亩的有 1 个，有效百分比为 0.3%；社员家庭土地面积为 80 亩以上的有 5 个，有效百分比为 1.4%。由调查数据可见，在受访的合作社社员中，近 74% 的社员家庭土地面积在 20 亩以下。

表 2-19 社员家庭土地面积

单位：个，%

区间	频数	百分比	有效百分比	累计百分比
0~5 亩	88	24.0	24.6	24.6
5~10 亩	78	21.3	21.8	46.4
10~20 亩	97	26.4	27.1	73.5
20~40 亩	79	21.5	22.1	95.6
40~60 亩	10	2.7	2.8	98.3
60~80 亩	1	0.3	0.3	98.6
80 亩以上	5	1.4	1.4	100.0
小计	358	97.5	100.0	—
缺失	9	2.5	—	—
总计	367	100.0	—	—

注：表中的土地面积包括耕地面积和林地面积两部分。

（二）合作社社员家庭承包经营土地面积①情况

关于社员家庭承包经营土地面积情况，在对此问题做出明确回答的358名社员中，家庭承包经营土地面积为0~5亩的最多，有119个，有效百分比为33.2%；家庭承包经营土地面积为5~10亩的有76个，有效百分比为21.2%；家庭承包经营土地面积为10~20亩的有92个，有效百分比为25.7%；家庭承包经营土地面积为20~40亩的有59个，有效百分比为16.5%；家庭承包经营土地面积为40~60亩的有6个，有效百分比为1.7%；家庭承包经营土地面积为60~80亩的有1个，有效百分比为0.3%；家庭承包经营土地面积为80亩以上的有5个，有效百分比为1.4%。由调查数据可见，在受访的合作社社员中，家庭承包经营土地面积在20亩以下的占80%左右。

（三）合作社社员家庭租入土地的面积②与其所占的比例

1. 合作社社员家庭租入土地的面积

关于社员家庭租入土地面积情况，在对此问题做出明确回答的358名社员中，家庭租入土地面积为0~5亩的最多，有328个，有效百分比为91.6%；家庭租入土地面积为5~10亩的有13个，有效百分比为3.6%；家庭租入土地面积为10~20亩的有14个，有效百分比为3.9%；家庭租入土地面积为20~40亩的有3个，有效百分比为0.8%。

2. 合作社社员家庭租入土地面积占土地面积的比例

关于社员家庭租入土地面积占土地面积的比例的情况，社员家庭租入土地面积和社员家庭土地面积这两个变量的有效样本均为358个，为此两者比值的有效样本也为358个。社员家庭租入土地面积占土地面积的比例为0的最多，有299个，有效百分比为83.5%；该比例为0~30%的有15个，有效百分比为4.2%；该比例为30%~60%的有23个，有效百分比为6.4%；该比例为60%~90%的有14个，有效百分比为3.9%；该比例为

---

① 注：此处的土地面积包括耕地面积和林地面积两部分。
② 注：此处的土地面积包括耕地面积和林地面积两部分。

90%～100%的有7个，有效百分比为2.0%。由调查数据可见，在受访的合作社社员中，近88%的社员家庭租入土地面积占土地面积的比例在30%以下。

（四）合作社社员家庭的可灌溉土地面积及其占比

1. 合作社社员家庭可灌溉土地面积

关于可灌溉土地面积的情况，在对此问题做出明确回答的358名社员中，社员家庭可灌溉土地面积为0～5亩的最多，有240个，有效百分比为67%；社员家庭可灌溉土地面积为5～10亩的有43个，有效百分比为12%；社员家庭可灌溉土地面积为10～20亩的有62个，有效百分比为17.3%；社员家庭可灌溉土地面积为20～40亩的有11个，有效百分比为3.1%；社员家庭可灌溉土地面积为40～60亩的有1个，有效百分比为0.3%；社员家庭可灌溉土地面积为80亩以上的有1个，有效百分比为0.3%。由调查数据可见，在受访的合作社社员中，近80%的社员家庭可灌溉土地面积在10亩以下。

2. 合作社社员家庭的可灌溉土地面积占土地面积的比例

关于社员家庭可灌溉土地面积占土地面积的比例情况，社员家庭可灌溉土地面积和社员家庭土地面积这两个变量的有效样本均为358个，为此两者比值的有效样本也为358个。社员家庭可灌溉土地面积占家庭土地面积的比例为0的有59个，有效百分比为16.5%；社员家庭可灌溉土地面积占家庭土地面积的比例为0～30%的最多，有108个，有效百分比为30.2%；社员家庭可灌溉土地面积占家庭土地面积的比例在30%～60%的有93个，有效百分比为26%；社员家庭可灌溉土地面积占家庭土地面积的比例为60%～90%的有28个，有效百分比为7.8%；社员家庭可灌溉土地面积占家庭土地面积的比例为90%～100%的有70个，有效百分比为19.6%。由调查数据可见，在受访的合作社社员中，约73%的社员家庭可灌溉土地面积占土地面积的比例在60%以下。

表 2-20　社员家庭可灌溉土地面积占土地面积的比例

单位：个，%

项目	频数	百分比	有效百分比	累计百分比
0	59	16.1	16.5	16.5
0~30%	108	29.4	30.2	46.7
30%~60%	93	25.3	26.0	72.6
60%~90%	28	7.6	7.8	80.4
90%~100%	70	19.1	19.6	100.0
小计	358	97.5	100.0	—
缺失	9	2.5	—	—
总计	367	100.0	—	—

注：社员家庭可灌溉土地面积占土地面积的比例＝社员家庭可灌溉的土地面积/社员家庭土地面积。

五　合作社社员家庭经济收入及支出的水平

（一）合作社社员家庭的总体经济水平

表 2-21　社员家庭收入、支出相关变量的特征值

项目	2017年家庭总支出(万元)	2017年农业生产性支出(万元)	农业支出占总支出比重(%)	加入合作社家庭收入增加值(万元)
有效(个)	367	367	367	234
缺失(个)	0	0	0	133
平均数	4.99	1.97	34	1.19
最小值	0.1	0.02	3	0.02
最大值	80	70	94	15

在本研究中，对受访社员的家庭总支出、农业生产性支出等变量的特征值做了专门的分析。关于受访社员2017年家庭总支出情况，有效样本为367个，2017年家庭总支出的最小值为0.1万元，最大值为80万元，平均数为4.99万元；关于受访社员2017年农业生产性支出情况，有效样本为367个，2017年农业生产性支出的最小值为0.02万元，最大值为70万元，

平均数为 1.97 万元；关于受访社员 2017 年农业支出占总支出比重情况，有效样本为 367 个，2017 年农业支出占总支出比重的最小值为 3%，最大值为 94%，平均数为 34%；关于受访社员加入合作社家庭收入增加值情况，有效样本为 234 个，加入合作社家庭收入增加值的最小值为 0.02 万元，最大值为 15 万元，平均数为 1.19 万元。

关于受访的社员是不是建档立卡贫困户情况，在受访的 367 个社员样本中，表示是建档立卡贫困户的有 119 个，占受访社员总数的 32.4%；表示不是建档立卡贫困户的有 248 个，占受访社员总数的 67.6%。由调查数据可见，超过 30% 的受访合作社社员是建档立卡贫困户。

表 2-22 社员是不是建档立卡贫困户

单位：个，%

项目	频数	有效百分比	累计百分比
是	119	32.4	32.4
否	248	67.6	100.0
总计	367	100.0	—

（二）2017 年合作社社员家庭总收入水平

关于 2017 年社员的家庭总收入情况，在受访的 367 个社员样本中，2017 年家庭总收入在 0~1.5 万元的最多，有 78 个，占受访者样本总数的 21.3%；2017 年家庭总收入在 1.5 万~2.5 万元的有 71 个，占受访者样本总数的 19.3%；2017 年家庭总收入在 2.5 万~3.5 万元的有 38 个，占受访者样本总数的 10.4%；2017 年家庭总收入在 3.5 万~4.5 万元的有 62 个，占受访者样本总数的 16.9%；2017 年家庭总收入在 4.5 万~6 万元的有 31 个，占受访者样本总数的 8.4%；2017 年家庭总收入在 6 万~8 万元的有 25 个，占受访者样本总数的 6.8%；2017 年家庭总收入在 8 万~10 万元的有 20 个，占受访者样本总数的 5.4%；2017 年家庭总收入在 10 万元以上的有 42 个，占受访者样本总数的 11.4%。由调查数据可见，76% 左右的社员 2017 年家庭总收入在 6 万元以下，2017 年社员家庭总收入超过 10 万元的只占 11% 左右。

表 2-23 2017 年社员家庭总收入

单位：个，%

区间	频数	百分比	累计百分比
0~1.5 万元	78	21.3	21.3
1.5 万~2.5 万元	71	19.3	40.6
2.5 万~3.5 万元	38	10.4	51.0
3.5 万~4.5 万元	62	16.9	67.9
4.5 万~6 万元	31	8.4	76.3
6 万~8 万元	25	6.8	83.1
8 万~10 万元	20	5.4	88.6
10 万元以上	42	11.4	100.0
总计	367	100.0	—

（三）2017年合作社社员家庭支出情况

1. 2017 年合作社社员家庭总支出水平

关于 2017 年社员家庭总支出水平，在受访的 367 名社员中，表示 2017 年家庭总支出在 0~1 万元的有 68 个，占受访者样本总数的 18.5%；表示 2017 年家庭总支出在 1 万~5 万元的有 211 个，占受访者样本总数的 57.5%；表示 2017 年家庭总支出在 5 万~10 万元的有 58 个，占受访者样本总数的 15.8%；表示 2017 年家庭总支出在 10 万~15 万元的有 12 个，占受访者样本总数的 3.3%；表示 2017 年家庭总支出在 15 万元以上的有 18 个，占受访者样本总数的 4.9%。由调查数据可见，76%的社员 2017 年家庭总支出在 5 万元以下。

表 2-24 2017 年社员家庭总支出水平

单位：个，%

区间	频数	百分比	累计百分比
0~1 万元	68	18.5	18.5
1 万~5 万元	211	57.5	76.0
5 万~10 万元	58	15.8	91.8
10 万~15 万元	12	3.3	95.1
15 万元以上	18	4.9	100.0
总计	367	100.0	—

2. 2017年合作社社员家庭农业生产性支出水平

关于2017年社员家庭农业生产性支出情况,在受访的367名社员中,表示2017年家庭农业生产性支出在0~0.5万元的有149个,占受访者样本总数的40.6%;表示2017年家庭农业生产性支出在0.5万~1万元的有84个,占受访者样本总数的22.9%;表示2017年家庭农业生产性支出在1万~3万元的有97个,占受访者样本总数的26.4%;表示2017年家庭农业生产性支出在3万~5万元的有16个,占受访者样本总数的4.4%;表示2017年家庭农业生产性支出在5万元以上的有21个,占受访者样本总数的5.7%。由调查数据可见,近64%的社员表示2017年家庭农业生产性支出在1万元以下。

表2-25 2017年社员家庭农业生产性支出水平

单位:个,%

区间	频数	百分比	累计百分比
0~0.5万元	149	40.6	40.6
0.5万~1万元	84	22.9	63.5
1万~3万元	97	26.4	89.9
3万~5万元	16	4.4	94.3
5万元以上	21	5.7	100.0
总计	367	100.0	

3. 2017年合作社社员家庭农业支出所占比例

关于2017年社员家庭农业支出占总支出的比例情况,在受访的367名社员中,表示2017年家庭农业支出占总支出的比例在0~10%的有47个,占受访者样本总数的12.8%;表示2017年家庭农业支出占总支出的比例在10%~30%的有139个,占受访者样本总数的37.9%;表示2017年家庭农业支出占总支出的比例在30%~60%的有132个,占受访者样本总数的36%;表示2017年家庭农业支出占总支出的比例在60%~90%的有47个,占受访者样本总数的12.8%;表示2017年家庭农业支出占总支出的比例在90%~

100%的有2个，占受访者样本总数的0.5%。由调查数据可见，近51%的社员2017年家庭农业支出占总支出的比例在30%以下。

表2-26　2017年社员家庭农业支出占总支出的比例

单位：个，%

区间	频数	百分比	累计百分比
0~10%	47	12.8	12.8
10%~30%	139	37.9	50.7
30%~60%	132	36.0	86.7
60%~90%	47	12.8	99.5
90%~100%	2	0.5	100.0
总计	367	100.0	—

注：2017年家庭农业支出占总支出的比例=2017年家庭农业支出/2017年家庭总支出。

第六节　社员所生产产品的市场特征

本研究中产品的市场特征主要是指农产品市场的发育程度，具体体现为农产品可加工和销售的顺畅程度。所生产产品销售渠道多不多、有没有相关的加工企业、好不好卖、能不能以较高的价格卖出去是农户在生产经营过程中最关心的问题。本研究将从合作社社员所在地相关加工企业的情况、"社员产品"的销售情况及通过合作社销售的具体情况等方面对社员加入合作社后产品的加工、销售情况进行具体分析。

一　当地相关加工企业的情况

（一）当地是否有相关的加工企业

关于居住地是否有与"合作社产品"相关的加工企业，在对此问题做出回答的358个有效样本中，表示居住地有与"合作社产品"相关的加工企业的有97个，有效百分比为27.1%；表示居住地没有与"合作社产品"相关的加工企业的有244个，有效百分比为68.2%；表示不清楚居住地有没有与"合作社产品"相关的加工企业的有 17 个，有效百分比为 4.7%。由调查数据可见，约 68% 的社员表示其居住地没有与"合作社产品"相关的加工企业。

（二）当地相关的加工企业数量情况

关于相关的加工企业数量情况，在居住地有相关加工企业的 97 个有效样本中，表示相关加工企业数量较多的有 21 个，有效百分比为 21.6%；表示相关加工企业数量不多的有 74 个，有效百分比为 76.3%；表示说不清楚相关的加工企业数量多不多的有 2 个，有效百分比为 2.1%。由调查的数据可见，约 76% 的社员表示其居住地与"合作社产品"相关的加工企业数量不多。

（三）与相关企业的距离情况

关于与相关的加工企业距离情况，在居住地有相关加工企业的 97 个有效样本中，表示距离相关的加工企业很远的有 8 个，有效百分比为 8.2%；表示距离相关的加工企业比较远的最多，有 43 个，有效百分比为 44.3%；表示距离相关的加工企业比较近的有 34 个，有效百分比为 35.1%；表示距离相关的加工企业比较近的有 12 个，有效百分比为 12.4%。由调查的有效样本数据可见，近 53% 的社员表示距离相关的加工企业比较远或很远。

二 "合作社产品"[①]的销售情况

（一）销售是否困难

"合作社产品"是否存在销售困难呢？在对此问题做出回答的 358 个有效样本中，觉得"合作社产品"存在销售困难的有 89 个，有效百分比为 24.9%；觉得"合作社产品"不存在销售困难的有 241 个，有效百分比为 67.3%；表示说不清楚"合作社产品"是否存在销售困难的有 28 个，有效百分比为 7.8%。由调查数据可见，约 67% 的社员觉得"合作社产品"不存在销售困难。

---

① "合作社产品"是指加入所在的合作社后统一种植或养殖的产品。

(二) 销售渠道及对应的销售比例情况

1. 销售渠道及其对应比例的总体特征

在本研究中，将对受访社员的"合作社产品"销售渠道做进一步的分析，在受访的367名社员中，所有相关变量的有效样本均为357个。关于受访社员直接在市场上销售"合作社产品"的比例情况，最小值为0，最大值为100%，平均数为17.72%；其中通过市场销售又分为零售和批发两种情况，具体来说，零售比例的最小值为0，最大值为100%，平均数为15.37%；批发比例的最小值为0，最大值为100%，平均数为2.54%。

关于受访社员在销售"合作社产品"时的商贩收购比例情况，最小值为0，最大值为100%，平均数为24.17%；关于受访社员在销售"合作社产品"时企业收购比例情况，最小值为0，最大值为100%，平均数为1.47%；关于受访社员在销售"合作社产品"时合作社收购比例情况，最小值为0，最大值为100%，平均数为54.25%；关于受访社员在销售"合作社产品"时电商渠道比例情况，最小值为0，最大值为60%，平均数为0.27%。

表2-27 销售渠道相关变量的特征值

项目	市场销售比例(%)	零售比例(%)	批发比例(%)	商贩收购比例(%)	企业收购比例(%)	合作社收购比例(%)	电商渠道比例(%)
有效(个)	357	357	357	357	357	357	357
缺失(个)	10	10	10	10	10	10	10
平均数	17.72	15.37	2.54	24.17	1.47	54.25	0.27
最小值	0	0	0	0	0	0	0
最大值	100	100	100	100	100	100	60

2. 直接在市场销售产品的情况

关于受访的社员直接在市场销售产品的比例情况，针对此问题的有效样本为357个，受访社员直接在市场销售产品的比例为0的有260个，有效百分比为72.8%；受访社员直接在市场销售产品的比例在0~20%的有20个，有效百分比为5.6%；受访社员直接在市场销售产品的比例在

20%~40%的有12个，有效百分比为3.4%；受访社员直接在市场销售产品的比例在40%~60%的有12个，有效百分比为3.4%；受访社员直接在市场销售产品的比例在60%~80%的有8个，有效百分比为2.2%；受访社员直接在市场销售产品的比例在80%~100%的有45个，有效百分比为12.6%。由调查数据可见，直接在市场销售产品的比例在20%以下的社员占78%左右。

表2-28 社员直接在市场销售产品的比例

单位：个，%

区间	频数	百分比	有效百分比	累计百分比
0	260	70.8	72.8	72.8
0~20%	20	5.4	5.6	78.4
20%~40%	12	3.3	3.4	81.8
40%~60%	12	3.3	3.4	85.2
60%~80%	8	2.2	2.2	87.4
80%~100%	45	12.3	12.6	100.0
小计	357	97.3	100.0	—
缺失	10	2.7	—	—
总计	367	100.0	—	—

3. 通过商贩销售产品的情况

关于受访的社员通过商贩销售产品的比例情况，受访的社员通过商贩销售产品的比例为0的有238个，有效百分比为66.7%；受访的社员通过商贩销售产品的比例在0~20%的有17个，有效百分比为4.8%；受访的社员通过商贩销售产品的比例在20%~40%的有10个，有效百分比为2.8%；受访的社员通过商贩销售产品的比例在40%~60%的有18个，有效百分比为5%；受访的社员通过商贩销售产品的比例在60%~80%的有13个，有效百分比为3.6%；受访的社员通过商贩销售产品的比例在80%~100%的有61个，有效百分比为17.1%。由调查数据可见，近72%的社员通过商贩销售产品的比例在20%以下。

表 2-29 社员通过商贩销售产品的比例

单位：个，%

区间	频数	百分比	有效百分比	累计百分比
0	238	64.9	66.7	66.7
0~20%	17	4.6	4.8	71.5
20%~40%	10	2.7	2.8	74.2
40%~60%	18	4.9	5.0	79.3
60%~80%	13	3.5	3.6	82.9
80%~100%	61	16.6	17.1	100.0
小计	357	97.3	100.0	—
缺失	10	2.7	—	—
总计	367	100.0	—	—

4. 直接销售给相关企业的情况

关于受访的社员在销售产品时将产品卖给相关企业所占的比例情况，受访的社员将产品卖给企业的比例为 0 的有 341 个，有效百分比为 95.5%；受访的社员将产品卖给企业的比例在 0~20% 的有 10 个，有效百分比为 2.8%；受访的社员将产品卖给企业的比例在 20%~40% 的有 1 个，有效百分比为 0.3%；受访的社员将产品卖给企业的比例在 40%~60% 的有 3 个，有效百分比为 0.8%；受访的社员将产品卖给企业的比例在 80%~100% 的有 2 个，有效百分比为 0.6%。由调查数据可见，约 98% 的社员将产品卖给企业的比例在 20% 以下。

表 2-30 社员将产品卖给相关企业的比例

单位：个，%

区间	频数	百分比	有效百分比	累计百分比
0	341	92.9	95.5	95.5
0~20%	10	2.7	2.8	98.3
20%~40%	1	0.3	0.3	98.6
40%~60%	3	0.8	0.8	99.4
80%~100%	2	0.5	0.6	100.0
小计	357	97.3	100.0	—
缺失	10	2.7	—	—
总计	367	100.0	—	—

5. 通过电商渠道销售的情况

关于通过电商渠道销售产品的比例情况，受访的社员通过电商渠道销售产品的比例为 0 的有 352 个，有效百分比为 98.6%；受访的社员通过电商渠道销售产品的比例为 5% 的有 3 个，有效百分比为 0.8%；受访的社员通过电商渠道销售产品的比例为 20% 的有 1 个，有效百分比为 0.3%；受访的社员通过电商渠道销售产品的比例为 60% 的有 1 个，有效百分比为 0.3%。由调查数据可见，近 99% 的社员没有通过电商渠道销售产品。

表 2-31 社员通过电商渠道销售的比例

单位：个，%

比例	频数	百分比	有效百分比	累计百分比
0	352	95.9	98.6	98.6
5%	3	0.8	0.8	99.4
20%	1	0.3	0.3	99.7
60%	1	0.3	0.3	100.0
小计	357	97.3	100.0	—
缺失	10	2.7	—	—
总计	367	100.0	—	—

注：表中的产品为社员加入合作社所生产经营的相关产品。

第七节 参加合作社的主要原因及其对合作社提供服务的实际需求

在现实中，农户愿意参加合作社的具体原因是什么呢？需要合作社提供哪些服务呢？为此，了解社员的真实需求对促进合作社的健康可持续发展有着重要的意义。

一 参加合作社的最主要原因

关于受访社员参加合作社的主要原因,在受访的367名社员中,表示加入合作社的主要原因是为了得到合作社的各项服务的最多,有214个,占受访社员总数的58.3%;表示加入合作社的主要原因是看别人参加就跟着参加了的有26个,占受访社员总数的7.1%;表示加入合作社的主要原因是因村干部等劝说而加入的有19个,占受访社员总数的5.2%;表示加入合作社的主要原因是出于参加有奖励的有4个,占受访社员总数的1.1%;表示加入合作社的主要原因是为了增加收入的有104个,占受访社员总数的28.3%。

表2-32 社员参加合作社的主要原因

单位:个,%

主要原因	频数	百分比	累计百分比
为了得到合作社的各项服务	214	58.3	58.3
看别人参加就跟着参加了	26	7.1	65.4
村干部等劝说加入	19	5.2	70.6
参加有奖励	4	1.1	71.7
为了增加收入	104	28.3	100.0
总计	367	100.0	—

二 最需要合作社提供的服务内容

最需要合作社提供什么服务呢?在受访的367名社员中,表示最需要合作社提供有关农产品销售方面的服务的最多,有137个,占受访者样本总数的37.3%;表示最需要合作社提供有关生产资料供应方面的服务的有32个,占受访者样本总数的8.7%;表示最需要合作社提供生产技术方面的服务的有94个,占受访者样本总数的25.6%;表示最需要合作社提供市场信息方面的服务的有41个,占受访者样本总数的11.2%;表示最需要合作社提供资金方面的服务的有58个,占受访者样本总数的15.8%;表示最需要合作社提供产品加工方面的服务的有 5 个,占受访者样本总数的 1.4%。由调查数据可见,约 37% 的社员表示最需要合作社提供有关农产品销售方面的服务。

表 2-33 社员最需要合作社提供哪项服务

单位:个,%

服务内容	频数	百分比	累计百分比
农产品销售	137	37.3	37.3
生产资料供应	32	8.7	46.0
生产技术	94	25.6	71.6
提供市场信息	41	11.2	82.8
资金	58	15.8	98.6
产品加工	5	1.4	100.0
总计	367	100.0	—

第八节 社员参与合作社事务的情况

一 所在合作社是否召开社员大会

在受访的 367 名社员中,表示合作社每年都召开社员大会的有 312 个,占受访者样本总数的 85%;表示合作社不召开社员大会的有 48 个,占受访者样本总数的 13.1%;表示不知道合作社召不召开社员大会的有 7 个,占受访者样本总数的 1.9%。由调查数据可见,85% 的社员表示合作社每年都会召开社员大会。

二 社员大会的参与情况

在召开社员大会的 312 个有效样本中,表示每次都参加的有 277 个,有效百分比为 88.8%;表示有时会参加的有 21 个,有效百分比为 6.7%;表示从来不参加的有 14 个,有效百分比为 4.5%。由调查的有效数据可见,有近 89% 的受访社员表示每次都会参加合作社召开的社员大会。

表 2-34　每年参加合作社社员大会的情况

单位：个，%

参与情况	频数	百分比	有效百分比	累计百分比
每次都参加	277	75.5	88.8	88.8
从来不参加	14	3.8	4.5	93.3
有时会参加	21	5.7	6.7	100.0
小计	312	85.0	100.0	—
缺失	55	15.0	—	—
总计	367	100.0	—	—

三　社员大会上社员之间的交流情况

关于在合作社社员大会上社员之间的交流情况，在每次都参会的 277 个受访社员中，表示在社员大会上社员之间交流很多的有 173 个，有效百分比为 62.5%；表示在社员大会上社员之间交流比较多的有 55 个，有效百分比为 19.9%；表示在社员大会上社员之间交流一般的有 39 个，有效百分比为 14.1%；表示在社员大会上社员之间交流比较少的有 7 个，有效百分比为 2.5%；表示在社员大会上社员之间交流很少的有 3 个，有效百分比为 1.1%。由调查的有效数据可见，约 82% 的社员表示在社员大会上社员之间交流很多或比较多。

表 2-35　社员大会上社员之间的交流情况

单位：个，%

交流情况	频数	百分比	有效百分比	累计百分比
交流很多	173	47.1	62.5	62.5
交流比较多	55	15.0	19.9	82.4
一般	39	10.6	14.1	96.4
交流比较少	7	1.9	2.5	98.9
交流很少	3	0.8	1.1	100.0
小计	277	75.5	100.0	—
缺失	90	24.5	—	—
总计	367	100.0	—	—

四 是否有参加其他合作社的情况

关于受访的合作社社员是否有参加其他合作社的情况，在受访的367名社员中，表示有参加其他合作社的有65个，占受访者样本总数的17.7%；表示没有参加其他合作社的有302个，占受访者样本总数的82.3%。由调查数据可见，近18%的社员参加了多个合作社。

第九节 本章小结

本章主要对合作社的发起原因、发起方特征、合作社社员家庭资源禀赋情况、生产经营特征、社员参与合作社原因等问题进行了细致的分析，可以看出：

合作社所涉及的行业仍以种植业和养殖业为主，合作社的地理位置大都在靠近县城、省道或国道的区域，对较偏远地区的辐射带动力较弱。合作社的牵头方大都是政府相关部门、企业及农村的精英群体。合作社固定资产水平整体较低，大部分合作社没有或只有很简易的生产用具或厂房仓库，流动资金比较紧张，绝大多数合作社都奉行"量力而行"的保守经营方式，所以整体负债水平很低。

合作社社员家庭农业兼业化趋势明显，土地碎片化程度较高。社员家庭有租入土地进行生产经营的情况，社员家庭可灌溉土地面积占土地面积的比例整体偏低，这对于种植经济作物较为不利。此外，关于社员家庭经济水平情况，32.4%的受访社员家庭是建档立卡贫困户，受访社员间家庭收入差异化程度较高。

关于农户选择参加合作社的最主要原因，是为了得到合作社各项服务和增加收入。在农户最需要合作社提供的服务中，被提及频率最高的是产品销售、技术管理及信息服务。

第三章　滇西农民专业合作社社员结构及特点

第一节　合作社社员规模及构成特点

关于合作社社员的构成特点，本研究从合作社社员数量、合作社企事业单位或社会团体社员数量、合作社出资社员所占比例、合作社少数民族社员所占比例等方面进行描述性分析。

一　2018年合作社社员数量

关于合作社社员规模情况，在受访的47个合作社中，2018年社员人数在50人以下的最多，为16个，占被调研合作社总数的34%；社员人数在50~100人的有9个，占被调研合作社总数的19.1%；社员人数在100~150人的有10个，占被调研合作社总数的21.3%；社员人数在150~200人的有5个，占被调研合作社总数的10.6%；社员人数在200人以上的有7个，占被调研合作社总数的14.9%。由调研数据可见，约53%的合作社社员规模在100人以下。

二　合作社企事业单位或社会团体社员数量

在合作社社员结构中，除了直接从事农业生产经营的农户外，还有企事业单位或社会团体等。在受访的47个合作社中，没有企事业单位或社会团体加入的最多，为31个，占被调研合作社总数的66%；有1家（个）企事业单位或社会团体社员的有 12 个，占被调研合作社总数的 25.5%；有 2 家（个）企事业单位或社会团体社员的有 1 个，占被调研合作社总数的 2.1%；有 3 家（个）企事业单位或社会团体社员的有 1 个，占被调研合作社总数的 2.1%；有 6 家（个）企事业单位或社会团体社员的有 2 个，占被调研合作社总数的 4.3%。

三 合作社出资社员所占比例

从调研的资料可以看出，在受访的 47 个合作社中，没有社员出资的合作社有 10 个，占被调研合作社总数的 21.3%；出资社员占比在 60% 以上的最多，有 29 个，占被调研合作社总数的 61.7%；此外，出资社员占比在 0~30% 的有 7 个，占被调研合作社总数的 14.9%；出资社员占比在 30%~60% 的有 1 个，占被调研合作社总数的 2.1%。由上述数据可见，近 62% 的合作社出资社员占比在 60% 以上。

四 合作社少数民族社员所占比例

关于合作社社员中少数民族社员数量情况，在受访的 47 个合作社中，没有少数民族社员的合作社有 9 个，占被调研合作社总数的 19.1%；少数民族社员占比在 60% 以上的最多，有 28 个，占被调研合作社总数的 59.6%；少数民族社员占比在 0~30% 的有 9 个，占被调研合作社总数的 19.1%；少数民族社员占比在 30%~60% 的有 1 个，占被调研合作社总数的 2.1%。

第二节 合作社理事长及其家庭的资源禀赋特征

理事长及理事会社员是合作社的核心管理者，在合作社的发起成立、规章制度制定、日常管理决策等方面起着关键的作用，对合作社的运营发展有着决定性影响。本研究将从理事长的基本特征、家庭年收入及其拥有的社会资本情况、出资情况、在合作社事业中的自我评价，以及理事会社员的基本特征、理事会职能及其发挥作用的程度等方面对合作社理事长及理事会社员的基本特征进行具体的分析。

一 合作社理事长的基本特征

理事长是合作社实际运营的具体负责人，其个人特征在很大程度上会影响到合作社的运营发展。在受访的47个合作社中，合作社理事长年龄最小的是23岁，年龄最大的是62岁，年龄平均数是44岁；理事长已任职年限最短的是0.1年，已任职年限最长的是11年，任职年限平均数是3.8年；理事长2017年家庭年纯收入最少的是3.8万元，最多的是300万元，平均数是18.1万元。由调研的数据可见，不同合作社的理事长在年龄、已任职年限、家庭年纯收入三个方面的差异性还是很大的。

表3-1 被调研合作社理事长的基本特征值

指标	理事长年龄（岁）	理事长已任职年限（年）	理事长2017年家庭年纯收入（万元）
有效样本（个）	47	47.0	47.0
平均数	44	3.8	18.1
最小值	23	0.1	3.8
最大值	62	11.0	300.0

（一）合作社理事长的文化程度

关于合作社理事长的文化程度情况，在受访的47个合作社中，文化程度为初中的最多，有22个，占被调研合作社总数的46.8%；文化程度为大学及以上的有12个，占被调研合作社总数的25.5%；文化程度为小学的有7个，占被调研合作社总数的14.9%；文化程度为高中的有5个，占被调研合作社总数的10.6%；未接受过正式教育的有1个，占被调研合作社总数的2.1%。由上述数据可见，整体上合作社理事长的文化程度偏低，近75%的理事长的文化程度是高中及以下，这在一定程度上会影响到合作社的高质量发展。

(二)合作社理事长的民族类别、政治面貌

在受访的47个合作社中,理事长是汉族的最多,为17个,占被调研合作社总数的36.2%;理事长是佤族的为17个,占被调研合作社总数的27.7%;理事长是彝族的为11个,占被调研合作社总数的23.4%;理事长是回族的为3个,占被调研合作社总数的6.4%;理事长是哈尼族的为2个,占被调研合作社总数的4.3%;理事长是傣族的有1个,占被调研合作社总数的2.1%。由调研的数据可见,约36%的合作社理事长是汉族。

在受访的47个合作社中,理事长是党员的有29个,占被调研合作社总数的61.7%;理事长不是党员的有18个,占被调研合作社总数的38.3%。由调研的数据可见,大部分合作社的理事长是党员。

(三)合作社理事长的社会经历

关于被调研合作社理事长的社会经历情况,在受访的47个合作社中,理事长当过乡镇干部的有1个,占被调研合作社总数的2.1%;当过村干部的有7个,占被调研合作社总数的14.9%;以前是个体户的有7个,占被调研合作社总数的14.9%;以前是企业员工的有2个,占被调研合作社总数的4.3%;以前是农技人员的有1个,占被调研合作社总数的2.1%;以前是产销大户的有5个,占被调研合作社总数的10.6%;以前是企业家的有2个,占被调研合作社总数的4.3%;是民族文化手工艺传承人的有2个,占被调研合作社总数的4.3%;有过乡镇干部、村干部、个体户、企业员工、农技人员、产销大户、企业家、民族文化手工艺传承人中两种经历或身份的理事长有11个,占被调研合作社总数的23.4%;有过以上三种经历或身份的理事长有5个,占被调研合作社总数的10.6%;有过以上四种经历或身份的理事长有4个,占被调研合作社总数的8.5%。可见,超过20%的合作社理事长都有过乡镇干部、村干部、个体户、企业员工、农技人员、产销大户、企业家、民族文化手工艺传承人中两种及以上的经历或身份,相比于普通的农户,其阅历更丰富、综合能力更强。

表 3-2 被调研合作社理事长的社会经历

单位：个，%

社会经历	频数	百分比	累计百分比
乡镇干部	1	2.1	2.1
村干部	7	14.9	17.0
个体户	7	14.9	31.9
企业员工	2	4.3	36.2
农技人员	1	2.1	38.3
产销大户	5	10.6	48.9
企业家	2	4.3	53.2
民族文化手工艺传承人	2	4.3	57.5
有过以上两种经历或身份	11	23.4	80.8
有过以上三种经历或身份	5	10.6	91.4
有过以上四种经历或身份	4	8.5	100.0
总计	47	100	—

二 合作社理事长家庭年收入及其拥有的社会资本情况

（一）2017年合作社理事长家庭年纯收入情况

在受访的 47 个合作社中，合作社理事长 2017 年家庭年纯收入在 0~5 万元的最多，有 20 个，占被调研合作社总数的 42.6%；理事长 2017 年家庭年纯收入在 5 万~10 万元的有 10 个，占被调研合作社总数的 21.3%；理事长 2017 年家庭年纯收入在 10 万~20 万元的有 10 个，占被调研合作社总数的 21.3%；理事长 2017 年家庭年纯收入在 20 万~50 万元的有 5 个，占被调研合作社总数的 10.6%；理事长 2017 年家庭年纯收入在 50 万元以上的有 2 个，占被调研合作社总数的 4.3%。由调研数据可见，大部分合作社的理事长 2017 年家庭年纯收入在 10 万元以下，理事长之间的家庭年纯收入差异较大。

表 3-3 2017 年合作社理事长家庭年纯收入

单位：个，%

区间	频数	百分比	累计百分比
0~5 万元	20	42.6	42.6
5 万~10 万元	10	21.3	63.9
10 万~20 万元	10	21.3	85.1
20 万~50 万元	5	10.6	95.7
50 万元以上	2	4.3	100.0
总计	47	100.0	—

（二）合作社理事长在政府或社会组织中具体任职情况

关于合作社理事长的其他社会身份，如在政府或社会组织中的任职情况，在受访的 47 个合作社中，理事长有在政府或社会组织中任职的有 29 个，占被调研合作社总数的 61.7%。在这 29 名理事长中，是村书记的有 11 人，有效百分比为 37.9%；是村主任的有 12 人，有效百分比为 41.4%；是村两委其他社员的有 2 人，有效百分比为 6.9%；是县其他党政机关领导或普通公务员的有 2 人，有效百分比为 6.9%；是其他经济组织社员或领导的有 2 人，有效百分比为 6.9%。由调研数据可见，大部分合作社的理事长还有其他社会身份，在政府或其他社会组织中任职，其中在村两委中任职的最多。

（三）合作社理事长所拥有的社会资本及有效利用的情况

Adler（2002）将社会资本分为外部社会资本和内部社会资本。其中，内部社会资本包括组织的制度、规范、社员间的信任及合作；外部社会资本则是指组织与其他外部组织间的关系网络。本研究的社会资本主要指的是外部社会网络。网络是指个人或组织所拥有的社会关系。社会网络为各种信息、资源的获取提供了重要的渠道，有利于促进信息交流、降低交易成本。

理事长作为合作社日常管理的主要负责人，其个人资源禀赋对合作社的实际运营有着重要影响。本研究将从亲属关系、朋友关系和政府关系三个维度来分析理事长的社会网络对合作社的影响。

1. 理事长在获取政策支持方面的优势及受到帮助的情况

在拥有的社会资本方面，在受访的 47 个合作社理事长中，有 29 个合作社理事长表示自己有担任村干部的亲戚朋友,占被调研合作社总数的61.7%;有18个合作社理事长表示自己没有担任村干部的亲戚朋友,占被调研合作社总数的38.3%。

表 3-4　合作社理事长亲戚朋友中是否有村干部

单位:个,%

项目	频数	百分比	累计百分比
有	29	61.7	61.7
没有	18	38.3	100.0
总计	47	100.0	—

在亲戚朋友中有村干部的29个合作社理事长中,认为当村干部的亲戚朋友对合作社运营的帮助很小的有6个,有效百分比为20.7%;认为当村干部的亲戚朋友对合作社运营的帮助比较小的有5个,有效百分比为17.2%;认为当村干部的亲戚朋友对合作社运营的帮助一般的有3个,有效百分比为10.3%;认为当村干部的亲戚朋友对合作社运营的帮助比较大的有9个,有效百分比为31%;认为当村干部的亲戚朋友对合作社运营的帮助很大的有6个,有效百分比为20.7%。由调研数据可见,超过半数的合作社理事长认为当村干部的亲戚朋友对合作社经营给予了比较大的或很大的帮助。

在受访的47个合作社中,有26个合作社理事长表示,亲戚朋友中有政府工作人员,占被调研合作社总数的55.3%;有21个合作社理事长表示,亲戚朋友中没有政府工作人员,占被调研合作社总数的44.7%。

表 3-5　合作社理事长亲戚朋友中是否有政府工作人员

单位:个,%

项目	频数	百分比	累计百分比
有	26	55.3	55.3
没有	21	44.7	100.0
总计	47	100.0	—

第三章　滇西农民专业合作社社员结构及特点

在亲戚朋友中有政府工作人员的 26 个合作社理事长中，认为这类亲戚朋友对合作社运营的帮助很小的有 5 个，有效百分比为 19.2%；认为这类亲戚朋友对合作社运营的帮助比较小的有 4 个，有效百分比为 15.4%；认为这类亲戚朋友对合作社运营的帮助一般的有 4 个，有效百分比为 15.4%；认为这类亲戚朋友对合作社运营的帮助比较大的有 9 个，有效百分比为 34.6%；认为这类亲戚朋友对合作社运营的帮助很大的有 4 个，有效百分比为 15.4%。由调研数据可见，有一半的合作社理事长认为亲戚朋友中的政府工作人员对合作社经营给予了比较大的或很大的帮助。

2. 合作社理事长在获取运营管理经验方面的资源及受到帮助的情况

（1）私营企业主

在受访的 47 个合作社中，有 25 个合作社理事长表示，亲戚朋友中有私营企业主，占被调研合作社总数的 53.2%；有 22 个合作社理事长表示，亲戚朋友中没有私营企业主，占被调研合作社总数的 46.8%。

表 3-6　合作社理事长亲戚朋友中是否有私营企业主

单位：个，%

项目	频数	百分比	累计百分比
有	25	53.2	53.2
没有	22	46.8	100.0
总计	47	100.0	—

在亲戚朋友中有私营企业主的 25 个合作社理事长中，认为这类亲戚朋友对合作社运营的帮助很小的有 4 个，有效百分比为 16%；认为这类亲戚朋友对合作社运营的帮助比较小的有 3 个，有效百分比为 12%；认为这类亲戚朋友对合作社运营的帮助一般的有 3 个，有效百分比为 12%；认为这类亲戚朋友对合作社运营的帮助比较大的有 11 个，有效百分比为 44%；认为这类亲戚朋友对合作社运营的帮助很大的有 4 个，有效百分比为 16%。由调研数据可见，超过半数的合作社理事长认为亲戚朋友中的私营企业主对合作社经

营给予了比较大的或很大的帮助。

（2）大型企业的管理人员

在受访的47个合作社中，有20个合作社理事长表示，亲戚朋友中有大型企业的管理人员，占被调研合作社总数的42.6%；有27个合作社理事长表示，亲戚朋友中没有大型企业的管理人员，占被调研合作社总数的57.4%。

表 3-7 合作社理事长亲戚朋友中是否有大型企业的管理人员

单位：个，%

项目	频数	百分比	累计百分比
有	20	42.6	42.6
没有	27	57.4	100.0
总计	47	100.0	—

在亲戚朋友中有大型企业管理人员的20个合作社理事长中，认为这类亲戚朋友对合作社运营的帮助很小的有5个，有效百分比为25%；认为这类亲戚朋友对合作社运营的帮助比较小的有3个，有效百分比为15%；认为这类亲戚朋友对合作社运营的帮助一般的有2个，有效百分比为10%；认为这类亲戚朋友对合作社运营的帮助比较大的有9个，有效百分比为45%；认为这类亲戚朋友对合作社运营的帮助很大的有1个，有效百分比为5%。由调研数据可见，刚好有一半的合作社理事长认为亲戚朋友中大型企业的管理人员对合作社经营给予了比较大的或很大的帮助。

3. 合作社理事长在融资方面的资源及受到帮助的情况

在受访的47个合作社中，有22个合作社理事长表示，亲戚朋友中有银行工作人员，占被调研合作社总数的46.8%；有25个合作社理事长表示，亲戚朋友中没有银行工作人员，占被调研合作社总数的53.2%。

表 3-8　合作社理事长亲戚朋友中是否有银行工作人员

单位：个，%

项目	频数	百分比	累计百分比
有	22	46.8	46.8
没有	25	53.2	100.0
总计	47	100.0	

在亲戚朋友中有在银行工作人员的 22 个合作社理事长中，认为这类亲戚朋友对合作社运营的帮助很小的有 2 个，有效百分比为 9.1%；认为这类亲戚朋友对合作社运营的帮助比较小的有 5 个，有效百分比为 22.7%；认为这类亲戚朋友对合作社运营的帮助一般的有 1 个，有效百分比为 4.5%；认为这类亲戚朋友对合作社运营的帮助比较大的有 9 个，有效百分比为 40.9%；认为这类亲戚朋友对合作社运营的帮助很大的有 5 个，有效百分比为 22.7%。由调研数据可见，大部分合作社理事长认为在亲戚朋友中的银行工作人员对合作社经营给予了比较大的或很大的帮助。

4. 合作社理事长在销售渠道方面的资源及受到帮助的情况

（1）商贩

在受访的 47 个合作社中，有 24 个合作社理事长表示，亲戚朋友中有商贩，占被调研合作社总数的 51.1%；有 23 个合作社理事长表示，亲戚朋友中没有商贩，占被调研合作社总数的 48.9%。

表 3-9　合作社理事长亲戚朋友中是否有商贩

单位：个，%

项目	频数	百分比	累计百分比
有	24	51.1	51.1
没有	23	48.9	100.0
总计	47	100.0	—

在亲戚朋友中有商贩的 24 个合作社理事长中，认为这类亲戚朋友对合作社运营的帮助很小的有 4 个，有效百分比为 16.7%；认为这类亲戚朋友对合作社运营的帮助比较小的有 4 个，有效百分比为 16.7%；认为这类亲戚朋友对合作社运营的帮助一般的有 3 个，有效百分比为 12.5%；认为这类亲戚朋友对合作社运营的帮助比较大的有 9 个，有效百分比为 37.5%；认为这类亲戚朋友对合作社运营的帮助很大的有 4 个，有效百分比为 16.7%。由调研数据可见，有超过半数的合作社理事长认为亲戚朋友中的商贩对合作社经营给予了很大的或比较大的帮助。

（2）从事相关产业的亲戚朋友

在受访的 47 个合作社中，有 29 个合作社理事长表示，亲戚朋友中有从事和本合作社相关产业的人员，占被调研合作社总数的 61.7%；有 18 个合作社理事长表示，亲戚朋友中没有从事和本合作社相关产业的人员，占被调研合作社总数的 38.3%。可见，大部分合作社理事长的亲戚朋友中有从事与本合作社相关产业的人员。

表 3-10　合作社理事长是否有从事和本合作社相关产业的亲戚朋友

单位：个，%

项目	频数	百分比	累计百分比
有	29	61.7	61.7
没有	18	38.3	100.0
总计	47	100.0	—

在亲戚朋友中有从事和本合作社相关产业的人员的 29 个合作社理事长中，认为这类亲戚朋友对合作社运营的帮助很小的有 5 个，有效百分比为 17.2%；认为这类亲戚朋友对合作社运营的帮助比较小的有 4 个，有效百分比为 13.8%；认为这类亲戚朋友对合作社运营的帮助一般的有 4 个，有效百分比为 13.8%；认为这类亲戚朋友对合作社运营的帮助比较大的有 13 个，有效百分比为 44.8%；认为这类亲戚朋友对合作社运营的帮助很大的有 3 个，有效百分比为 10.3%。由调研数据可见，有超过半数的合作社理事长

认为亲戚朋友中从事和本合作社相关产业的人员对合作社经营给予了较大的支持和帮助。

三 合作社理事长的出资情况

合作社理事长的出资情况将在很大程度上说明理事长在合作社日常运营中的决策地位及其对合作社的实际控制力。本研究从合作社成立初期理事长出资额及其所占比例、合作社理事长当前出资额及其所占比例这两方面来分析合作社理事长的出资情况。

(一)合作社理事长出资总体特征

关于合作社理事长出资变量的特征值，在受访的47个合作社中，合作社成立初期理事长出资额最小值是0，最大值是180万元，平均数是26.6万元。成立初期理事长出资额占合作社出资总额的比例最小值是0，最大值是100%，平均数是32.8%。当前理事长出资额最小值是0，最大值是450万元，平均数是50.6万元。当前理事长出资额占合作社出资总额的比例最小值是0，最大值是100%，平均数是34.9%。关于合作社理事长在合作社领取工资或补贴的情况，2017年，有17个合作社的理事长在合作社领取了工资或补贴，领取的工资或补贴最小值为0.2万元，最大值为5万元，平均数为1.9万元。

表 3-11 被调研合作社理事长出资变量的特征值

项目	成立初期理事长出资额（万元）	成立初期理事长出资额占合作社出资总额的比例（%）	当前理事长出资额（万元）	当前理事长出资额占合作社出资总额的比例（%）	2017年领取工资或补贴（万元）
有效(个)	47	42	47	42	17
缺失(个)	0	5	0	5	30
平均数	26.6	32.8	50.6	34.9	1.9
最小值	0	0	0	0	0.2
最大值	180	100	450	100	5

(二)合作社成立初期理事长出资额及所占比例情况

关于合作社成立初期理事长出资的具体情况,在受访的47个合作社中,没有出资的理事长有12个,占被调研合作社总数的25.5%;出资额在0~10万元的最多,有15个,占被调研合作社总数的31.9%;出资额在10万~20万元的有5个,占被调研合作社总数的10.6%;出资额在20万~50万元的有6个,占被调研合作社总数的12.8%;出资额在50万~100万元的有6个,占被调研合作社总数的12.8%;出资额在100万元以上的有3个,占被调研合作社总数的6.4%。由调研数据可见,大部分理事长的出资额集中在20万元以下,此外,理事长之间出资额的差异程度比较大。

关于合作社成立初期理事长出资额占合作社出资总额的比例,在受访的47个合作社中,没有出资的理事长有12个,占被调研合作社总数的25.5%;出资额所占比例在0~20%的最多,有15个,占被调研合作社总数的31.9%;出资额所占比例在20%~40%的有8个,占被调研合作社总数的17%;出资额所占比例在40%~60%的有3个,占被调研合作社总数的6.4%;出资额所占比例在60%~80%的有4个,占被调研合作社总数的8.5%;出资额所占比例在80%~100%的有5个,占被调研合作社总数的10.6%。由调研数据可见,约19%的合作社理事长出资额所占比例在60%以上。

在理事长有出资的35个合作社中,有23个合作社的理事长在合作社成立初期出资额所占比例是最高的,有效百分比是65.7%,可见,大部分的合作社理事长在合作社成立初期出资额是合作社社员中最高的。

(三)合作社理事长当前出资额及所占比例

关于当前合作社理事长出资的具体情况,在受访的47个合作社中,没有出资的理事长有12个,占被调研合作社总数的25.5%;出资额在0~10万元的有12个,占被调研合作社总数的25.5%;出资额在10万~20万元的有5个,占被调研合作社总数的10.6%;出资额在20万~50万元的有6个,占被调研合作社总数的12.8%;出资额在50万~100万元的有4个,占被调研合作社总数的8.5%;出资额在100万元以上的有8个,占被调研合作社总数的17%。由调研数据可见,当前出资额在50万元以上的理事长较合作社成立初期增加了,随着时间的推移,合作社理事长出资额有增加的趋势。

在当前合作社理事长出资所占比例方面,在受访的47个合作社中,没有出资的理事长有12个,占被调研合作社总数的25.5%;出资额所占比例在0~20%的最多,有13个,占被调研合作社总数的27.7%;出资额所占比例在20%~40%的有7个,占被调研合作社总数的14.9%;出资额所占比例在40%~60%的有5个,占被调研合作社总数的10.6%;出资额所占比例在60%~80%的有3个,占被调研合作社总数的6.4%;出资额所占比例在80%~100%的有7个,占被调研合作社总数的14.9%。由调研数据可见,当前出资额所占比例在40%以上的理事长约占32%,出资额所占比例在80%以上的理事长约占15%,均较合作社成立初期增加了,合作社理事长高份额持股情况有增加的趋势。

当前,在理事长有出资的35个合作社中,有28个合作社的理事长出资额所占比例是最高的,有效百分比是80%。可见,当前绝大部分的合作社理事长在合作社的出资额是最高的。

四 理事长在合作社事业中的自我评价

(一)合作社理事长的自我价值实现评价及回报满意度

在受访的47个合作社中,理事长认为自己的才能在合作社中只得到很小发挥的有1个,占被调研合作社总数的2.1%;认为自己的才能在合作社中得到比较小发挥的有2个,占被调研合作社总数的4.3%;认为自己的才能在合作社中得到一般发挥的有12个,占被调研合作社总数的25.5%;认为自己的才能在合作社中得到较大发挥的有17个,占被调研合作社总数的36.2%;认为自己的才能在合作社中得到很大发挥的有15个,占被调研合作社总数的31.9%。可见,约68%的合作社理事长都认为自己的才能在合作社中得到较大或很大的发挥。

关于理事长是否在合作社领工资或者务工补贴的情况,在受访的47个合作社中，有 13 个合作社的理事长在合作社领工资或务工补贴，占被调研合作社总数的 27.7%；有 34 个合作社的理事长没有在合作社领工资或务工补贴，占被调研合作社总数的 72.3%。可见，绝大部分的合作社理事长并不在合作社领取工资或者务工补贴。

在受访的 47 个合作社中，理事长对合作社的回报表示很不满意的理事长有 2 个，占被调研合作社总数的 4.3%；对合作社的回报表示不太满意的理事长有 3 个，占被调研合作社总数的 6.4%；对合作社的回报觉得一般的理事长有 8 个，占被调研合作社总数的 17%；对合作社的回报表示比较满意的理事长有 23 个，占被调研合作社总数的 48.9%；对合作社的回报表示很满意的理事长有 11 个，占被调研合作社总数的 23.4%。可见，约 72% 的合作社理事长对合作社的回报表示比较满意或很满意。

（二）理事长对自己或合作社被监督情况的评价

在受访的 47 个合作社中，理事长觉得合作社社员对自己监督很不严格的有 2 个，占被调研合作社总数的 4.3%；觉得合作社社员对自己监督不太严格的有 3 个，占被调研合作社总数的 6.4%；觉得合作社社员对自己监督一般严格的有 9 个，占被调研合作社总数的 19.1%；觉得合作社社员对自己监督比较严格的有 27 个，占被调研合作社总数的 57.4%；觉得合作社社员对自己监督很严格的有 6 个，占被调研合作社总数的 12.8%。可见，约 70% 的理事长表示合作社社员对自己的监督比较严格或很严格。

在受访的 47 个合作社中，理事长觉得政府部门对合作社监督很不严格有 2 个，占被调研合作社总数的 4.3%；觉得政府部门对合作社的监督不太严格的有 7 个，占被调研合作社总数的 14.9%；觉得政府部门对合作社的监督一般严格的有 7 个，占被调研合作社总数的 14.9%；觉得政府部门对合作社的监督比较严格的有 22 个，占被调研合作社总数的 46.8%；觉得政府部门对合作社的监督很严格的有 9 个，占被调研合作社总数的 19.1%。可见，近 66% 的合作社理事长表示政府部门对合作社的监督比较严格或很严格。

第三节 合作社理事会社员的基本特征

关于合作社理事会社员相关变量的特征值，在受访的47个合作社中，理事会社员人数最少的是2人，最多的是12人，平均值是5人；理事会社员的平均年龄最小值是30岁，最大值是56岁，平均值是42岁；理事会社员现有出资额的最小值是0，最大值是180万元，平均值是9.6万元。

表3-12 理事会社员相关变量特征值

项目	理事会社员人数（人）	理事会社员平均年龄（岁）	现有出资额平均值（万元）
有效（个）	47	47	47
缺失（个）	0	0	0
平均数	5	42	9.6
最小值	2	30	0
最大值	12	56	180

一 合作社理事会社员的年龄及文化程度

具体来说，在受访的47个合作社中，理事会社员平均年龄在30~40岁的最多，有24个，占被调研合作社总数的51.1%；理事会社员平均年龄在40~50岁的有19个，占被调研合作社总数的40.4%；理事会社员平均年龄在50岁以上的有4个，占被调研合作社总数的8.5%。可见，大部分合作社理事会社员的年龄为30~40岁。

在调研过程中，了解到合作社理事会社员之间的受教育程度差异很小，基本上差不多，为此下文分析理事会社员的平均受教育水平。在受访的47个合作社中，理事会社员的平均受教育水平是小学的有15个，占被调研合作社总数的31.9%；理事会社员的平均受教育水平是初中的最多，有20个，占被调研合作社总数的42.6%；理事会社员的平均受教育水平是高中的有

10 个，占被调研合作社总数的 21.3%；理事会社员的平均受教育水平是大学及以上的有 2 个，占被调研合作社总数的 4.3%。可见，近 75% 的合作社理事会社员的平均受教育水平为初中及以下。

二 合作社理事会社员的人数、平均出资额、社会经历

理事会作为负责合作社日常运营的决策管理机构，对合作社的发展有着至关重要的作用，基于此，对理事会的基本特征做进一步分析。关于合作社理事会社员人数情况，在受访的 47 个合作社中，理事会社员为 2 人的有 1 个，占被调研合作社总数的 2.1%；理事会社员为 3 人的有 4 个，占被调研合作社总数的 8.5%；理事会社员为 4 人的有 2 个，占被调研合作社总数的 4.3%；理事会社员为 5 人的最多，有 23 个，占被调研合作社总数的 48.9%；理事会社员为 6 人的有 4 个，占被调研合作社总数的 8.5%；理事会社员为 7 人有的 7 个，占被调研合作社总数的 14.9%；理事会社员为 8 人的有 2 个，占被调研合作社总数的 4.3%；理事会社员为 9 人的有 1 个，占被调研合作社总数的 2.1%；理事会社员为 10 人的有 1 个，占被调研合作社总数的 2.1%；理事会社员为 12 人的有 1 个，占被调研合作社总数的 2.1%；理事会社员为 13 人的有 1 个，占被调研合作社总数的 2.1%。由调研数据可见，约 88% 的合作社理事会社员人数在 7 人及以下。

关于合作社理事会社员的平均出资情况，在受访的 47 个合作社中，理事会社员均没出资的有 11 个，占被调研合作社总数的 23.4%；理事会社员平均出资额在 0~5 万元的最多，有 22 个，占被调研合作社总数的 46.8%；理事会社员平均出资额在 5 万~10 万元的有 4 个，占被调研合作社总数的 8.5%；理事会社员平均出资额在 10 万~20 万元的有 6 个，占被调研合作社总数的 12.8%；理事会社员平均出资额在 20 万元以上的有 4 个，占被调研合作社总数的 8.5%。可见，约 70% 的合作社理事会社员平均出资额是 5 万元及以下。

关于合作社理事会社员的经历情况，在受访的 47 个合作社中，理事会社员全是村或村小组干部的有 4 个，占被调研合作社总数的 8.5%；理事

会社员全是个体户的有1个,占被调研合作社总数的2.1%;理事会社员全是产销大户的有7个,占被调研合作社总数的14.9%;理事会社员全是农技人员的有3个,占被调研合作社总数的6.4%;理事会社员有两种经历或身份(村干部、个体户、企业员工、农技人员、产销大户等)的最多,有14个,占被调研合作社总数的29.8%;理事会社员有三种经历或身份(村干部、个体户、企业员工、农技人员、产销大户等)的有11个,占被调研合作社总数的23.4%;理事会社员有四种经历或身份(村干部、个体户、企业员工、农技人员、产销大户等)的有7个,占被调研合作社总数的14.9%。可见,大部分合作社的理事会是由当地精英、技术能手等有着不同经历或身份的人员组成的,他们和理事长一起管理着合作社的日常运营。

三 理事会社员在合作社领取报酬情况

理事会社员是否在合作社领取报酬呢?在受访的47个合作社中,理事会社员在合作社领取报酬的有12个,占被调研合作社总数的25.5%;理事会社员没有在合作社领取报酬的有35个,占被调研合作社总数的74.5%。由调研数据可见,约1/4的合作社理事会社员在合作社领取报酬。

四 合作社理事会的职能及其发挥作用的程度

(一)理事会的职能

在受访的47个合作社中,理事会社员主要负责解决生产、制造等环节的技术问题的有1个,占被调研合作社总数的2.1%;理事会社员主要负责日常管理运营的最多,有9个,占被调研合作社总数的19.1%。

理事会社员主要承担两个方面职责的情况有:理事会社员主要解决资金问题并承担日常管理职能的有1个,占被调研合作社总数的2.1%;理事会社员主要解决土地流转问题并承担日常管理职能的有1个,占被调研合作社总数的2.1%;理事会社员主要承担搜集分享各种信息并解决生产、制造等环节的技术问题的有1个，占被调研合作社总数的2.1%；理事会社员主要负责解决生产、制造等环节的技术问题并负责日常管理运营的有3个，占被调研合作社总数的6.4%。

理事会社员主要承担三个方面职责的情况有：理事会社员主要负责解决资金问题、劳动力问题并承担日常管理职能的有1个，占被调研合作社总数的2.1%；理事会社员主要负责解决资金问题、信息问题并承担日常管理职能的有3个，占被调研合作社总数的6.4%；理事会社员主要负责解决劳动力问题、信息问题、技术问题的有1个，占被调研合作社总数的2.1%；理事会社员主要负责解决劳动力问题、信息问题并承担日常管理职能的有1个，占被调研合作社总数的2.1%；理事会社员主要负责解决信息问题、技术问题并承担日常管理职能的有4个，占被调研合作社总数的8.5%。

理事会社员主要承担四个方面职责的情况有：理事会社员主要负责解决资金问题、土地问题、劳动力问题并负责日常管理的有2个，占被调研合作社总数的4.3%；理事会社员主要负责解决资金问题、信息问题、技术问题并承担管理职能的有2个，占被调研合作社总数的4.3%；理事会社员主要负责解决土地问题、劳动力问题、技术问题并承担管理职能的有2个，占被调研合作社总数的4.3%；理事会社员主要负责解决劳动力问题、信息问题、技术问题并承担管理职能的有3个，占被调研合作社总数的6.4%。

理事会社员主要承担以下几个方面职责的情况有：理事会社员主要负责解决资金问题、土地问题、劳动力问题、信息问题、技术问题的有2个，占被调研合作社总数的4.3%；理事会社员主要负责解决资金问题、土地问题、劳动力问题、技术问题并承担管理职能的有2个，占被调研合作社总数的4.3%；理事会社员主要负责解决资金问题、劳动力问题、信息问题、技术问题并承担管理职能的有4个，占被调研合作社总数的8.5%；理事会社员主要负责解决资金问题、土地问题、劳动力问题、信息问题、技术问题并承担管理职能的有4个，占被调研合作社总数的8.5%。可见，受访的合作社理事会社员主要负责解决资金问题、土地问题、劳动力问题、信息问题、技术问题并承担日常管理职能中的一种或多种，对合作社的正常运营、健康发展有着重要的影响。

(二)合作社理事会社员发挥作用的程度

在调研过程中，理事长对理事会社员在合作社运营过程中发挥的作用进行了评价。在受访的47个合作社中，认为理事会社员在合作社日常运营过程中发挥的作用很小的有1个，占被调研合作社总数的2.1%；认为理事会社员在合作社日常运营过程中发挥的作用比较小的有3个，占被调研合作社总数的6.4%；认为理事会社员在合作社日常运营过程中发挥的作用程度一般的有9个，占被调研合作社总数的19.1%；认为理事会社员在合作社日常运营过程中发挥的作用较大的最多，有25个，占被调研合作社总数的53.2%；认为理事会社员在合作社日常运营过程中发挥的作用很大的有9个，占被调研合作社总数的19.1%。可见，约72%的理事长认为理事会社员在合作社运转过程中发挥着较大或者很大的作用。

第四节 合作社社员的异质性情况

随着外部环境的变化、合作社实践的深入，由于合作社的不同参与主体参与合作的动机不同、所拥有的资源禀赋不同以及在合作社中所起作用不同，少数核心社员与多数普通社员异质性问题日益凸显。一些学者认为，社员的异质化导致了合作社的异化，社员异质性容易导致利益冲突，从而增加合作社治理难度。

本研究将从合作社社员基本情况的异质性、社员出资情况的异质性、社员经营情况的异质性、社员在合作社事业中表现的异质性这四个方面对合作社社员异质性问题展开讨论。具体来说，每个维度的分析将从全体社员间的差异性、普通社员之间的差异性、理事会社员之间的差异性、理事会与普通社员之间的差异性这四个层次逐一展开。

一 合作社社员基本情况的异质性

关于合作社社员的总体特征,对每个合作社中年龄最大和年龄最小的社员进行了统计分析,在受访的47个合作社中,社员最大年龄的均值是59岁,最小值是45岁,最大值是80岁;社员最小年龄的均值是27岁,最小值是20岁,最大值是45岁。

同时,对合作社全体社员出资的差异与集中度进行分析,通过理事长了解到合作社所有出资社员中出资额远高于平均水平且位于前列的社员人数及其出资额所占比例情况。在受访的47个合作社中,有34个合作社存在部分社员出资额明显高于平均水平的情况。在这34个合作社中,社员中出资额靠前的人数最小值是0,最大值是13人,平均值是3人;关于出资额靠前的社员的出资额占合作社出资总额的比例情况,最小值是0,最大值是100%,平均数是48.9%。

表3-13 合作社社员相关变量的特征值

项目	社员最大年龄(岁)	社员最小年龄(岁)	社员中出资额靠前的人数(人)	出资额靠前的社员出资额占合作社出资总额的比例(%)
有效(个)	47	47	34	34
缺失(个)	0	0	13	13
平均数	59	27	3	48.9
最小值	45	20	0	0
最大值	80	45	13	100

(一)合作社社员分布的区域范围

在受访的47个合作社中,合作社社员仅分布在本村的最多,有22个,占被调研合作社总数的46.8%;合作社社员分布在本乡跨村的有8个,占被调研合作社总数的17%;合作社社员分布在本县跨乡的有12个,占被调研合作社总数的25.5%;合作社社员分布在本市(地州)跨县的有2个,占被调研合作社总数的4.3%;合作社社员分布在不同市(地州)的有3个,占被调研合作社总数的 6.4%。可见，超过半数的合作社社员都跨越了本村的界限，分布在不同的村、乡镇、县或者市。

表 3-14 合作社社员分布的区域范围

单位：个，%

范围	频数	百分比	累计百分比
本村	22	46.8	46.8
本乡跨村	8	17.0	63.8
本县跨乡	12	25.5	89.3
本市（地州）跨县	2	4.3	93.6
不同市（地州）	3	6.4	100.0
总计	47	100.0	—

（二）合作社社员间文化程度的异质性

关于合作社社员间文化程度的异质性问题，本研究重点关注合作社社员最高的文化程度、合作社全体社员的文化水平差异程度、合作社理事会成员与普通社员之间文化水平差异程度三个方面。

在调研过程中，对合作社中文化水平最高的社员做了专门的分析，在受访的 47 个合作社中，社员中文化水平最高是初中的有 14 个，占被调研合作社总数的 29.8%；社员中文化水平最高是高中的有 13 个，占被调研合作社总数的 27.7%；社员中文化水平最高是大学及以上的最多，有 20 个，占被调研合作社总数的 42.6%。由调研数据可见，目前仍有超过半数的合作社社员最高受教育水平在高中及以下，社员整体受教育水平比较低。另外，令人惊喜的是，在滇西边境片区有一部分拥有大学及以上学历的社员加入了合作社，这或许会对合作社专业化、高水平运营有积极的影响。

在合作社全体社员的文化水平差异程度方面，在受访的 47 个合作社中，合作社社员整体文化水平差异程度很小的有 3 个，占被调研合作社总数的 6.4%；合作社社员整体文化水平差异程度比较小的有 8 个，占被调研合作社总数的 17%；合作社社员整体文化水平差异程度一般的有 16 个，占被调研合作社总数的 34%；合作社社员整体文化水平差异程度比较大的有 17 个，占被调研合作社总数的 36.2%；合作社社员整体文化水平差异程度很大的有 3 个，占被调研合作社总数的 6.4%。由调研数据可见，近 43% 的合作社社员整体文化水平差异程度比较大或很大。

关于合作社理事会社员与普通社员之间文化水平的差异程度，在受访的 47 个合作社中，理事会社员与普通社员之间文化水平差异程度很小的有 1 个，占被调研合作社总数的 2.1%；理事会社员与普通社员之间文化水平差异程度比较小的有 5 个，占被调研合作社总数的 10.6%；理事会社员与普通社员之间文化水平差异程度一般的有 23 个，占被调研合作社总数的 48.9%；理事会社员与普通社员之间文化水平差异程度比较大的有 15 个，占被调研合作社总数的 32%；理事会社员与普通社员之间文化水平差异程度很大的有 3 个，占被调研合作社总数的 6.4%。由调研数据可见，约 38% 的合作社理事会社员与普通社员之间文化水平差异程度比较大或很大。

二 合作社社员出资情况的异质性

（一）合作社社员出资的集中程度

关于合作社出资前十位社员出资占全部出资的比例情况，在受访的 47 个合作社中，合作社出资前十位社员出资占全部出资的比例在 0~30% 的有 21 个，有效百分比为 44.7%；合作社出资前十位社员出资占全部出资的比例在 30%~50% 的有 2 个，有效百分比为 4.3%；合作社出资前十位社员出资占全部出资的比例在 50%~80% 的有 5 个，有效百分比为 10.6%；合作社出资前十位社员出资占全部出资的比例在 80%~100% 的最多，有 19 个，有效百分比为 40.4%。从调研数据可见，在受访的 47 个合作社中，约 55% 的合作社存在出资前十位社员出资占全部出资的比例超过 30% 的情况。合作社社员出资呈现集中度较高、分布不均衡的特点。

表 3-15 合作社出资前十位社员出资占全部出资的比例

单位：个，%

区间	频数	百分比	累计百分比
0~30%	21	44.7	44.7
30%~50%	2	4.3	49
50%~80%	5	10.6	59.6
80%~100%	19	40.4	100.0
总计	47	100	

（二）合作社社员之间出资额的异质性

关于合作社社员之间出资额的异质性问题，本研究着重从合作社普通社员之间出资额的差异程度、合作社理事会社员之间出资额的差异程度、合作社理事会社员与普通社员之间出资额的差异程度这三个方面进行分析。

在合作社普通社员之间出资额的差异程度方面，在受访的 47 个合作社中，普通社员之间出资额差异程度很小的最多，有 19 个，占被调研合作社总数的 40.4%；普通社员之间出资额差异程度比较小的有 15 个，占被调研合作社总数的 31.9%；普通社员之间出资额差异程度一般的有 3 个，占被调研合作社总数的 6.4%；普通社员之间出资额差异程度比较大的有 8 个，占被调研合作社总数的 17%；普通社员之间出资额差异程度很大的有 2 个，占被调研合作社总数的 4.3%。由调研数据可见，大部分合作社普通社员之间出资额差异程度不大，只有约 21% 的合作社普通社员之间出资额差异程度比较大或很大。

在合作社理事会社员之间出资额的差异程度方面，在受访的 47 个合作社中，理事会社员之间出资额差异程度很小的有 14 个，占被调研合作社总数的 29.8%；理事会社员之间出资额差异程度比较小的有 16 个，占被调研合作社总数的 34%；理事会社员之间出资额差异程度一般的有 10 个，占被调研合作社总数的 21.3%；理事会社员之间出资额差异程度比较大的有 5 个，占被调研合作社总数的 10.6%；理事会社员之间出资额差异程度很大的有 2 个，占被调研合作社总数的 4.3%。由调研数据可见，15% 左右的合作社理事会社员之间的出资额差异程度比较大或很大。

在合作社理事会社员与普通社员之间出资额的差异程度方面，在受访的47个合作社中，理事会社员与普通社员之间出资额差异程度很小的有13个，占被调研合作社总数的27.7%；理事会社员与普通社员之间出资额差异程度比较小的有3个，占被调研合作社总数的6.4%；理事会社员与普通社员之间出资额差异程度一般的有3个，占被调研合作社总数的6.4%；理事会社员与普通社员之间出资额差异程度比较大的最多，有22个，占被调研合作社总数的46.8%；理事会社员与普通社员之间出资额差异程度很大的有6个，占被调研合作社总数的12.8%。由调研数据可见，近60%的合作社理事会社员与普通社员之间的出资额差异程度比较大或很大。

三 合作社社员经营情况的异质性

关于合作社社员经营情况的异质性，本研究将从合作社社员在经营规模方面的异质性、在产品产量方面的异质性、在产品质量方面的异质性、在投入品数量方面的异质性、在投入品质量方面的异质性、在非农收入方面的异质性六个方面进行深入分析。

（一）合作社社员经营规模的异质性

1. 合作社社员经营规模差异的最大程度

为了进一步分析合作社社员经营规模的差异化程度，选取了合作社社员中经营规模最大值与最小值，将两者的比值作为衡量指标。在受访的47个合作社中，有44位理事长对社员的最大规模和最小规模问题给予了回答。该比值在0~10的最多，有24个，有效百分比为54.5%；该比值在10~20的有8个，有效百分比为18.2%；该比值在20~40的有6个，有效百分比为13.6%；该比值在40~60的有4个，有效百分比为9.1%；该比值在60~200的有2个，有效百分比为4.5%。由调研数据可见，约45%的合作社社员中最大的经营规模是最小的经营规模的10倍以上。

表 3-16　合作社社员经营规模最大与最小的比值

单位：个，%

项目	频数	百分比	有效百分比	累计百分比
0~10	24	51.1	54.5	54.5
10~20	8	17.0	18.2	72.7
20~40	6	12.8	13.6	86.3
40~60	4	8.5	9.1	95.5
60~200	2	4.3	4.5	100.0
小计	44	93.6	100.0	—
缺失	3	6.4	—	—
总计	47	100.0	—	—

注：合作社社员经营规模最大值与最小值之比是由合作社理事长提供的数据计算而得，即用本合作社社员中最大的经营规模除以最小的经营规模，例如最大经营规模是50亩，最小经营规模是10亩，则此比值为50/10=5。

2. 合作社社员间经营规模的异质性

关于合作社社员间经营规模的异质性问题，本研究主要从合作社普通社员之间经营规模的差异程度、合作社理事会社员之间经营规模的差异程度及合作社理事会社员与普通社员之间经营规模的差异程度三个方面进行分析。

关于合作社普通社员之间经营规模的差异程度，在就此问题给出明确回答的44个合作社中，普通社员之间经营规模差异程度很小的有2个，有效百分比为4.5%；普通社员之间经营规模差异程度比较小的有8个，有效百分比为18.2%；普通社员之间经营规模差异程度一般的有11个，有效百分比为25%；普通社员之间经营规模差异程度比较大的最多，有22个，有效百分比为50%；普通社员之间经营规模差异程度很大的有1个，有效百分比为2.3%。由调研数据可见，约52%的合作社普通社员之间经营规模差异程度比较大或很大。

关于合作社理事会社员之间经营规模的差异程度，在受访的47个合作社中，有44个合作社理事长对此问题给出了明确回答。理事会社员之间经营规模差异程度很小的有2个，有效百分比为4.5%；理事会社员之间经营规模差异程度比较小的有18个，有效百分比为40.9%；理事会社员之间经营规模差异程度一般的有 5 个，有效百分比为 11.4%；理事会社员之间经营规模差异程度比较大的最多，有 19 个，有效百分比为 43.2%。由调研数据可见，约 43% 的合作社理事会社员之间经营规模差异程度比较大。

关于合作社理事会社员与普通社员之间经营规模的差异程度，在就此问题给出明确回答的 44 个合作社中，理事会社员与普通社员之间经营规模差异程度很小的有 1 个，有效百分比为 2.3%；理事会社员与普通社员之间经营规模差异程度比较小的有 6 个，有效百分比为 13.6%；理事会社员与普通社员之间经营规模差异程度一般的有 5 个，有效百分比为 11.4%；理事会社员与普通社员之间经营规模差异程度比较大的最多，有 30 个，有效百分比为 68.2%；理事会社员与普通社员之间经营规模差异程度很大的有 2 个，有效百分比为 4.5%。由调研数据可见，近 73% 的合作社理事会社员与普通社员之间经营规模差异程度比较大或很大。

（二）合作社社员在所生产的产品产量方面的异质性

关于合作社社员在所生产的产品产量方面的异质性，本研究重点关注了合作社普通社员之间的差异程度、合作社理事会社员之间的差异程度及合作社理事会社员与普通社员之间的差异程度。

关于合作社普通社员之间在产品产量方面的差异程度，在针对此题给出明确回答的 45 个合作社中，普通社员在产品产量方面差异程度很小的有 3 个，有效百分比为 6.7%；普通社员在产品产量方面差异程度比较小的有 15 个，有效百分比为 33.3%；普通社员在产品产量方面差异程度一般的有 8 个，有效百分比为 17.8%；普通社员在产品产量方面差异程度比较大的最多，有 18 个，有效百分比为 40%；普通社员在产品产量方面差异程度很大的有 1 个，有效百分比为 2.2%。由调研数据可见，约 42% 的合作社普通社员在产品产量方面的差异程度比较大或很大。

关于合作社理事会社员之间在产品产量方面的差异程度，在针对此题给出明确回答的 45 个合作社中，理事会社员在产品产量方面差异程度很小的有 2 个，有效百分比为 4.4%；理事会社员在产品产量方面差异程度比较小的最多，有 16 个，有效百分比为 35.6%；理事会社员在产品产量方面差异程度一般的有 13 个，有效百分比为 28.9%；理事会社员在产品产量方面差异程度比较大的有 14 个，有效百分比为 31.1%；理事会社员在产品产量方面差异程度很大的为 0。由调研数据可见，不足 1/3 的合作社理事会社员在产品产量方面差异程度比较大。

关于合作社理事会社员与普通社员之间在产品产量方面的差异程度，在针对此题给出明确回答的 45 个合作社中，理事会社员与普通社员之间在产品产量方面差异程度很小的有 3 个，有效百分比为 6.7%；理事会社员与普通社员之间在产品产量方面差异程度比较小的有 11 个，有效百分比为 24.4%；理事会社员与普通社员之间在产品产量方面差异程度一般的有 9 个，有效百分比为 20%；理事会社员与普通社员之间在产品产量方面差异程度比较大的最多，有 21 个，有效百分比为 46.7%；理事会社员与普通社员之间在产品产量方面差异程度很大的有 1 个，有效百分比为 2.2%。由调研数据可见，约 49% 的合作社理事会社员与普通社员之间的产品产量差异程度比较大或很大。

（三）合作社社员在所生产的产品质量方面的异质性

关于合作社社员在所生产的产品质量方面的异质性，本研究主要从普通社员之间的差异程度、理事会社员之间的差异程度及理事会社员与普通社员之间的差异程度三方面进行了分析。

关于合作社普通社员之间在产品质量方面的差异程度，在针对此题给出明确回答的 46 个合作社中，普通社员在产品质量方面差异程度很小的有 9 个，有效百分比为 19.6%；普通社员在产品质量方面差异程度比较小的最多，有 20 个，有效百分比为 43.5%；普通社员在产品质量方面差异程度一般的有 7 个，有效百分比为 15.2%；普通社员在产品质量方面差异程度比较大的有 9 个，有效百分比为 19.6%；普通社员之间在产品质量方面差异程度很大的有 1 个，有效百分比为 2.2%。由调研数据可见，约 20% 的合作社普通社员在产品质量方面的差异程度比较大。

关于合作社理事会社员之间在产品质量方面的差异程度，在针对此题给出明确回答的 46 个合作社中，理事会社员在产品质量方面差异程度很小的有 6 个，有效百分比为 13%；理事会社员在产品质量方面差异程度比较小的最多，有 30 个，有效百分比为 65.2%；理事会社员在产品质量方面差异程度一般的有 7 个，有效百分比为 15.2%；理事会社员在产品质量方面差异程度比较大的有 3 个，有效百分比为 6.5%；理事会社员在产品质量方面差异程度很大的为 0。由调研数据可见，不足 7% 的合作社理事会社员在产品质量方面的差异程度比较大。

关于合作社理事会社员和普通社员之间在生产产品质量方面的差异程度，在针对此题给出明确回答的 46 个合作社中，理事会社员和普通社员之间在产品质量方面差异程度很小的有 7 个，有效百分比为 15.2%；理事会社员和普通社员之间在产品质量方面差异程度比较小的最多，有 19 个，有效百分比为 41.3%；理事会社员和普通社员之间在产品质量方面差异程度一般的有 8 个，有效百分比为 17.4%；理事会社员和普通社员之间在产品质量方面差异程度比较大的有 12 个，有效百分比为 26.1%；理事会社员和普通社员之间在产品质量方面差异程度很大的为 0。由调研数据可见，不足 30% 的合作社理事会社员和普通社员之间在产品质量方面的差异程度比较大。

（四）合作社社员在生产过程中投入品数量方面的异质性

关于合作社社员在生产过程中投入品数量方面的异质性问题，本研究主要从普通社员之间的差异程度、理事会社员之间的差异程度及理事会社员与普通社员之间的差异程度三个方面进行了分析。

关于合作社普通社员之间在生产过程中投入品数量差异程度情况，在针对此题给出明确回答的 44 个合作社中，合作社普通社员之间在投入品数量方面差异程度很小的有 9 个，有效百分比为 20.5%；合作社普通社员之间在投入品数量方面差异程度比较小的有 12 个，有效百分比为 27.3%；合作社普通社员之间在投入品数量方面差异程度一般的有 9 个，有效百分比为 20.5%；合作社普通社员之间在投入品数量方面差异程度比较大的有 13 个，有效百分比为 29.5%；合作社普通社员之间在投入品数量方面差异程度很大的有 1 个，有效百分比为 2.3%。由调研数据可见，约 32% 的合作社普通社员之间在投入品数量方面差异程度比较大或很大。

关于合作社理事会社员之间在生产过程中投入品数量的差异程度，在针对此题给出明确回答的 44 个合作社中，合作社理事会社员在投入品数量方面差异程度很小的有 9 个，有效百分比为 20.5%；合作社理事会社员在投入品数量方面差异程度比较小的有 18 个，有效百分比为 40.9%；合作社理事会社员在投入品数量方面差异程度一般的有 7 个，有效百分比为 15.9%；合作社理事会社员在投入品数量方面差异程度比较大的有 10 个，有效百分比为 22.7%。由调研数据可见，约 23% 的合作社理事会社员在投入品数量方面的差异程度比较大。

关于合作社理事会社员与普通社员之间在生产过程中投入品数量的差异程度，在针对此题给出明确回答的 44 个合作社中，合作社理事会社员与普通社员之间在投入品数量方面差异程度很小的有 8 个，有效百分比为 18.2%；合作社理事会社员与普通社员之间在投入品数量方面差异程度比较小的有 13 个，有效百分比为 29.5%；合作社理事会社员与普通社员之间在投入品数量方面差异程度一般的有 8 个，有效百分比为 18.2%；合作社理事会社员与普通社员之间在投入品数量方面差异程度比较大的有 15 个，有效百分比为 34.1%。由调研数据可见，约 34% 的合作社理事会社员与普通社员之间在投入品数量方面的差异程度比较大。

（五）合作社社员在生产过程中投入品质量方面的异质性

关于合作社社员在生产过程中投入品质量方面的异质性问题，本研究主要从合作社普通社员之间的差异程度、合作社理事会社员之间的差异程度及合作社理事会社员与普通社员之间的差异程度三个方面进行了分析。

关于合作社普通社员之间在生产过程中投入品质量的差异程度，在针对此题给出明确回答的 45 个合作社中，合作社理普通社员在投入品质量方面差异程度很小的有 11 个，有效百分比为 24.4%；合作社普通社员之间在投入品质量方面差异程度比较小的有 17 个，有效百分比为 37.8%；合作社普通社员在投入品质量方面差异程度一般的有 9 个，有效百分比为 20%；合作社普通社员在投入品质量方面差异程度比较大的有 8 个，有效百分比为 17.8%。由调研数据可见，不足 20% 的合作社普通社员在投入品质量方面的差异程度比较大。

关于合作社理事会社员之间在生产过程中投入品质量的差异程度,在针对此题给出明确回答的 45 个合作社中,合作社理事会社员在投入品质量方面差异程度很小的有 10 个,有效百分比为 22.2%;合作社理事会社员在投入品质量方面差异程度比较小的有 22 个,有效百分比为 48.9%;合作社理事会社员在投入品质量方面差异程度一般的有 9 个,有效百分比为 20%;合作社理事会社员在投入品质量方面差异程度比较大的有 4 个,有效百分比为 8.9%。由调研数据可见,不足 10%的合作社理事会社员在投入品质量方面的差异程度比较大。

关于合作社理事会社员与普通社员之间在生产过程中投入品质量的差异程度,在针对此题给出明确回答的 45 个合作社中,合作社理事会社员与普通社员之间在投入品质量方面差异程度很小的有 10 个,有效百分比为 22.2%;合作社理事会社员与普通社员之间在投入品质量方面差异程度比较小的有 18 个,有效百分比为 40%;合作社理事会社员与普通社员之间在投入品质量方面差异程度一般的有 8 个,有效百分比为 17.8%;合作社理事会社员与普通社员之间在投入品质量方面差异程度比较大的有 9 个,有效百分比为 20%。由调研数据可见,20%的合作社理事会社员与普通社员之间在投入品质量方面的差异程度比较大。

(六)合作社社员在非农收入方面的异质性

关于合作社社员在非农收入方面的差异,本研究主要关注了合作社普通社员之间的差异程度、合作社理事会社员之间的差异程度及合作社理事会社员与普通社员之间的差异程度。

关于合作社普通社员之间的非农收入差异程度,在受访的 47 个合作社中,合作社普通社员之间的非农收入差异程度很小的有 4 个,占被调研合作社总数的 8.5%;合作社普通社员之间的非农收入差异程度比较小的有 7 个,占被调研合作社总数的 14.9%;合作社普通社员之间的非农收入差异程度一般的有 17 个,占被调研合作社总数的 36.2%;合作社普通社员之间的非农收入差异程度比较大的有 18 个,占被调研合作社总数的 38.3%;合作社普通社员之间的非农收入差异程度很大的有 1 个，占被调研合作社总数的 2.1%。由调研数据可见，40% 左右的合作社表示普通社员之间的非农收入差异比较大或很大。

关于合作社理事会社员之间的非农收入差异程度，在受访的 47 个合作社中，合作社理事会社员之间非农收入差异程度很小的有 5 个，占被调研合作社总数的 10.6%；合作社理事会社员之间非农收入差异程度比较小的有 17 个，占被调研合作社总数的 36.2%；合作社理事会社员之间非农收入差异程度一般的有 16 个，占被调研合作社总数的 34%；合作社理事会社员之间非农收入差异程度比较大的有 9 个，占被调研合作社总数的 19.1%。由调研数据可见，不足 20% 的合作社表示理事会社员之间的非农收入差异程度比较大。

关于合作社理事会社员与普通社员之间非农收入的差异程度，在受访的 47 个合作社中，合作社理事会社员与普通社员之间非农收入差异程度很小的有 4 个，占被调研合作社总数的 8.5%；合作社理事会社员与普通社员之间非农收入差异程度比较小的有 7 个，占被调研合作社总数的 14.9%；合作社理事会社员与普通社员之间非农收入差异程度一般的有 12 个，占被调研合作社总数的 25.5%；合作社理事会社员与普通社员之间非农收入差异程度比较大的有 23 个，占被调研合作社总数的 48.9%；合作社理事会与普通社员之间非农收入差异程度很大的有 1 个，占被调研合作社总数的 2.1%。由调研数据可见，51% 的合作社表示理事会社员与普通社员之间非农收入差异程度比较大或很大。

四 合作社社员在合作社事业中所表现出的异质性

（一）合作社社员在社会活动能力方面的异质性

关于合作社社员在社会活动能力方面的差异程度，本研究主要关注了合作社普通社员之间的差异程度、合作社理事会社员之间的差异程度及合作社理事会社员与普通社员之间的差异程度。

关于合作社普通社员之间社会活动能力的差异程度，在受访的 47 个合作社中，合作社普通社员之间社会活动能力差异程度很小的有3个，占被调研合作社总数的6.4%；合作社普通社员之间社会活动能力差异程度比较小的有10个，占被调研合作社总数的21.3%；合作社普通社员之间社会活动能力差异程度一般的有15个，占被调研合作社总数的31.9%；合作社普通社员之间社会活动能力差异程度比较大的最多，有19个，占被调研合作社总数的40.4%。由调研数据可见，40%左右的合作社表示普通社员之间的社会活动能力差异程度比较大。

关于合作社理事会社员之间社会活动能力的差异程度，在受访的47个合作社中，合作社理事会社员之间社会活动能力差异程度很小的有3个，占被调研合作社总数的6.4%；合作社理事会社员之间社会活动能力差异程度比较小的最多，有23个，占被调研合作社总数的48.9%；合作社理事会社员之间社会活动能力差异程度一般的有14个，占被调研合作社总数的29.8%；合作社理事会社员之间社会活动能力差异程度比较大的有7个，占被调研合作社总数的14.9%。由调研数据可见，近15%的合作社表示理事会社员之间的社会活动能力差异程度比较大。

关于合作社理事会社员与普通社员之间社会活动能力的差异程度，在受访的47个合作社中，合作社理事会社员与普通社员之间社会活动能力差异程度很小的有2个，占被调研合作社总数的4.3%；合作社理事会社员与普通社员之间社会活动能力差异程度比较小的有3个，占被调研合作社总数的6.4%；合作社理事会社员与普通社员之间社会活动能力差异程度一般的有10个，占被调研合作社总数的21.3%；合作社理事会社员与普通社员之间社会活动能力差异程度比较大的最多，有31个，占被调研合作社总数的66%；合作社理事会社员与普通社员之间社会活动能力差异程度很大的有1个，占被调研合作社总数的2.1%。由调研数据可见，约68%的合作社表示理事会社员与普通社员之间的社会活动能力差异程度比较大或很大。

（二）合作社社员在责任感方面的异质性

关于合作社社员在责任感方面的差异程度，本研究重点关注了合作社普通社员之间的差异程度、合作社理事会社员之间的差异程度及合作社理事会社员与普通社员之间的差异程度。

关于合作社普通社员之间在责任感方面的差异程度，在受访的47个合作社中，合作社普通社员在责任感方面差异程度很小的有4个，占被调研合作社总数的8.5%；合作社普通社员在责任感方面差异程度比较小的有12个，占被调研合作社总数的25.5%；合作社普通社员在责任感方面差异程度一般的有13个，占被调研合作社总数的27.7%；合作社普通社员在责任感方面差异程度比较大的最多，有17个，占被调研合作社总数的36.2%；合作社普通社员在责任感方面差异程度很大的有1个，占被调研合作社总数的2.1%。由调研数据可见，不足40%的合作社表示普通社员在责任感方面差异程度比较大或很大。

关于合作社理事会社员在责任感方面的差异程度，在受访的47个合作社中，合作社理事会社员在责任感方面差异程度很小的有6个，占被调研合作社总数的12.8%；合作社理事会社员在责任感方面差异程度比较小的最多，有27个，占被调研合作社总数的57.4%；合作社理事会社员在责任感方面差异程度一般的有9个，占被调研合作社总数的19.1%；合作社理事会社员在责任感方面差异程度比较大的有5个，占被调研合作社总数的10.6%。由调研数据可见，11%左右的合作社表示理事会社员在责任感方面差异程度比较大。

关于合作社理事会社员与普通社员之间在责任感方面的差异程度，在受访的47个合作社中，合作社理事会社员与普通社员之间在责任感方面差异程度很小的有2个，占被调研合作社总数的4.3%；合作社理事会社员与普通社员之间在责任感方面差异程度比较小的有9个，占被调研合作社总数的19.1%；合作社理事会社员与普通社员之间在责任感方面差异程度一般的有11个，占被调研合作社总数的23.4%；合作社理事会社员与普通社员之间在责任感方面差异程度比较大的最多，有22个，占被调研合作社总数的46.8%；合作社理事会社员与普通社员之间在责任感方面差异程度很大的有3个，占被调研合作社总数的6.4%。由调研数据可见，约53%的合作社表示理事会社员与普通社员之间在责任感方面差异程度比较大或很大。

第五节　本章小结

本章主要从合作社基本情况及总体特征、合作社理事长及理事会社员基本特征、合作社社员异质性情况等方面对所调查的农民专业合作社的组织社员结构进行了具体的分析。

目前，超过半数的合作社社员跨越了本村的界限，分布在不同的村、乡镇、县或者市。理事长及理事会社员是合作社的核心社员，负责合作社的日常运营管理，他们整体上文化程度偏低，大部分是初中及以下水平。理事长及理事会社员基本上是村干部、种养大户、技术能手等当地精英，在当地个人社会网络资源比较丰富。在访谈中，合作社理事长们表示亲属关系、朋友关系和政府关系对推动合作社发展的作用比较大。在合作社的出资比例方面，60%以上的合作社理事长是出资最多的，其中近50%的合作社理事长个人出资比例在20%以上。超过70%的合作社理事长对自己投身合作社事业所获得的回报表示比较满意或很满意。

关于合作社社员的异质性情况，从层次来说，普通社员之间、理事会社员之间的差异都不大，理事会社员和普通社员之间的差异比较明显，即相同群体间的差异比较小、不同群体间的差异比较大。从内容来说，社员出资以及在合作社事业中的表现的异质性比较明显。在出资方面，超过50%的合作社都出现了出资比例高度集中在少数社员手中的现象。此外，合作社社员在社会活动能力、入社动机及责任感等方面也表现出了较大的差异性。

下篇　乡村振兴背景下滇西农民专业合作社的发展与探索

第四章　滇西农民专业合作社的主要发展模式及其特点

第一节　云南省农民专业合作社的总体特点

在国家产业政策的指引下，结合本省农业发展的实际需求，云南省政府将合作社作为培育农村新型经营主体、推动一二三产业融合发展和农业产业化的重点，将合作社数量的增加和经营能力的提升作为政府的重点工作之一。经过多年的发展，云南合作社的特征如下。

第一，合作社数量大幅增加，截至 2019 年第一季度，全省农业专业合作社 61200 个，较 2011 年的 9634 个，增加了 5.4 倍。

第二，农民入社率有一定幅度增加，2018 年末，全省经工商登记的合作社 60208 个，比上年新增 6836 个，增长 12.8%，全省有 309 万户入社农民成员，比上年增加 75 万户，全省农户入社率达到 35.7%。

第三，种养殖合作社仍占较大比重，2018 年末，全省从事种植业的合作社 29898 个，比上年增长 8.71%，占总数的 49.7%；从事畜牧业的合作社 19475 个，比上年增长 7.34%，占总数的 32.3%。种养殖合作社仍是云南合作社的主要构成部分，占总数的 82%。

第四，经营内容更为多元化，综合发展趋势明显。合作内容由简单的生产和销售扩展为产前产中产后一体化综合服务。全省产加销一体化服务的合作社占 53.6%，以生产服务为主的合作社 30.2%，以加工、运销、仓储及其他服务为主的合作社占 16.2%。

第五，合作社的整体运营能力提高，全省国家级农民专业合作示范社达169个，省级农民专业合作示范社达到1162个，县级以上农民专业合作示范社9000多个。

第六，合作社退出机制不断完善，2017年修订的农民专业合作社法增补了退出条款，对于合作社的优胜劣汰、适应市场竞争提出了要求，不仅注重量的增加，而且注重质的提升。为此，云南省印发了《云南省开展农民专业合作社"空壳社"专项清理行动方案》。2017年，全省新登记农民专业合作社9684个，同比下降7.49%，注销2853个；2018年，全省新登记农民专业合作社10274个，同比增长6.09%，注销3438个。云南省合作社整体发展情况良好，在这一背景下，滇西地区合作社发展也取得了显著的成绩。

第二节 滇西农民专业合作社的整体特点

滇西合作社在形式和内容上与全省的情况相差不大，传统合作社、股份合作社和联社都有一定程度的发展。根据云南省农业厅公开的2018年第三季度滇西10个地州（市）贫困县的部分合作社数据，在滇西传统合作社仍是合作社的主体，种养殖合作社是占比最大的类型。滇西合作社有如下特点和类型。

一 合作社少数民族成员占比较大

滇西合作社的人员构成中少数民族占较大比例。滇西是云南省主要的民族地区，少数民族人口占47.5%。有汉、彝、白、傈僳、景颇、拉祜、傣、佤、怒、纳西、独龙等26个世居民族，有15个云南独有少数民族、8个人口较少民族。根据云南省2017年统计年鉴，滇西共有自治州6个，其中楚雄州少数民族人口比例低于50%，大理州少数民族人口比例约为50%，其他4个州该比例均大于50%（怒江州甚至达到90%以上）。滇西有自治县22个，非自治州的自治县有14个，自治州的自治县有8个，仅3个自治县少数民族人口比例低于50%，有8个自治县少数民族人口比例超过70%，孟连县和沧源县的少数民族人口比例均超过90%。此外还有数量较多的民族乡。因此，滇西合作社中少数民族人口比例较大，在合作社发展过程中必须注重民族发展与民族和谐。尤其是在土地流转背景下，在工商资本大举进入农村的过程中，如何有效地保障少数民族地区农民的权益则涉及公平与效率的问题，当前多数合作社以自我发展为主，但随着产权制度改革的深入，这一问题将逐渐凸显出来。

二 滇西劳动力整体文化水平较低但劳动力充足且年龄优势明显

根据云南省第三次全国农业普查资料，2016年，云南农业经营人员总数达1715.1万人，男女比例为52.3∶47.7。在劳动力年龄方面，以55岁以下为主，其中36~54岁的青壮年是主力，占49.8%，54岁及以下的劳动力占79.4%。云南农村劳动力资源较为充沛，但劳动力的整体文化水平较低，高中以上的仅占5.5%，初中以下的占94.5%，小学的占比最高，为51.9%。这说明云南劳动力的整体文化素质不高，不利于其有效地参与农业经营活动。

滇西劳动力整体情况与全省相近。从普洱、临沧、德宏、西双版纳和怒江等5地州（市）第三次全国农业普查资料可以看出，滇西劳动力以男性为主（临沧市例外，女性占54%）。在劳动力年龄方面，整体仍以青壮年为主，占82.58%，高于全省平均水平，劳动力资源充沛。滇西劳动力学历结构与全省相近，高中以上文化水平的仅占6.89%，略高于全省平均水平，具体来说，西双版纳平均水平较高，其他地州（市）平均水平低于全省平均水平。同时，滇西农业从业人员的学历结构呈现"两头高、中间低"的特点，5个地州（市）初中文化水平的劳动力占比低于全省平均水平5个百分点，未上过学的和小学文化水平的劳动力占比均高于全省平均水平，尤其是未上过学的劳动力占比高出全省平均水平5个百分点，特别是怒江州未上过学的劳动力比例高达25.6%。这说明滇西劳动力整体文化水平较低，面对新的农业发展形势，有必要加强培训和再教育工作。

云南省以专业大户等形式开展农业规模经营的人员较少，仅占2%。但在年龄结构方面，整体偏年轻，55岁以上的从业人员占比较一般从业人员低近8个百分点，滇西55岁以上的从业人员占8.4%，低于全省平均水平，而全省和滇西35~54岁的从业人员占比均高于50%。① 这说明有一定从业经验的青壮年是开展农业规模经营的主力。在学历结构上，全省规模化农业中高中及以上学历从业人员占比高于一般从业人员2个百分点，说明规模化农业中从业人员学历水平略高。但滇西规模化农业中从业人员学历水平在高中及以上的占比低于一般从业人员，也低于全省平均水平。这说明滇西规模化农业从业人员技能较强，但学历水平普遍较低。

包括合作社在内的农业经营单位在年龄和学历结构上都要优于上述两类群体。首先，农业经营单位人口总数要大于规模经营，说明云南及滇西的农业规模经营情况略逊于经营单位。其次，在年龄方面，36~54岁青壮年作为农业经营单位主体的优势更为明显，全省超过61%的经营者属于这个群体，滇西这一群体占比也达到59.34%，高于规模经营和普通经营占比。同时，55岁以上的经营者占比较小，滇西仅占8.4%。在学历结构上农业经营单位的优势更为明显，全省农业经营单位中高中及以上的经营者占23%，高于规模经营15个百分点左右，大专以上的经营者占比较规模经营高7个百分点左右。滇西的农业经营单位情况与全省相似，高中及以上的经营者占比较全省平均水平低0.5个百分点，比规模经营高8个百分点左右，大专以上的经营者占比较全省平均水平高0.1个百分点。② 这说明全省及滇西农业经营单位中的经营者文化水平较高，并且大多数人年富力强、经验丰富，属于当地精英人群。

但总体上全省和滇西农业经营单位人员学历较低，初中以下学历的占77%左右，大专及以上学历的占比还不到10%，这说明人员整体素质还有待提高，以便其快速地接受现代化经营理念、经营模式和农业手段以及采用现

---

① 数据来源：根据云南省及相关地州（市）第三次全国农业普查资料整理。
② 数据来源：根据云南省及相关地州（市）第三次全国农业普查资料整理。

代农业模式。

三 滇西合作社规模总体较小，整体实力较弱、影响的区域较窄

滇西合作社规模方面，成员为1~10户的较多，占33.3%，其中，成员为5户的合作社共1434个，占18.2%。成员为1~100户的合作社占75.2%。成员在200户以上的仅占11.3%。①滇西合作社与全国合作社"大群体、小规模"的情况相符。这反映出合作社成员多来自本自然村和行政村。大部分合作社的规模不大、影响较小，村与村之间的生产合作相对较少，还没有真正形成区域性的产业联合。

成员超过500户的合作社较少，仅占3.3%，但其能产生较大的影响，甚至可以跨村、跨县覆盖更多的农户。这类合作社的市场竞争力较强、在一定程度上融入了现代经营体系，除了涉足种养殖业外，也是当地的农产品经纪人，协助企业进行大宗农产品收购，包括烤烟、牲畜、蔬菜、茶叶和中药材等。

对农户影响较大的合作社，对其他规模较小的合作社也会产生一定的影响，但它们之间并没有形成固定的合作关系，其主要通过经济活动而产生联系。因此，这类合作社虽能产生区域性影响，但这种影响有较强的随机性，没有规范化、制度化，难以发挥出联社那样的作用。另外，它们对企业的依赖较强，没有形成自己的竞争优势。经济发展中需要这样市场化程度高的、有较大影响力的经济组织参与市场资源配置，但也需要规范化、公益性的组织参与其中。

第三节 种养殖业合作社的发展情况

一 种养殖业合作社模式在滇西农业的重要作用依旧明显

从云南省农业厅公开的2018年第三季度滇西10个地州（市）贫困县

---

① 数据来源：根据云南省农业厅公开数据整理，http://www.ynagri.gov.cn/zt14296/。

的7862个合作社的情况可以看出,种养殖合作社占比在80%以上,仍是滇西合作社的主体,并且这种状况将长期保持,其原因包括:首先,种养殖业是农业的基础,无论发展什么类型的农业,都应以种养殖业为核心。其次,在农业产业化、规模化的背景下,要将小家庭生产仍占较大比重的生产模式统一起来,除了政府引导、企业推广外,应大力发展种养殖合作社这一基层组织,促进产业化发展。此外,农户生产仍以种养殖业为主,组建种养殖合作社有利于带动农户参与市场竞争。因此,种养殖合作社仍将在较长一段时间内发挥重要作用。

二 政府规划引导滇西高原特色种养殖业合作社稳步发展

在国家和省级政府的引导下,各地州(市)将高原特殊农产品的产业化发展作为核心,并以产业带、示范区和基地的形式进行更为细致的划分。例如,红河州将水果、蔬菜、油料作物、中药材和花卉作为产业化建设重点,2017年,实有园林水果面积225.4万亩,全年蔬菜播种面积183.9万亩,中药材种植面积13.7万亩,花卉种植面积5.4万亩,全年油料作物种植面积30.4万亩,高原特色产品种植面积就达458万亩左右,加上粮食播种面积574.97万亩,二者几乎覆盖了红河州全部耕地。[①] 楚雄州在全州划分了5个产业带:冬早果蔬开发带、滇中粮仓优势带、木本粮油产业带、生态特色养殖带和开放合作经济带,前四类产业带建成农业示范区100万亩。县乡两级单位积极落实规划,在辖区内形成农产品产业化、规模化发展格局。例如,保山市龙陵县将甘蔗、烟、茶、中药材、特色经济林和畜牧业作为主要发展方向,强化基地建设,种植核桃54万亩、甘蔗10万亩、"两烟"6万余亩、茶叶10万亩、草果5万亩、石斛550万平方米、重楼1万余亩、咖啡2万余亩、糯橄榄1万余亩、茯苓2500亩,黄山羊存栏11万只,构建起林药、林果、林畜(禽)、特种养殖四大特色产业链。

---

① 刘根彦:《我州加快推进农村土地流转》,《红河日报》2014年5月3日。

从云南省农业厅公开的 2018 年第三季度滇西 10 个地州（市）贫困县的 7863 个合作社涉及的农产品数据可以看出，高原特色种养殖合作社占比最大，粮食种植合作社仅占 3% 左右，政府重点规划的高原特色农产品占 95% 左右。① 这与市场发展有关，同时近几年国家和云南省政府的规划和推广工作也起到了重要的作用。云南是国家规划的特色农产品生产区域，同时云南的粮食最低收购保护价政策仅适用于重点产粮区域，这也是一个极为重要的原因。

三 种养殖合作社规模化经营和发展受区域产业类型和市场情况的影响较大

种养殖合作社内部的分类较为多样，种植和养殖的品种和类型在各个地州（市）也有差异，形成该状况的原因较复杂，其中区域产业类型和市场是关键因素。本部分所用数据来自云南省农业厅发布的 2018 年第三季度滇西 10 个地州（市）的 7863 个合作社数据。

（一）种养殖合作社总体的规模经营情况良好，参与主体多元化现象已经出现，但家庭联合仍是规模经营形成的主要支撑

从滇西 10 个地州（市）有较为详细数据记录的部分合作社的情况可以看出，合作社对规模化种养殖的带动作用较大。在 4327 个种植合作社中，种植规模超过 100 亩的占 58.2%，在 2033 个养殖合作社中，养殖规模超过 100 头的占 57.1%②。二者占比均超过 50%，这说明滇西合作社种养殖规模化的整体情况较好，同时种植合作社的规模化经营情况稍好于养殖合作社，不过，养殖合作社 50～100 头经营的占比 21.3%，稍好于种植合作社 50～100 亩经营的占比（16%），养殖合作社在小规模经营方面略占优势。

但从滇西合作社的种养殖规模也可以看出，首先滇西合作社规模化程度刚超过 50%，与 70% 的规模化程度还有一定距离，规模经营还未普及，仍

---

① 数据来源：根据云南省农业厅公开数据整理，http://www.ynagri.gov.cn/zt14296/。
② 本处养殖业情况主要是针对牛、马、猪、羊等牲畜的统计数据。

有较大发展空间。其次,滇西合作社规模经营呈现"两头大、中间小"的格局,适度规模经营合作社并不占优,小规模经营合作社仍占较大比例。在种植合作社中100~1000亩经营的仅占23%,在养殖合作社中100~1000头经营的占18%,适度规模经营的养殖合作社占比低于种植合作社,但二者在此区间的规模化程度都远低于50%。在种植合作社中,低于100亩经营的占41%,并且50亩以下经营的占25%。

表4-1 种植合作社种植规模情况

单位:个,%

种植规模	1~10亩	10~50亩	50~100亩	100~200亩	200~300亩	300~500亩	500~1000亩	1000~2000亩
合作社数量	322	766	302	708	366	449	498	452
占比	7	18	16	10	1	9	3	1
种植规模	2000~3000亩	3000~5000亩	5000~10000亩	10000~20000亩	20000~50000亩	50000~100000亩	100000亩以上	
合作社数量	136	135	106	57	22	7	1	
占比	10	7	12	2	0.2	1		

资料来源:根据云南省农业厅公开数据整理,http://www.ynagri.gov.cn/zt14296/。

表4-2 养殖合作社养殖规模情况

单位:个,%

养殖规模	1~10头	10~50头	50~100头	100~200头	200~300头	300~500头	500~1000头	1000~2000头
合作社数量	60	404	256	433	186	257	187	107
占比	3	20	21	5	1	9	3	1
养殖规模	2000~3000头	3000~5000头	5000~10000头	10000~20000头	20000~50000头	50000~100000头	100000头以上	
合作社数量	54	55	1	21	10	2	0	
占比	13	3	13	9	0	0.1	0	

资料来源:根据云南省农业厅公开数据整理,http://www.ynagri.gov.cn/zt14296/。

养殖规模低于100头的合作社占44%。滇西地区小规模经营合作社占比仍然不小。但种植面积超过1000亩的合作社占35.2%,养殖规模超过1000

头的合作社占 39.1%，较大规模经营合作社占比低于小规模经营合作社，但高于适度规模经营合作社，较大规模经营合作社在规模经营方面占有重要地位。

小规模经营合作社所占比例不小，开展适度规模经营的种养殖合作社并不多，这充分反映出小规模经营在滇西农村仍是较为普遍的现象，也说明合作社整体与市场和相关产业对接的能力以及对农户的带动能力还较弱，农户的组织联系仍以本自然村或村委为主。当然，1000 亩以上较大规模经营合作社占比较高的情况也说明，滇西开始出现一批市场对接能力强、与相关产业能较好结合的合作社。这为滇西合作社发展起到了较好的示范作用，也有效地促进了滇西合作社的规模化经营。

滇西的农业规模化形成了家庭、大户和其他经营主体共同发展的格局，其都是合作社的重要主体。滇西农业正处于转型发展期，其规模化经营方式为土地流转和家庭组织并存。这种格局将存在多长时间还不确定，但重要的是鉴于每种主体的作用都较为重要，在实践中有必要利用多元化的政策和方法促进其共同发展。

（二）种养殖合作社中不同农产品的经营规模和特点

进入数据库的合作社涉及的农产品中，种植合作社数量略占优势，共 5272 个，养殖合作社共 3604 个。在农产品的种类方面，5639 个合作社以单项产品为主，占 71.72%，涉及多项产品的合作社有 2224 个，占 28.28%。[1] 这说明滇西合作社专业化趋势较为明显，这也是由滇西合作社整体规模较小、实力较弱、不适宜从事多项经营的特点所决定的。

在单列产品中，涉及高原特色农产品的合作社数量相对占优，尤其是涉及新型特色农产品的合作社，生猪、蔬菜、牛、坚果类合作社数量排名前六位，分别为 1480 个、1230 个、870 个、833 个。[2] 生猪和蔬菜分别成为滇西养殖合作社和种植合作社的龙头产品，这与云南省整体农产品结构相似。但

---

[1] 数据来源：根据云南省农业厅公开数据整理，http：//www.ynagri.gov.cn/zt14296/。
[2] 数据来源：根据云南省农业厅公开数据整理，http：//www.ynagri.gov.cn/zt14296/。

涉及高原特色农产品的合作社中，传统产品合作社和新兴产品合作社的发展情况有一定的差异。

云南传统优势种植业方面，茶叶、烟草和水果类合作社占比较大，甘蔗、橡胶和粮食作物类合作社占比较小。不过，甘蔗和橡胶类合作社一般为专业合作社，经营规模较大、参与户数较多。甘蔗类合作社平均参与户数为143户，社员50~300户的合作社占59%，在社员规模上超过一般合作社。从有准确数据记录的合作社来看，合作社经营面积基本在500亩以上，规模低于100亩的仅占3.9%，高于500亩的占60.5%。例如，临沧市双江佤山甘蔗种植专业合作社位于双江县沙河乡布京村，种植面积达到10000亩，入社户数达588户（以佤族为主），年产甘蔗3.3万吨。橡胶类合作社情况与其相似，入社平均户数为157户，社员100~500户的合作社占78%；在合作社经营规模方面，种植面积没有低于100亩的，种植面积平均为7064亩，500亩以上的合作社占77.7%，种植面积最大的达30000亩。以普洱市江城县为例，该县进入数据库的橡胶类合作社共13个，其中种植面积在7000亩以上的有9个。江城县曲水镇怒那村兴济橡胶专业合作社的种植面积达30000亩，社员共231户（以哈尼族和傣族为主），注册资本231万元，年产210万吨，其产品通过了ASO9001质量体系认证。

粮食作物类合作社数量不多。玉米类合作社数量相对多一些，但规模化种植现象也较为明显，种植面积在1~10亩的合作社仅有1个，种植面积在500亩以上的合作社占46.8%。水稻类合作社一般以复合型种植为主兼营其他类型的产品并且种植面积整体较大，占比较大的为100~200亩和500~3000亩，占53.5%，500亩以上的占50.1%。例如，红河州元阳县进入数据库的水稻类合作社共18个，平均参与户数为422户，种植面积基本在300亩以上，种植面积最大的达2215亩；在18个合作社中，水稻类合作社仅1个，其他均为复合型种养殖合作社，尤其是稻鱼鸭种养殖是红河州的特色之一。可以看出，传统农产品合作社数量不多，但种植面积较大，入社农户多，总体发展情况较好，较好地保证了传统农产品的生产。①

　　云南茶叶和烤烟等传统农产品合作社数量较多，分别为 782 个和 355 个。茶叶类合作社方面，100 户以内的合作社占优势、200 户以上的合作社占比明显较小，1~10 户的合作社不占优势，10~50 户的合作社占比最大；在经营规模上，1~10 亩的仅占 1.5%，500 亩以上的占比为 45.1%，经营超过万亩的合作社共 14 个，这说明茶叶类合作社的大规模经营现象较为显著。

　　烤烟类合作社则无论在农户带动方面和经营规模方面都呈现较好的发展局面，在入社农户方面，100 户以下的合作社占 64%，但其带动千人以上社员的情况在所有涉及单列农产品合作社中是最优的，1000~4000 户的合作社占 10%，并出现了 6057 户的较大型合作社；在经营规模方面，100 亩下的合作社仅占 23.1%，100~500 亩的合作社占 27.2%，500 亩以上的合作社占 49.4%，其中 1 万亩以上的合作社有 30 个，占所有经营规模达万亩级的合作社的 1/3，大规模经营现象较为突出。②

　　传统农产品合作社数量偏少，但在组织规模和经营规模方面都呈现较好的发展态势。甘蔗、橡胶、烤烟、茶叶和粮食作物类合作社入社农户较多，种植面积为 100~500 亩的占比均超过种植面积在 100 亩以下的，并且种植面积 500 亩以上的都超过了 45%。③ 这说明传统农产品规模化经营情况较好。这些产品都属于粮食作物和重点作物，合作社规模化经营在保障其生产发展方面起到了重要的作用。

　　在新兴农产品合作社方面，蔬菜、坚果、水果、咖啡、中药材、调味料和牲畜类合作社总体上在经营规模方面处于优势地位。新兴农产品合作社之间相似性较强但也有一定的区别，在入社农户数量方面，50 户及以下的占比都超过 50%，水果、中药材、牛羊鸡类合作社占比更高，都为 60% 左右，蔬菜、坚果和猪类合作社占比均为 50% 左右，其中，鸡、水果和中药材类合作社 1~10 户的占比均在 40% 以上；200 户及以下的占比都超过 86%，其

---

① 数据来源：根据云南省农业厅公开数据整理，http：//www.ynagri.gov.cn/zt14296/。
② 数据来源：根据云南省农业厅公开数据整理，http：//www.ynagri.gov.cn/zt14296/。
③ 数据来源：根据云南省农业厅公开数据整理，http：//www.ynagri.gov.cn/zt14296/。

中坚果、牛羊鸡类合作社占比均超过90%；200户以上的占比基本在16%及以下。以花椒、八角、草果为主的调味料类合作社在入社农户数量方面，50户以下的占比略低，为41%，200户以下的占比为79%，200户以上的占比略高，为21%。但咖啡类合作社与其他类型合作社相比差异较大，1~10户的占比仅为12%，50户以下的占比仅为35%，50~300户的占比为53%，① 咖啡类合作社的农户带动能力略强。

通过比较各种类型种养殖合作社的组织规模和经营规模可以看出，滇西合作社具有如下特点。第一，涉及鲜活类产品的合作社数量较多但普遍规模不大。如涉及蔬菜、水果、猪牛羊鸡等鲜活产品的合作社，数量都排名前列，但在经营规模方面，除了鸡类合作社外，以中型和小型合作社为主，较大规模的种养殖合作社数量相对较少，并且其规模化经营发展受到一定的限制，如蔬菜类合作社最大规模为1万亩、水果类合作社最大规模为3万亩、生猪类合作社最大规模为4.9万头，即使特色产业规模化发展最佳的鸡类合作社，经营规模也在4万只以下。涉及鲜活产品的合作社的这种发展模式与滇西乃至云南省仓储物流发展水平相适应（尤其是先进存储能力不足的状况）。

第二，中等规模合作社具有向较大规模经营转化的趋势。中等规模经营合作社以养殖合作社为主，但其较大规模经营的占比超过小规模经营的占比，接近于中等规模经营的占比。这在一定程度上体现了该类合作社向较大规模经营转化的趋势。

第三，即食性、易储存产品如坚果、调味料等类合作社适宜开展规模化经营，坚果和调味料类合作社都以较大规模经营为主，这是由产品特性决定的。

第四，较大规模经营会产生规模经济效应，对同类合作社的整体带动作用较大。对于以较大规模经营为主的合作社而言，其体量占比一般都超过总量的40%，相对而言，100亩及以下的占比一般都低于100~500亩的占比。这在一定程度上说明较大规模经营有利于提升合作社的规模化经营水平，也

---

① 数据来源：根据云南省农业厅公开数据整理，http://www.ynagri.gov.cn/zt14296/。

对农业规模化发展起到了促进作用。

第五，较大规模经营合作社已经形成多元化的农业产业体系。较大规模经营的农产品种类众多，传统特色农产品以及新兴农产品中的坚果、调味料和咖啡等都是农业产业体系中促进滇西合作社规模化发展的重要产品。这个体系的形成对于滇西地区规模化经营的发展和整个农业体系抵御风险提供了重要保障。

（三）种养殖合作社规模发展与产业发展和市场情况密切相关

目前滇西形成的各类农产品合作社格局，除与农产品本身的特点有关外，与滇西乃至云南省的产业环境和市场情况都有相对密切的关系。滇西农产品规模化发展的具体情况大致可分为两类，一类是面向消费的合作社，这类合作社没有复杂的农产品加工过程，消费群体多样、需求量较大并主要面对终端消费者，以鲜活类和即食类农产品为主，如鲜活农产品蔬菜、水果、花卉和牲畜家禽等以及即食性农产品中的坚果和调味料都属于这类产品，这类农产品的生产规模主要由市场需求决定。另一类是面向生产的合作社，这类合作社需要对农产品进行一定的加工包装，如橡胶、甘蔗、茶叶、咖啡、中药材等，产品的生产规模在根本上仍取决于市场需求，但也与相关产业的规模化程度、产业链的完整程度有关系。当然，这两类的区分并不是严格的，面向市场的产品的加工体系也在完善中，面向生产的产品直接进入消费环节的情况也时有发生。因此，农产品产业体系及其相关合作社的发展都与两者有着密切的关系。

（四）种养殖合作社整体规模小、实力弱，难以全面满足企业需要，而工商企业也形成以小型企业为主的种养殖合作社扶持格局

企业虽与合作社建立了一定的关联，并给予合作社一定的回报，但在834家与合作社形成联系的企业中，有218家企业并未与其交易，实际产生经济联系的企业仅616家，而这218家企业中有141家直接与农户进行交易。在实际与合作社进行交易的企业中，仍有437家同时与农户进行交易，约占与合作社交易企业的77%。这在一定程度上说明合作社在满足工商资本需求上能力不足，毕竟合作社覆盖的农户在全省仅占34%。

在与合作社进行交易的616家企业中，小规模交易占比较大。从与合作

社的交易量来看，100万元以下的交易占60%，其中，10万元以下的交易仅占20%，10万~50万元的交易占比为28%；100万~500万元的交易占比为25%，500万元以上的交易占比为15%。出现这种情况的原因：除了与农户的直接交易占一定比重外，与滇西合作社总体规模偏小也有一定的关系，在多数企业仅与1个合作社交易的情况下，合作社自身的特点就决定了交易量不会太大；但这也说明参与交易的企业以中小型为主，企业总体实力较弱，整体资本实力不够雄厚。

表4-3 云南省企业对合作社投入情况

单位：%

投入金额	0~5万元	5万~10万元	10万~50万元	50万~100万元	100万~200万元	200万~300万元
占比	13	7	28	12	12	6
投入金额	300万~400万元	400万~500万元	500万~1000万元	1000万~5000万元	5000万~10000万元	10000万元以上
占比	4	3	6	7	1	1

资料来源：根据云南省农业厅公开数据整理，http://www.ynagri.gov.cn/zt14296/。

但交易额在500万元及以上的占15%，共有83家企业参与，其中，交易额在千万元以上的有48家，交易额在5000万元以上的有12家，交易额在亿元级的有6家。云南下关沱茶（集团）股份有限公司以交易额5.46亿元排名第一，其他交易额过亿元的企业中，烟草企业2家、咖啡业1家、茶叶1家，以及蔬菜、茶叶等农产品综合类公司1家，企业类型包括传统和新兴农产品两类。这说明虽然在企业与合作社的交易中，以小公司和小规模交易为主，但滇西地区已经培育出一批有实力的龙头企业或公司集群，其逐渐形成一股较为强大的力量助推着合作社发展。

第四节 服务类合作社的发展情况

在农村服务类合作社的出现具有重大的意义，它能在农村劳动力多元化就业转型、农业分工更为细化、农村产业模式更加丰富的方向上推动农村经济发展，同时，也有利于解决农村劳动力就业问题、促进农村日常生产生活服务社会化、加快城乡服务一体化。滇西合作社中服务类合作社相对于种养殖合作社偏少，但随着合作社的整体发展及合作社结构和类型的变化，服务类合作社也发生了变化。整体而言，滇西服务类合作社具有总量少、类型较为齐全以及对当地生产生活影响较大的特点。根据云南省农业厅公布的滇西地区7863个合作社2018年第三季度的情况，滇西服务类合作社具有如下特点。

一 服务类合作社不断发展壮大，类型逐渐多元化

服务类合作社包括生产加工销售服务、生产技术服务、农资服务、农业植保服务、农机服务、劳动力服务等多种类型，每一种在滇西都有所发展，但受各种条件限制，各类服务类合作社发展情况差异较大。

（一）兼营型销售合作社较为普遍，并出现了新型销售合作社，对滇西合作化的整体运营起到重要的作用，但加工类合作社较少

在生产销售服务方面，滇西有生产销售合作社和专业销售合作社两种类型。生产销售合作社在滇西地区较为普遍，生产和销售相结合的现象也较为普遍。在7863个合作社中，明确提及与销售或出售有关的合作社仅327个，但大部分正常运营的种养殖合作社都是种养殖与销售相结合的合作社。实地调研发现，生产销售合作社分为两种情况，销售情况较好或有一定销售量的合作社，一般都是发展较好或仍在正常运营的合作社，如果没有销售量的合作社，就有可能是空壳合作社。在明确有销售业务的合作社中，明确涉及种植业的合作社共有208个，明确涉及养殖业的合作社共有126个，完全不涉及种养殖生产活动的合作社仅有17个，其中还有涉及工艺品、农机、农资销售的合作社6个，在与种养殖业相关的合作社中仅11个涉及销售业务，有323个有销售业务的合作社涉及种养殖活动。这在一定程度上说明种养殖合作社生产与销售相结合的情况较为普遍，对于其他正常运营但未提及销售业务的种养殖合作社或其他生产类合作社而言，自主销售或依靠相关企业进

行销售的情况较为普遍。

专业销售合作社主要是指合作社不涉及农业生产活动，以销售业务为主。这样的合作社极少，明确提及的仅有11个。这类合作社一般以存储销售为主或以加工销售为主。

除了上述两类传统销售类合作社外，一些新型销售合作社也开始发展。滇西地区的城市消费合作社以支持农产品的销售和农业发展为主。云南省的城市消费合作社由省供销社牵头，以社区农产品合作消费为主。自2013年首家社区消费合作社——保山市腾冲文星社区旺兴源消费合作社成立以来，城市消费合作社有了长足的发展，省供销社计划5年内成立500个该类合作社，2016年全省该类合作社有386个。在城市农产品销售中，以社区店的模式发展消费合作社，已经成为城市农产品销售的新型模式，可以作为农贸市场、超市等农产品销售渠道的重要补充，增加了农产品的销售渠道。

此外，电子商务也有了一定程度的发展。截至2017年，全省农村地区开展电子商务合作的合作社共有477个，并出现了一批以电子商务为核心业务的专业性合作社。例如，南华红源强农业综合服务专业合作社位于楚雄州南华县龙川镇海子山社区，入社农户19户共20个社员，注册资本52万元，主要从事野生食用菌收购、初加工、销售，以及花卉种植，水产品养殖，二手车交易及信息服务、商务代理等业务。该社办公场所占地面积为220平方米。更重要的是该社通过龙川镇电子商务平台来完成该镇的农产品交易，年营业收入34.6万元。昌宁县荣威农副产品电子商务专业合作社位于保山市昌宁县珠街彝族乡从岗村，入社农户53户，注册资本3万元。该社通过电子商务为周边农户开展农产品线上交易服务，年交易额达500万元。[①]

在生产加工方面，出现在数据库中的涉及加工的合作社共140个。具体来看，种植合作社中涉及加工的较多，共134个，占加工类合作社的96%，养殖合作社中涉及加工的有47个，占比为34%。在各种农产品加工合作社

---

① 数据来源：根据云南省农业厅公开数据整理，http://www.ynagri.gov.cn/zt14296/。

方面，茶叶和蔬菜加工类合作社最多，占27%，其次是坚果类加工合作社占18%，水果类加工合作社占11%，①调味料、粮食作物、咖啡、橡胶等农产品的加工合作社占比相对较小。烟草类合作社虽然在数据库中数量不多，但由于烤烟收购以烘烤后的烤烟为主，而烘烤服务逐渐社会化、专门化，烟草类合作社有一定的烘烤设施也较为常见，该类合作社的初加工已有一定规模。养殖合作社方面，目前屠宰行业在国家的监控下需要获得资质和许可才能开展业务，而合作社能提供加工服务的并不多见，为此养殖合作社加工情况较少。在所有养殖合作社中猪类合作社加工情况相对较多，其次是鸡类合作社。

生产加工类合作社在数据库中数量不多，这部分反映出滇西合作社中生产加工情况并不多，且以初加工为主，这不利于提升农产品的附加值。而生产销售类合作社以小规模为主，这综合体现了滇西合作社在一二三产业融合发展中还有较大提升的空间。

（二）农资与生产技术服务类合作社在农村地区都相对较少

市场建设取得较大进步，由于供销社、私企及众多的个体农资经销店的介入，农资如化肥、农药、种苗、农机等的销售在农村地区较为常见，基本已经覆盖省内所有乡镇一级单位，在村级单位的覆盖率也较高，因此，农资购买相对便捷，这也就导致农资服务类合作社相对较少。数据库中的农资类合作社仅40个，并且以小规模经营为主，最大的为沧源永胜农资配送专业合作社。该合作社位于沧源自治县勐省镇下班奈村，入社农户97户（以佤族为主）。下班奈村村民在驻村工作队的指导下，以股份合作的形式投入136.7万元，在村委会注册成立了"永胜农资配送专业合作社"，该社与农资公司直接对接，负责下班奈村及周边行政村的农资供应，村民资金周转困难时，还可以先使用后结账。农资配送范围覆盖周边和平、农克、芒阳、回珠等5个村，仅农资运输就为村民节省费用113282.4元，年销售量达

---

① 数据来源：根据云南省农业厅公开数据整理，http://www.ynagri.gov.cn/zt14296/。

500吨。①

生产技术服务类合作社也不多,数据库仅有90个合作社提及技术服务,并且这类合作社基本是在种养殖合作的基础上展开技术服务,没有出现不涉及生产的专门的生产技术服务类合作社。该类合作社虽然在数据库中数量较少,但在正常运营的合作社中技术服务较为常见。选种良种、疾病防疫治疗、育种育苗等是这类合作社的重点业务,技术培训和提供科技信息也有所涉足,由合作社牵头组织相关技术培训活动较为常见。

农资类合作社相对较少,这是由市场需求旺盛引致的,但专门的生产技术服务类合作社在农村地区较少甚至相对缺失,则是农业技术环境较差的一种体现,这说明农村地区相关人才严重不足,这需要引起各级单位的重视。

(三)植保和农机服务类合作社虽数量不多,但专业性较强,已在农业生产活动中发挥了较为重要的作用

植保和农机服务是农业生产活动中较为重要的服务内容,是生产社会化服务的发展方向之一。

在植保方面,数据库中该类合作社有5个,均在当地的相关生产服务方面发挥了重要作用。该类合作社一般都与当地政府农业部门有较密切的联系,是农业部门统防统治的重要合作对象,是政府农业项目集中外包的一种体现。由于与政府的对接,其服务对象相对稳定且服务范围相对较大,现有的5个植保类合作社的经营规模基本在500亩以上,其中1家达到30000亩。并且,植保类合作社利用植保过程中与服务区域内农户形成的各种关系,还发展诸如农机服务、农地管理等业务。

农机服务是推动农业规模化的基础,也是国家大力提倡和发展的农业生产社会服务类型。近年来,国家加大了农机扶持补贴力度,政策也向种养殖大户和合作社等经营主体倾斜。从中央到地方都制定了较为详细的购置补贴方案,中央财政补贴的范围为11大类43小类137品目,云南省在此基础上制定了《云南省农机购置补贴机具种类范围》,根据实际情况,将机具购置

---

① 数据来源:根据云南省农业厅公开数据整理,http://www.ynagri.gov.cn/zt14296/。

范围确定为11大类43小类59品目。机具补贴的种类和范围每隔几年都会根据实际情况进行调整。

在数据库中农机服务类合作社共39个，数量不多但专业性强，在当地的影响力较大。除2个烟草类农机合作社户数分别达278户和312户外，多数农机合作社入社农户不多，平均为19户，农户间的家庭生产合作仅占次要位置或相互间不进行种养殖业相关的合作。农机合作社专业性较强，以农机服务为核心业务。该类合作社平均拥有机具21台，最多的是保山市昌宁县耘垦农机服务专业合作社，拥有机具80台，涉及拖拉机、起垄机、微耕机、插秧机、收割机等。除了农业类农机合作社外，滇西地区还发展了建筑类农机合作社，如昌宁县四岔路、新寨路路通、园丁、鹿山、新农、福之源、龙飞等合作社的机具以装载机为主，它们与建筑公司合作，提供建筑类机械化服务。

农机合作社一般服务范围较广，有些合作社跨区乃至跨境提供农机服务。以勐海县内的农机服务类合作社为例，该县是全省接受中央和地方财政农机补贴最多的县，2017~2018年共收到各级农机补贴1600万元，自2011年成立第一家农机合作社以来，勐海县共扶持成立纽荷兰、利民、星才、迪尔、凯兴、香飘、糯朗、田田、天下乐、庄勐、坎广、岩岩等12家农机合作社，2018年12家合作社共耕作89642.7亩，在县内耕作79292.7亩，其中机插秧21590亩；在孟连县和景洪市大勐龙跨区作业3450亩；在老挝跨境作业6900亩；甘蔗机械化收割19666吨。作业涉及甘蔗、水稻、香蕉、玉米、东升瓜、西瓜、蔬菜等农作物。全年合作社共创造收益1074.61万元，纯利润达到474.15万元。①

植保和农机服务类合作社在国家政策的扶持下、在农业生产社会化服务发展的大趋势下，将来会在数量上有较大幅度的增加。农机服务类合作社是农业规模化生产的重要基础，随着农业转移人口不断增加，农村劳动力逐渐减少，其在将来的农业生产中会发挥更加重要的作用。植保类合作社随着植

---

① 数据来源：《勐海县农机化发展成效显著》，云南网，2019年1月3日。

保服务机械化、专业化，也会更加普遍，并有与农机服务类合作社融合发展的趋势。

(四) 劳务类合作社开始发挥作用，但仍需加大发展力度

劳务类合作社是滇西地区近几年逐渐发展起来的合作社类型，是农村劳动力就业扶持和解决农村劳动力不足的重要措施。这类合作社在滇西部分地州（市）发展较好。进入数据库的该类合作社共70个，仅保山市的龙陵县和昌宁县就有32个，大理州的祥云、红河州的屏边和丽江市华坪县也有一定数量。

劳务类合作社的主要业务为就业培训、劳务组织和劳务输出。在劳务输出方面，不仅向省外、县外输出，如昌宁县聚鑫劳务服务专业合作社与上海天都集团公司签订劳务输出合同，输出劳动力515人，而且本地有需求的务工单位也是重要的劳务输出对象。2017年龙陵县开启劳务类合作社建设试点，2018年在全县121个村或社区成立劳务类合作社。该县以多种形式开展劳务输出，本地劳务输出占比较大。除了劳务输出外，劳务组织也是该类合作社的重点业务之一，如龙陵县依据劳动力的特点提供各种类型的服务，如运输队、电焊工队、支砌工队、餐饮队、综合服务队等服务与县内县外的各类相关服务，还包括农业生产服务。

在农业生产方面专业劳务合作社数量相对较少，主要有以下三种情况：一是因劳动力需要而组建的合作社，以甘蔗劳务合作社为代表；二是农民土地流转后组建合作社参与劳务活动；三是农户以资金入股参与公司发展，并组织劳务合作社参与公司业务或由公司协助开展业务。受甘蔗生长特点、糖厂的收购模式等因素影响，需要在较短时间内对较大面积的甘蔗进行收割，劳动力需求量较大，因此部分地区组建了相关劳务合作社。例如位于普洱市西盟县勐梭镇班母村的合作社，是由驻村工作队以及省农办、农业厅牵头成立，入社农户24户（以佤族为主）。该社以劳务服务为主，兼营种养殖业，主要帮助班母村及周边农户收割甘蔗和饲草，既解决了贫困户的收入来源问题，又解决了当地农户的甘蔗等农作物的收割问题。土地流转后农户组建合作社参与流转企业的农业活动的情况在泸西县较为普遍，泸西县金马镇爵

册、新安、山口、太平、雨龙、石缸冲、新坝与中枢镇大兴、桃笑,以及屏边县昌源果蔬产销专业合作社等10家合作社都是与流转企业开展劳务合作。资金入股后企业帮助农户就业的情况在大理祥云县较为普遍,祥云县裕龙劳务派遣有限责任公司在农户资金入股后在保障分红的情况下,解决农户就业问题。该公司在县内建立日产石灰400吨的石灰厂,同时流转土地1000亩发展种养基地和休闲农业以吸纳农户就业,也组织农户出外务工。

劳务类合作社是农民兼业化、农民职业化甚至逐渐市民化的综合体现,也反映了农民身份多元化的现象。它是逐渐引导农民向第二、第三产业转移的重要途径,该类合作社将在今后较长一段时间内发挥重要的作用;同时,该类合作社也是引导农民职业化的重要举措,在将来的农业类型合作社中有较大的发展空间。

二 公共管理服务类合作社的兴起是农村公共管理逐渐社会化的重要体现

公共管理服务类合作社是主要承担水、电、路、环境卫生等公共服务职能的公共管理型农民专业合作社。在一定程度上,公共管理服务类合作社也是吸收农村剩余劳动力的主体之一。该类合作社除了上述主要功能外,也是组织农村劳务输出的主体之一。

云南省自2013年试点该类合作社以来,已经取得一定的进展,2016年共有1602个。目前,云南省开始以用水服务合作社的名义,开展省级示范社的评定工作,促进了该类合作社的发展。滇西地区公共管理服务类合作社发展较好,进入数据库的主要有公共管理和用水服务两类合作社,共66个。这类公共管理服务类合作社以农村公共设施管理、村落绿化、环境卫生维护、乡村道路维护、农村公共事务处理(如一些纠纷处理、村内或周边婚丧嫁娶等)为主,也会承担一些村级或者乡镇级的小型道路、水利工程。这类合作社属于民间组织,其服务需政府或村集体赋予权力。合作社除了服务本村外,也可以作为独立的单位按照正常的法律手续,以签订合同的形式承担其他村落或整个乡镇的某项公共管理服务工程委托。该类合作社的服务除政府拨款或集体支付的项目外，有偿服务占有较大比重，所收取的费用除保证合作社的日常运营外，也需上缴政府或村集体一定的管理费用。例如，昌宁县利合公共服务专业合作社与翁堵镇翁堵村委会签订公共管理服务协议，管理村委会内部的公共事务，包括农贸市场摊位、通村水泥路管护、集镇垃圾清运、集镇供水等集体资产和事务。

在公共管理服务类合作社的职能中，水务管理和道路管理是较为重要的两项，这两类服务涉及的范围一般较广，与政府的联系也较为密切。保山市昌宁县该类合作社发展较好。昌宁县通过"合作社+协会"的模式妥善解决人畜饮水和灌溉用水问题。目前该县共有用水合作社69个，分布在县内各乡镇。用水服务社的服务范围包括小型水利工程的建设和维护、人畜饮水和灌溉用水。采取有偿收费的服务模式，全县平均收费标准为人畜饮水 1.5 元/米^3、水田 23 元/（亩·年）、旱地 19 元/（亩·年），对企业实行"协议水价"。这样既保证了村民用水，又解决了合作社的日常运转问题和劳动力收入问题。公路养护合作社在昌宁县也发展得较好，截至2018年，全县共有该类合作社 16 个，覆盖县内 13 个乡镇，以行政村为片区，将沿线农村公路划段承包给村民小组，责任包干到户，所需费用由政府交通部门支付。该类合作社的职能以片区内道路维护、维修为主。

农村公共管理服务类合作社有助于解决农村公共事务管理中人手不足、财政支持力度有限、工商资本介入不足等问题，同时也促进了农村劳动力多元化就业、农村社会化服务。目前，该类合作社数量较少，有较大的发展空间。

第五节　本章小结

本章主要从种养殖和服务类合作社等主要模式对滇西合作社进行了分类探讨。

种养殖合作社总体经营情况较好、参与主体多元化，但家庭联合仍是主要支撑。种养殖合作社中，传统农产品如甘蔗、橡胶、烤烟、茶叶和粮食作物类合作社数量偏少，但其无论在组织规模和经营规模上都呈较好的发展态势。新兴农产品类合作社，如蔬菜、坚果、水果、咖啡、中药材、调味料和牲畜类合作社在数量上具有优势，但规模化经营能力相对较弱，农户带动能力、与市场和相关产业对接的能力都不如传统农产品类合作社。此外，政府参与度不断提升，对种养殖合作社整体发展的影响更大。政府的财政支持和财务监督有助于推动滇西种养殖合作社的健康发展。

滇西服务类合作社主要涉及生产服务加工和公共管理服务。生产服务加工类合作社不断发展壮大，类型多元化，其中兼营型销售合作社较为普遍，并出现了新型销售合作社，对滇西合作社的整体发展起到推动作用，但一二三产业融合发展的整体质量不高。农资与生产技术服务类合作社相对较少。植保和农机服务类合作社数量不多，但专业性较强，在农业生产活动中发挥了重要的作用。公共管理服务类合作社中劳务类合作社开始发挥作用，但仍需加快发展。农村公共管理服务类合作社的兴起，是农村公共管理社会化的重要体现。

第五章　合作社的内部运行机制

合理高效的内部运行机制是合作社健康发展的重要保障，有着举足轻重的影响，基于此，本章将对合作社的"三会"制度、财务制度、决策机制等方面进行具体的分析。

第一节　合作社"三会"制度的实行情况

合作社的运行是以成员大会、理事会、监事会"三会"制度为基础的，因此"三会"制度的实行情况对合作社的内部治理有重要影响。

一　"三会"召开情况

（一）成员大会的召开及频率

关于合作社是否召开成员大会的情况，在受访的47个合作社中，召开成员大会的有41个，占被调查合作社总数的87.2%；不召开成员大会的有6个，占被调查合作社总数的12.8%。由调查数据可见，绝大多数合作社会召开成员大会。

对合作社每年召开成员大会的频率做了进一步了解。关于合作社一年召开成员大会次数的情况，在召开成员大会的41个合作社中，每年召开1次成员大会的有19个，有效百分比是46.3%；每年召开2次成员大会的有8个，有效百分比是19.5%；每年召开3次成员大会的有5个，有效百分比是12.2%；每年召开4次成员大会的有4个，有效百分比是9.8%；每年召开5

次成员大会的有 2 个，有效百分比是 4.9%；每年召开 7 次成员大会的有 1 个，有效百分比是 2.4%；每年召开 8 次成员大会的有 1 个，有效百分比是 2.4%；每年召开 10 次成员大会的有 1 个，有效百分比是 2.4%。由调查数据可见，大多数的合作社每年召开成员大会在 3 次以内。

（二）理事会的召开及频率

关于合作社是否召开理事会的情况，在受访的 47 个合作社中，召开理事会的有 38 个，占被调查合作社总数的 80.9%；不召开理事会的有 9 个，占被调查合作社总数的 19.1%。由调查数据可见，81% 左右的合作社会召开理事会。

关于合作社一年召开理事会的次数，在召开理事会的 38 个合作社中，每年召开 1 次理事会的有 2 个，有效百分比是 5.3%；每年召开 2 次理事会的有 10 个，有效百分比是 26.3%；每年召开 3 次理事会的有 8 个，有效百分比是 21.1%；每年召开 4 次理事会的有 1 个，有效百分比是 2.6%；每年召开 5 次理事会的有 4 个，有效百分比是 10.5%；每年召开 6 次理事会的有 1 个，有效百分比是 2.6%；每年召开 7 次理事会的有 1 个，有效百分比是 2.6%；每年召开 10 次理事会的有 3 个，有效百分比是 7.9%；每月召开 1 次理事会，即每年召开 12 次理事会的有 6 个，有效百分比是 15.8%；每个星期召开 1 次理事会，即每年召开 48 次理事会的有 2 个，有效百分比是 5.3%。

（三）监事会的召开情况

关于合作社是否召开监事会的情况，在受访的 47 个合作社中，召开监事会的有 22 个，占被调查合作社总数的 46.8%；不召开监事会的有 25 个，占被调查合作社总数的 53.2%。由调查数据可见，不足 50% 的合作社召开监事会。

二 "三会"表决方式及会议记录情况

（一）"三会"的表决方式

1. 成员（代表）大会

合作社在召开成员大会时，在会上讨论关于合作社运营问题时的表决方式是怎样的呢？在召开成员大会的 41 个合作社中，采取"一人一票"表决方式的最多,有 36 个,有效百分比为 87.8%;采取"不投票,由合作社领导决定"的方式有 5 个,有效百分比为 12.2%。由调查数据可见,在合作社召开的成员大会上,近 88% 的合作社采用"一人一票"的方式来表决相关事宜。

表 5-1 合作社成员（代表）大会的表决方式

单位：个，%

方式	频数	百分比	有效百分比	累计百分比
一人一票	36	76.6	87.8	87.8
不投票,由合作社领导决定	5	10.6	12.2	100.0
小计	41	87.2	100.0	—
缺失	6	12.8	—	—
总计	47	100.0	—	—

2. 理事会

合作社在召开理事会时,在会上讨论相关议程的表决方式是怎样的呢?在召开理事会的 38 个合作社中,采取"一人一票"表决方式的最多,有 32 个,有效百分比为 84.2%;采取"一股一票"表决方式的有 4 个,有效百分比为 10.5%;采取"按交易量比例"来投票的有 1 个,有效百分比为 2.6%;而采取"不投票,由合作社领导决定"的有 1 个,有效百分比为 2.6%。由调查数据可见,在合作社召开的理事会上,约 84% 的合作社理事会采用"一人一票"的方式来表决相关事宜。

表 5-2 合作社理事会的表决方式

单位：个，%

方式	频数	百分比	有效百分比	累计百分比
一人一票	32	68.1	84.2	84.2
一股一票	4	8.5	10.5	94.7
按交易量比例	1	2.1	2.6	97.3
不投票,由合作社领导决定	1	2.1	2.6	100.0
小计	38	80.8	100.0	—
缺失	9	19.1	—	—
总计	47	100.0	—	—

3. 监事会

关于合作社监事会的表决方式，在召开监事会的 22 个合作社中，采取"一人一票"表决方式的最多，有 20 个，有效百分比为 90.9%；采取"不投票，由合作社领导决定"的有 2 个，有效百分比为 9.1%。由调查数据可见，在合作社召开的监事会上，约 91% 的合作社监事会采用"一人一票"的方式来表决相关事宜。

表 5-3 合作社监事会的表决方式

单位：个，%

方式	频数	百分比	有效百分比	累计百分比
一人一票	20	42.6	90.9	90.9
不投票，由合作社领导决定	2	4.3	9.1	100.0
小计	22	46.8	100.0	—
缺失	25	53.2	—	—
总计	47	100.0	—	—

（二）会议记录情况

合作社是否对所召开的会议进行记录？在对此问题给予明确回答的 42 个合作社中，表示"没有会议记录"的有 12 个，有效百分比为 28.6%；表示"有时有记录"的有 18 个，有效百分比为 42.9%；表示"每次都有记录"的有 12 个，有效百分比为 28.6%。由调查数据可见，不足 30% 的合作社会对每次的会议进行记录。

第二节 合作社财务制度的实行情况

规范、严谨的财务制度是合作社实现长期稳定发展的重要保障，本部分将从合作社财务制度的设置、人员配备、制度执行情况及合作社财务的公开程度等方面进行具体分析。

一 合作社财务制度的设置、人员配备及制度执行情况

（一）财务制度的制定情况

关于合作社是否制定了严格的财务制度情况，在受访的47个合作社中，制定了严格财务制度的有38个，占被调查合作社总数的80.9%；没有制定严格财务制度的有9个，占被调查合作社总数的19.1%。由调查数据可见，约81%的合作社制定了严格的财务制度。

（二）财务工作人员的配备

关于合作社财务工作人员的情况，在受访的47个合作社中，有财务工作人员的有41个，占被调查合作社总数的87.2%；没有财务工作人员的有6个，占被调查合作社总数的12.8%。由调查数据可见，约87%的合作社有财务工作人员。

在有财务工作人员的41个合作社中，财务工作人员是专职的有14个，有效百分比为34.1%；财务工作人员不是专职的有27个，有效百分比为65.9%。由调查数据可见，约1/3的合作社有专职的财务工作人员。据调查，有些地区政府的相关部门为了扶持合作社的发展，成立的合作社服务中心中设有财务结算部门，合作社在需要的时候可以聘请该部门财务人员进行服务，不用长期聘用财务人员，这在一定程度上减轻了合作社的相关费用负担。

（三）财务制度的具体执行情况

1. 会计制度的执行及会计资料的保存

在受访的47个合作社中，执行法定的合作社会计制度的有33个，占被调查合作社总数的70.2%；没有执行法定合作社会计制度的有14个，占被调查合作社总数的29.8%。由数据可见，约70%的合作社执行法定的合作社会计制度。

在会计资料的完整程度方面，在受访的47个合作社中，会计资料很不完整的有11个，占被调查合作社总数的23.4%；会计资料不太完整的有8个，占被调查合作社总数的17%；会计资料完整程度一般的有1个，占被调

查合作社总数的 2.1%；会计资料比较完整的有 22 个，占被调查合作社总数的 46.8%；会计资料很完整的有 5 个，占被调查合作社总数的 10.6%。由调查数据可见，约 57%的合作社会计资料比较完整或很完整。

2. 成员相关账户的设立及资料保存情况

在受访的 47 个合作社中，有成员账户的有 16 个，占被调查合作社总数的 34%；没有成员账户的有 31 个，占被调查合作社总数的 66%。由数据可见，66%的合作社没有成员账户。

关于成员资金账户的情况，在受访的 47 个合作社中，设有成员资金账户的有 18 个，占被调查合作社总数的 38.3%；没有设成员资金账户的有 29 个，占被调查合作社总数的 61.7%。由数据可见，不足 40%的合作社设有成员资金账户。

关于成员产品交易记录的情况，在受访的 47 个合作社中，有成员产品交易记录的有 22 个，占被调查合作社总数的 46.8%；没有成员产品交易记录的有 25 个，占被调查合作社总数的 53.2%。由数据可见，不足 50%的合作社有成员产品交易记录。

关于社员农资交易记录的情况，在受访的 47 个合作社中，有社员农资交易记录的有 14 个，占被调查合作社总数的 29.8%；没有社员农资交易记录的有 33 个，占被调查合作社总数的 70.2%。由数据可见，约 30%的合作社有社员的农资交易记录。

二 合作社财务的公开及公开程度

在受访的 47 个合作社中，公开财务和运营情况的有 38 个，占被调查合作社总数的 80.9%；没有公开财务和运营情况的有 9 个，占被调查合作社总数的 19.1%。由数据可见，约 81%的合作社会公开财务和运营情况。

在公开财务和运营情况的 38 个合作社中，全部公开财务和运营情况的有 26 个，有效百分比为 68.4%；部分公开财务和运营情况的有 12 个，有效百分比为 31.6%。由数据可见，约 68%的合作社会全部公开财务和运营的情况。

第三节 合作社日常运营的决策机制

合作社在生产、销售、投融资、收益分配、债务负担等方面的决策机制是合作社运行中的核心内容，事关合作社的运营效率，本部分将对上述内容展开具体分析。

一 生产、销售方面的决策机制

（一）合作社农资采购、技术采纳方面的决策机制

关于合作社的农资采购决策情况，在受访的47个合作社中，表示没有进行过农资采购决策的有3个，占被调查合作社总数的6.4%；农资采购决策由理事长拍板的有13个，占被调查合作社总数的27.7%；农资采购决策由理事会做出的最多，有18个，占被调查合作社总数的38.3%；农资采购决策由成员（代表）大会做出的有12个，占被调查合作社总数的25.5%；农资采购决策由合作社具体管理者做出的有1个，占被调查合作社总数的2.1%。

表5-4 合作社的农资采购决策由谁拍板

单位：个，%

决策机制	频数	百分比	累计百分比
没有农资采购决策	3	6.4	6.4
理事长	13	27.7	34.1
理事会	18	38.3	72.4
成员（代表）大会	12	25.5	97.9
合作社具体管理者	1	2.1	100.0
总计	47	100.0	—

在合作社的新技术采纳决策方面，在受访的47个合作社中，表示没有进行过新技术采纳决策的有4个，占被调查合作社总数的8.5%；新技术采

纳由理事长拍板的有 11 个，占被调查合作社总数的 23.4%；新技术采纳由理事会决定的最多，有 20 个，占被调查合作社总数的 42.6%；新技术采纳由成员（代表）大会决定的有 11 个，占被调查合作社总数的 23.4%；新技术采纳由合作社技术员决定的有 1 个，占被调查合作社总数的 2.1%。

表 5-5　合作社新技术采纳由谁决定

单位：个，%

决策机制	频数	百分比	累计百分比
没有新技术采纳的决策	4	8.5	8.5
理事长	11	23.4	31.9
理事会	20	42.6	74.5
成员（代表）大会	11	23.4	97.9
合作社技术员	1	2.1	100.0
总计	47	100.0	—

（二）合作社在销售方面的决策机制

关于合作社的销售决策情况，在受访的 47 个合作社中，表示没有进行过销售决策的有 2 个，占被调查合作社总数的 4.3%；销售决策由理事长拍板的有 14 个，占被调查合作社总数的 29.8%；销售决策由理事会做出的最多，有 20 个，占被调查合作社总数的 42.6%；销售决策由成员（代表）大会做出的有 8 个，占被调查合作社总数的 17%；销售决策由合作社具体管理者做出的有 1 个，占被调查合作社总数的 2.1%；销售决策由合作社负责销售者做出的有 1 个，占被调查合作社总数的 2.1%。

表 5-6　合作社的销售决策由谁做出

单位：个，%

决策机制	频数	百分比	累计百分比
没有销售决策	2	4.3	4.3
理事长	14	29.8	34.1
理事会	20	42.6	76.7
成员（代表）大会	8	17.0	93.7

续表

决策机制	频数	百分比	累计百分比
合作社具体管理者	1	2.1	95.8
合作社负责销售者	1	2.1	97.9
理事会、成员（代表）大会	1	2.1	100.0
总计	47	100.0	—

二 合作社在投融资方面的决策机制

合作社在日常运营中各项事宜是如何决策的呢，合作社的投资决策是如何做出的？在受访的47个合作社中，表示没有进行过投资决策的有2个，占被调查合作社总数的4.3%；投资决策由理事长拍板的有11个，占被调查合作社总数的23.4%；投资决策由理事会做出的最多，有20个，占被调查合作社总数的42.6%；投资决策由成员（代表）大会做出的有14个，占被调查合作社总数的29.8%。

表5-7 合作社的投资决策由谁做出

单位：个，%

决策机制	频数	百分比	累计百分比
没有投资决策	2	4.3	4.3
理事长	11	23.4	27.7
理事会	20	42.6	70.3
成员（代表）大会	14	29.8	100.0
总计	47	100.0	

在合作社的融资决策方面，在受访的47个合作社中，表示没有融资决策的有5个，占被调查合作社总数的10.6%；融资决策由理事长拍板的有10个，占被调查合作社总数的21.3%；融资决策由理事会做出的最多，有25个，占被调查合作社总数的53.2%；融资决策由成员（代表）大会做出的有7个，占被调查合作社总数的14.9%。

第五章 合作社的内部运行机制

表 5-8 合作社的融资决策由谁做出

单位：个，%

决策机制	频数	百分比	累计百分比
没有融资决策	5	10.6	10.6
理事长	10	21.3	31.9
理事会	25	53.2	85.1
成员(代表)大会	7	14.9	100.0
总计	47	100.0	—

三 合作社在收益分配及债务负担方面的决策机制

（一）收益分配机制及分配机制的制定

关于合作社主要的盈余或利润分配方式，在受访的 47 个合作社中，表示合作社没有利润分配机制的有 8 个，占被调查合作社总数的 17%；合作社盈余或利润按交易额（量）返还给社员的有 2 个，占被调查合作社总数的 4.3%；合作社盈余或利润按股分红的最多，有 22 个，占被调查合作社总数的 46.8%；合作社盈余或利润平均分配给社员的有 1 个，占被调查合作社总数的 2.1%；合作社盈余或利润采取交易额（量）返还与按股分红相结合，但以按交易额（量）分配为主的有 7 个，占被调查合作社总数的 14.9%；合作社盈余或利润采取按交易额（量）返还与按股分红相结合，但以按股分红为主的有 7 个，占被调查合作社总数的 14.9%。

表 5-9 合作社盈余或利润的主要分配方式

单位：单位：个，%

决策机制	频数	百分比	累计百分比
没有利润分配机制	8	17.0	17.0
按交易额(量)返还	2	4.3	21.3
按股分红	22	46.8	68.1
平均分配给社员	1	2.1	70.2
交易额(量)返还与按股分红相结合,以按交易额(量)分配为主	7	14.9	85.1

续表

决策机制	频数	百分比	累计百分比
按交易额(量)返还与按股分红相结合,以按股份红分红为主	7	14.9	100.0
总计	47	100.0	—

关于合作社是否在盈余或利润中提取积累的情况,在受访的 47 个合作社中,有在盈余或利润中提取积累的有 11 个,占被调查合作社总数的 23.4%;没有在盈余或利润中提取积累的有 36 个,占被调查合作社总数的 76.6%。由调查数据可见,不足 1/4 的合作社会在盈余或利润中提取积累。

表 5-10 合作社是否在盈余或利润中提取积累

单位:个,%

项目	频数	百分比	累计百分比
是	11	23.4	23.4
否	36	76.6	100.0
总计	47	100.0	—

关于合作社的收益分配制度,在受访的 47 个合作社中,表示没有制定收益分配制度的有 8 个,占被调查合作社总数的 17%;收益分配制度由理事长制定的有 5 个,占被调查合作社总数的 10.6%;收益分配制度由理事会制定的最多,有 19 个,占被调查合作社总数的 40.4%;收益分配制度由成员(代表)大会制定的有 13 个,占被调查合作社总数的 27.7%;收益分配制度由县供销社制定的有 2 个,占被调查合作社总数的 4.3%。

表 5-11 合作社的收益分配制度由谁制定

单位:个,%

项目	频数	百分比	累计百分比
没有收益分配制度	8	17.0	17.0
理事长	5	10.6	27.6

续表

项目	频数	百分比	累计百分比
理事会	19	40.4	68.0
成员(代表)大会	13	27.7	95.7
县供销社	2	4.3	100.0
总计	47	100.0	—

（二）债务的负担方式

关于合作社债务的负担方式，在受访的47个合作社中，表示没有考虑过合作社债务的负担方式这个问题的有9个，占被调查合作社总数的19.1%；表示合作社债务的负担方式为按股分摊的最多，有18个，占被调查合作社总数的38.3%；表示合作社债务的负担方式为社员平均分摊的有7个，占被调查合作社总数的14.9%；表示合作社债务的负担方式由理事长承担的有10个，占被调查合作社总数的21.3%；表示合作社债务的负担方式为出资企业或出资人承担的有3个，占被调查合作社总数的6.4%。

表5-12　合作社债务的负担方式

单位：个，%

方式	频数	百分比	累计百分比
没考虑过	9	19.1	19.1
按股分摊	18	38.3	57.4
社员平均分摊	7	14.9	72.3
由理事长承担	10	21.3	93.6
出资企业或出资人承担	3	6.4	100.0
总计	47	100.0	—

四　合作社发展规划的制定

关于合作社是否制定发展战略规划，在受访的47个合作社中，有制定发展战略规划的有36个，占被调查合作社总数的76.6%；没有制定发展战略规划的有11个,占被调查合作社总数的23.4%。由调查数据可见,约77%的合作社有制定发展战略规划。

合作社长期发展战略由谁制定呢?在受访的47个合作社中,表示没有制定长期发展战略的有11个,占被调查合作社总数的23.4%;长期发展战略由理事长制定的有4个,占被调查合作社总数的8.5%;长期发展战略由理事会制定的最多,有27个,占被调查合作社总数的57.4%;长期发展战略由成员(代表)大会制定的有5个,占被调查合作社总数的10.6%。

五 合作社决策机制的效率评价

合作社在日常运营中涉及各项事宜的决策机制的效率如何?在受访的47个合作社中,认为合作社的决策机制很低效的有1个,占被调查合作社总数的2.1%;认为合作社的决策机制比较低效的有2个,占被调查合作社总数的4.3%;认为合作社的决策机制效率一般的有10个,占被调查合作社总数的21.3%;认为合作社的决策机制比较高效的最多,有30个,占被调查合作社总数的63.8%;认为合作社的决策机制很高效的有4个,占被调查合作社总数的8.5%。

第四节 合作社新社员入社条件及内部人事安排

一 合作社新社员的吸收及入社条件的制定

农民专业合作社是农户的自发型组织,合作社也主要是为了让弱势群体通过互助与自助来改善经济状况,其初衷和旨趣从根本上说是益贫的。如果对加入合作社设置一些门槛就有可能会将一些希望加入合作社的贫困群体排除在外,因此,加入合作社有没有什么特定要求、相关入社条件由谁制定等问题是值得关注的。

（一）入社的特定要求

加入合作社有什么特定要求呢？在受访的 47 个合作社中，必须以土地、资金或农机等生产要素入股的有 12 个，占被调查合作社总数的 25.5%；必须将全部产品销售给合作社的有 11 个，占被调查合作社总数的 23.4%；只要与合作社发生产品交易即可的有 8 个，占被调查合作社总数的 17%；对入社没有特定条件的有 9 个，占被调查合作社总数的 19.1%；要求是建档立卡户的有 1 个，占被调查合作社总数的 2.1%；有以生产要素入股并将全部产品销售给合作社等多项要求的有 6 个，占被调查合作社总数的 12.8%。可见，大部分的合作社对农户入社都是有一些具体要求的。

表 5-13 合作社成员的入社要求

单位：个，%

要求	频数	百分比	累积百分比
必须生产要素入股	12	25.5	25.5
必须将全部产品销售给合作社	11	23.4	48.9
只要与合作社发生交易即可	8	17.0	65.9
没有特定条件	9	19.1	85.0
是建档立卡户	1	2.1	87.1
多项要求	6	12.8	100.0
总计	47	100.0	—

合作社在吸收新成员入社时，是否对其产品种植（养殖）规模有要求？在受访的 47 个合作社中，对新成员有规模要求的有 17 个，占被调查合作社总数的 36.2%；对新成员没有规模要求的有 30 个，占被调查合作社总数的 63.8%。由调查数据可见，约 36% 的合作社对新成员有产品种植（养殖）的规模要求。

表 5-14 合作社新成员入社时是否有规模要求

单位：个，%

项目	频数	百分比	累计百分比
是	17	36.2	36.2

续表

项目	频数	百分比	累计百分比
否	30	63.8	100.0
总计	47	100.0	—

合作社在吸收新成员入社时，新成员是否要比最初加入的社员出更多股价？在受访的47个合作社中，新成员要出更多股价的有7个，占被调查合作社总数的14.9%；新成员不用出更多股价的有40个，占被调查合作社总数的85.1%。由调查数据可见，15%左右的合作社在吸收新成员入社时，新成员要比最初加入的社员出更多股价。

表5-15 合作社新成员是否要比最初加入的成员出更多的股价

单位：个，%

项目	频数	百分比	累计百分比
是	7	14.9	14.9
否	40	85.1	100.0
总计	47	100.0	—

（二）合作社新成员入社条件由谁制定

关于合作社吸收新成员由谁决定？在受访的47个合作社中，表示新成员可以自由加入，不用通过批准的有6个，占被调查合作社总数的12.8%；合作社吸收新成员由理事长决定的有7个，占被调查合作社总数的14.9%；合作社吸收新成员由理事会决定的最多，有22个，占被调查合作社总数的46.8%；合作社吸收新成员由成员（代表）大会决定的有12个，占被调查合作社总数的25.5%。

二 合作社内部的人事安排

（一）合作社管理人员的配置情况

在聘请职业经理方面，在受访的47个合作社中，合作社有聘请职业经理的有3个，占被调查合作社总数的6.4%；合作社没有聘请职业经理的有44个，占被调查合作社总数的93.6%。由调查数据可见，6%左右的合作社聘请了职业经理。

表5-16 合作社是否有聘请职业经理

单位：个，%

项目	频数	百分比	累计百分比
是	3	6.4	6.4
否	44	93.6	100.0
总计	47	100.0	—

关于合作社是否有专职管理人员，在受访的47个合作社中，合作社有专职管理人员的有27个，占被调查合作社总数的57.4%；合作社没有专职管理人员的有20个，占被调查合作社总数的42.6%。由调查数据可见，约57%的合作社有专职管理人员。

表5-17 合作社是否有专职管理人员

单位：个，%

项目	频数	百分比	累计百分比
是	27	57.4	57.4
否	20	42.6	100.0
总计	47	100.0	—

（二）合作社理事会成员的更换程序

在受访的47个合作社中，有更换理事会成员程序的有34个，占被调查合作社总数的72.3%；没有更换理事会成员程序的有13个，占被调查合作社总数的27.7%。由调查数据可见，约72%的合作社有更换理事会成员的程序。

在受访的47个合作社中，有更换过理事会成员的有12个，占被调查合作社总数的 25.5%；没有更换过理事会成员的有 35 个，占被调查合作社总数的 74.5%。由调查数据可见，约 26% 的合作社有更换过理事会成员。

第五节　本章小结

本章主要从"三会"制度、财务制度、日常运营的决策机制、人事安排等方面对合作社的内部运行机制进行了具体的分析。

关于合作社的"三会"制度，绝大多数的合作社会召开成员（代表）大会，其中大部分合作社每年召开成员（代表）大会在 3 次以内；超过 80% 的合作社都会召开理事会，理事会负责合作社的日常运营管理工作，召开频率相对较高；监事会的召开相对没那么及时和频繁，不足 50% 的合作社会召开监事会，并且大部分监事会都是与成员（代表）大会或理事会同时召开。"三会"的表决方式大都是"一人一票"。

在财务制度方面，80% 的合作社都建立了严格的财务制度，超过 70% 的合作社都能执行法定的合作社会计制度。关于合作社日常运营的决策机制，超过 60% 的合作社在生产、销售、投融资、收益分配、债务负担及发展规划等重要领域的相关决策均由理事长或理事会做出。在收益分配机制方面，超过 60% 的合作社实行按股分红模式。可见，现实中大部分合作社的治理结构、产权安排、收益分配已逐渐偏离经典的合作社模式。合作社逐渐成为大股东管理、大股东控制、大股东获利的组织，这将降低成员对组织的信任度和忠诚度。

第六章 合作社在农业社会化服务中的作用

农业社会化服务是为农民提供产前、产中和产后全过程的综合配套服务。其在农业系统中的功能主要集中表现为农业的技术性、社会性和经济性。从农业生产过程来分类，可分为农业生产过程前农资、技术的筹集与传播，生产过程中农资、技术的运用与管理，生产过程后产品的加工、储运和销售，以及分析经济活动和对下一生产过程的设计与预测等。据此，可以把农业社会化服务简要划为产前、产中和产后三类服务。而合作社在经济上的优越性则体现为可以较好地为农户解决产前、产中、产后的问题。

关于被调研合作社提供社会化服务的总体情况，本部分选取了合作社内获得各种服务的社员比例、合作社销售渠道、合作社销售价格等一些代表性变量的特征值进行描述。

在获得合作社统一购买农资服务的社员比例方面，在有提供此项服务的29个合作社中，获得此项服务社员比例的最小值是30%，最大值是100%，平均值是82.07%；关于合作社统一购买农资能比市场价优惠多少的情况，该比例最小值是和市场价一样，最大值是比市场价低100%，平均值是比市场价低12.93%；关于统一购买农资服务中社员可以赊销的比例，在可以赊销的16个合作社中，赊销比例最小值是0，最大值是100%，平均值是59.13%。

关于获得合作社提供技术服务的社员比例情况，在提供技术服务的38个合作社中，获得此项服务社员比例的最小值是10%，最大值是100%，平均值是91.05%；关于获得合作社提供的病虫害防治等直接生产服务的社员比例，在提供直接生产服务的20个合作社中，获得此项服务社员比例的最小值是20%，最大值是100%，平均值是89.25%；关于通过合作社销售产品的社员比例，在提供产品销售服务的42个合作社中，通过合作社销售产品社员比例的最小值是10%，最大值是100%，平均值是87.88%。

关于合作社统一销售产品能比市场价高出多少的情况，该比例最小值是比市场价低25%，最大值是比市场价高100%，平均值是比市场价高8.13%；关于合作社通过稳定渠道销售的比例，在已经建立稳定销售渠道的30个合作社中，该比例最小值是30%，最大值是100%，平均值是77.27%；关于获得保障产品质量安全服务的社员比例，在有提供关于保障产品质量安全服务的36个合作社中，获得该项服务的社员比例最小值是10%，最大值是100%，平均值是90.83%；关于合作社通过网络销售的比例，在有通过网络销售产品的10个合作社中，该比例最小值是10%，最大值是95%，平均值是34.3%。

表6-1　合作社社会化服务相关变量特征值

指标	享受农资服务的社员比例（%）	农资比市场价低百分比（%）	农资购买可赊销比例（%）	获得技术服务社员比例（%）	获得直接生产服务社员比例（%）	通过合作社来销售的社员比例（%）	统一销售比市场价高百分比（%）	通过稳定渠道销售的比例（%）	获得质量安全服务社员百分比（%）	通过网络销售的比例（%）
有效(个)	29	29	16	38	20	42	42	30	36	10
缺失(个)	18	18	31	9	27	5	5	17	11	37
平均数	82.07	12.93	59.13	91.05	89.25	87.88	8.13	77.27	90.83	34.3
最小值	30	0	0	10	20	10	-25	30	10	10.0
最大值	100	100	100	100	100	100	100	100	100	95.0

第一节　合作社在产前服务中的作用

产前服务的项目主要包括市场预测和信息传递、产品开发与设计制造、人才培训与人员流动、物资供应和机具维修、技术推广与经验传播等，这些都是对生产所需农资、技术的供给。对47个合作社的调研发现，绝大部分合作社为社员提供的产前服务主要集中为农资购买、各种信息的提供及对产品品种统一筛选等。

一 农资购买服务的具体情况

农资购买服务主要指在农户从事种养活动前，为其提供优良品种及相关化肥、农药、饲料等专用生产资料的供给服务。优良品种及相关化肥、农药、饲料等专用生产资料的选购在农户生产经营的过程中占有相当重要的地位，合作社社员通过在交易环节上的联合，既可以降低购买成本又可以相对保证产品质量。

（一）农资购买服务的提供及获取该服务的社员比例

关于合作社是否为社员提供农资购买服务的情况，在受访的47个合作社中，为社员提供农资购买服务的有29个，占被调研合作社总数的61.7%；没有为社员提供农资购买服务的有18个，占被调研合作社总数的38.3%。由调研数据可见，约62%的合作社为社员提供统一购买种子、化肥、农药等农资服务。

在为社员提供农资购买服务的合作社中，有多少比例的社员是通过合作社购买农资的呢？在为社员提供农资购买服务的29个合作社中，通过合作社购买农资的社员占0～50%的有5个，有效百分比是17.2%；通过合作社购买农资的社员占50%～80%的有7个，有效百分比是24.1%；通过合作社购买农资的社员占80%～100%的有17个，有效百分比是58.6%。由调研数据可见，在提供农资购买服务的合作社中，大部分的社员都是通过合作社统一购买种子、化肥、农药等农资的。

表6-2 合作社获得农资购买服务的社员比例

单位：个，%

比例	频数	百分比	有效百分比	累计百分比
0～50%	5	10.6	17.2	17.2
50%～80%	7	14.9	24.1	41.3

续表

比例	频数	百分比	有效百分比	累计百分比
80%~100%	17	36.2	58.6	100.0
小计	29	61.7	100.0	—
缺失	18	38.3	—	—
总计	47	100.0	—	—

（二）农资购买服务的价格优势及结算方式

在为社员提供农资购买服务的合作社中，由合作社统一购买农资能比市场价格低多少呢？在为社员提供农资购买服务的29个合作社中，由合作社统一购买农资和市场价格一样的有7个，有效百分比是24.1%；由合作社统一购买农资能比市场价格低0~10%的最多，有15个，有效百分比是51.7%；由合作社统一购买农资能比市场价格低10%~30%的有4个，有效百分比是13.8%；由合作社统一购买农资能比市场价格低30%以上的有3个，有效百分比是10.3%。由调研数据可见，在给社员提供农资购买服务的合作社中，约76%的合作社通过统一购买农资能比市场价格低。

表6-3 合作社统一购买农资比市场价格低的百分比

单位：个，%

比例	频数	百分比	有效百分比	累计百分比
0	7	14.9	24.1	24.1
0~10%	15	31.9	51.7	75.8
10%~30%	4	8.5	13.8	89.6
30%以上	3	6.4	10.3	100.0
小计	29	61.7	100.0	—
缺失	18	38.3	—	—
总计	47	100.0	—	—

关于合作社统一购买农资的结算方式，在为社员提供农资购买服务的29个合作社中，对于统一购买的农资，社员用现金实时结算的最多，

有 13 个，有效百分比是 44.8%；对于统一购买的农资，社员不用实时结算，可以赊销的有 10 个，有效百分比是 34.5%；对于统一购买的农资，社员可以部分现金实时结算、部分赊销的有 6 个，有效百分比是 20.7%。由调研数据可见，在为社员提供农资购买服务的合作社中，约 55% 的合作社允许社员部分或全部赊销，这在很大程度上缓解了社员的资金短缺问题。

二 信息服务的提供及具体内容

信息的有效获取有助于农民及时准确地做出生产、销售等相关决策，从而减少生产的盲目性和销售的滞后性。

关于合作社是否给社员提供信息服务，在受访的 47 个合作社中，为社员提供信息服务的有 42 个，占被调研合作社总数的 89.4%，没有为社员提供信息服务的有 5 个，占被调研合作社总数的 10.6%。由调研数据可见，近 90% 的合作社为社员提供信息服务。

在为社员提供信息服务的 42 个合作社中，关于合作社提供信息服务的具体情况，据调研，合作社主要为社员提供市场信息服务的有 4 个，有效百分比是 9.5%；合作社主要为社员提供市场信息、政策信息服务的有 2 个，有效百分比是 4.8%；合作社主要为社员提供市场信息、政策信息、行业技术信息服务的最多，有 29 个，有效百分比是 69%；合作社主要为社员提供市场信息、行业技术信息服务的有 5 个，有效百分比是 11.9%；合作社主要为社员提供政策信息服务的有 2 个，有效百分比是 4.8%。

三 合作社在产品品种方面的要求及相应服务的提供

关于合作社是否针对社员的产品品种统一标准的情况，在对此问题作出明确回答的 44 个合作社中，对社员的产品品种统一标准的有 29 个，有效百分比是 65.9%；没有对社员的产品品种统一标准的有 15 个，有效百分比是 34.1%。由调研数据可见，约 66% 的合作社对社员产品品种有统一标准要求。

在对社员产品品种有统一标准要求的29个合作社中,为社员提供相关服务的有26个,有效百分比是89.7%;没有为社员提供相关服务的有3个,有效百分比是10.3%。由调研数据可见,在对社员产品品种有统一标准要求的合作社中,近90%的合作社会为社员提供相关服务。

第二节 合作社在产中服务中的作用

产中服务的项目主要包括:劳动服务、机械代耕、水利灌溉、生产运输、技术管理、质量监控等,大都是为有利于生产而提供的技术服务。对47个合作社的调研发现,绝大部分合作社为社员提供的产中服务主要集中为技术管理和产品质量监控服务等。

一 技术管理服务的提供及获取该服务的社员比例

技术管理服务主要是指为农户在种植或饲养过程中所需的管理技术等提供相关的配套活动服务。大部分社员在生产过程中对先进、实用的技术有着迫切需求,故为社员提供技术服务是很多合作社的重要服务内容之一。

关于合作社是否为社员提供生产过程中的各种技术管理服务情况,在受访的47个合作社中,为社员提供相关技术管理服务的有38个,占被调研合作社总数的80.9%,没有为社员提供相关技术管理服务的有9个,占被调研合作社总数的19.1%。由调研数据可见,超过80%的合作社为社员提供生产过程中的各种技术管理服务。

在为社员提供技术管理服务的合作社中,有多少社员能获得该项服务呢?在为社员提供各种技术管理服务的38个合作社中,0~50%的社员能获得各种技术管理服务的有3个,有效百分比是7.9%;50%~80%的社员能获得各种技术管理服务的有3个,有效百分比是7.9%;80%~100%的社员能获得各种技术管理服务的最多,有32个,有效百分比是84.2%。由调研数据可见,在提供各种技术管理服务的合作社中,绝大多数的社员可以获得该类服务。

表 6-4 合作社中获得技术管理服务的社员比例

单位：个，%

比例	频数	百分比	有效百分比	累计百分比
0~50%	3	6.4	7.9	7.9
50%~80%	3	6.4	7.9	15.8
80%~100%	32	68.1	84.2	100.0
小计	38	80.9	100.0	—
缺失	9	19.1	—	—
总计	47	100.0	—	—

为了给社员提供先进实用的技术，一些合作社还与大专院校、科研单位或相关的龙头企业建立了紧密的合作关系，一方面邀请相关专家担任合作社的技术顾问，定期或实时进行技术指导，另一方面还积极试种新品种、采用新技术和新成果，使最新的品种、技术能够既快又便捷地传递到农民手中。

二 合作社对产品种养过程的要求及相应服务的提供

合作社在统一产品安全标准、提高产品品质、保障食品安全等方面具有独特的作用和优势。已有研究显示，合作社通过提供标准化的技术服务来指导监督农户科学种田、合理适量施用化肥农药等化学药品，可以有效地减少农药化肥的使用量，在降低生产成本的同时保证食品安全。

关于合作社是否针对社员产品种养过程有统一标准的情况，在对此问题作出明确回答的 43 个合作社中，针对社员产品种养过程有统一标准的有 31 个，有效百分比是 72.1%；针对社员产品种养过程没有统一标准的有 12 个，有效百分比是 27.9%。由调研数据可见，约 72% 的合作社对社员在产品种养过程中有统一标准要求。

在针对社员产品种养过程有统一标准要求的 31 个合作社中，为社员提供相关服务的有 27 个，有效百分比是 87.1%；没有为社员提供相关服务的有 4 个，有效百分比是 12.9%。由调研数据可见，在对社员种养过程有统一标准要求的合作社中，绝大多数合作社会为社员提供相关服务。

三 合作社对产品质量的要求及相关服务的提供

合作社对社员生产的产品是否有质量要求呢？在受访的 47 个合作社中，对社员生产的产品有质量要求的有 42 个，占被调研合作社总数的 89.4%，对社员生产的产品没有质量要求的有 5 个，占被调研合作社总数的 10.6%。由调研数据可见，约 89% 的合作社对社员生产的产品有质量要求。

表 6-5 合作社对社员产品的质量管理

单位：个，%

项目	频数	百分比	有效百分比	累计百分比
产品分级	18	38.3	42.9	42.9
产品分级、生产监督	5	10.6	11.9	54.8
产品分级、生产监督、针对性培训	5	10.6	11.9	66.7
产品分级、针对性培训	1	2.1	2.4	69.1
生产监督	10	21.3	23.8	92.9
生产监督、针对性培训	1	2.1	2.4	95.3
针对性培训	2	4.3	4.8	100.0
小计	42	89.4	100.0	—
缺失	5	10.6	—	—
总计	47	100.0	—	—

在对社员生产的产品有质量要求的 42 个合作社中，合作社是如何对社员产品的质量进行管理的呢？据调研，合作社对社员的产品进行分级定价来进行产品质量管理的最多，有 18 个，有效百分比是 42.9%；合作社通过在生产时对社员产品进行监督来进行产品质量管理的有 10 个，有效百分比是 23.8%；合作社通过对社员进行针对性的田间管理和生产技术等方面的培训来进行产品质量管理的有 2 个，有效百分比是 4.8%。

合作社通过产品分级和生产监督两方面来进行社员产品质量管理的有 5 个，有效百分比是 11.9%；合作社通过产品分级、针对性培训来进行社员产品质量管理的有 1 个，有效百分比是 2.4%；合作社通过生产监督及针对性培训来进行社员产品质量管理的有 1 个，有效百分比是 2.4%；合作社通过产品分级、生产监督及针对性培训来进行社员产品质量管理的有 5 个，有效百分比是 11.9%。由调研数据可见，合作社进行社员产品质量管理的主要方法有：产品分级、生产时进行监督及进行有针对性的田间管理和生产技术等方面的培训。

四 产品质量安全服务的提供及获得该服务的社员比例

在对社员生产的产品有质量要求的 42 个合作社中，合作社是否为社员提供关于产品质量安全方面的服务呢？据调研，合作社为社员提供相关服务的有 36 个，有效百分比是 85.7%；合作社没有为社员提供相关服务的有 6 个，有效百分比是 14.3%。由调研数据可见，大部分的合作社会为社员提供关于产品质量安全方面的服务。

在为社员提供关于产品质量安全方面服务的 36 个合作社中，能获得产品质量安全方面服务的社员所占比例如何呢？据调研，获得产品质量安全相关服务的社员占 0~50% 的有 3 个，有效百分比是 8.3%；获得产品质量安全方面服务的社员占 50%~80% 的有 4 个，有效百分比是 11.1%；获得产品质量安全方面服务的社员占 80%~100% 的最多，有 29 个，有效百分比是 80.6%。由调研数据可见，大部分社员可以获得关于产品质量安全方面的服务。

表 6-6 合作社获得质量安全服务的社员比例

单位：个，%

比例	频数	百分比	有效百分比	累计百分比
0~50%	3	6.4	8.3	8.3
50%~80%	4	8.5	11.1	19.4
80%~100%	29	61.7	80.6	100.0
总计	36	76.6	100.0	—
缺失	11	23.4	—	—
总计	47	100.0	—	—

第三节 合作社在产后服务中的作用

产后服务主要指为农户提供农畜产品的采摘、屠宰、包装、储藏、运输、收购与销售及加工宣传等服务。本部分将从合作社产品的增值措施、合作社产品的特色与宣传推广、合作社的产后销售服务、产品的加工服务这四个方面对合作社产后服务的提供情况及作用进行分析。

一 合作社产品的增值措施

（一）商标的注册

合作社是否会为产品注册商标呢？在受访的 47 个合作社中，为产品注册了商标的有 16 个，占被调研合作社总数的 34%；没有为产品注册商标的有 31 个，占被调研合作社总数的 66%。由调研数据可见，34% 的合作社为产品注册了商标。

（二）产品的质量认证

关于合作社是否进行产品质量认证的情况，在受访的 47 个合作社中，进行了产品质量认证的有 10 个，占被调研合作社总数的 21.3%；没有进行产品质量认证的有 37 个，占被调研合作社总数的 78.7%。由调研数据可见，约 21% 的合作社进行了产品质量认证。

在进行了产品质量认证的 10 个合作社中，进行了无公害产品质量认证的有 4 个，有效百分比是 40%；进行了绿色产品质量认证的有 2 个，有效百分比是 20%；进行了有机产品质量认证的有 4 个，有效百分比是 40%。

表 6-7 合作社产品的认证类型

单位：个，%

类型	频数	百分比	有效百分比	累计百分比
无公害	4	8.5	40	40
绿色	2	4.3	20	60

续表

类型	频数	百分比	有效百分比	累计百分比
有机	4	8.5	40	100
小计	10	21.3	100.0	—
缺失	37	78.7	—	—
总计	47	100.0	—	—

二 合作社产品的特色与宣传推广

（一）合作社产品的民族特色设计

合作社的产品有没有民族特色呢？在受访的47个合作社中，合作社的产品有民族特色的有15个，占被调研合作社总数的31.9%；合作社的产品没有民族特色的有32个，占被调研合作社总数的68.1%。由调研数据可见，不足1/3的合作社的产品有民族特色。

（二）合作社的网站建设与品牌宣传

在受访的47个合作社中，自建网站的有5个，占被调研合作社总数的10.6%；没有自建网站的有42个，占被调研合作社总数的89.4%。由调研数据可见，约11%的合作社自建网站，绝大部分合作社没有自建网站。

关于品牌宣传情况，在受访的47个合作社中，合作社针对产品进行了品牌宣传活动的有24个，占被调研合作社总数的51.1%；合作社针对产品没有进行品牌宣传活动的有23个，占被调研合作社总数的48.9%。由调研数据可见，约51%的合作社针对产品进行了品牌宣传活动。

三 合作社的产后销售服务

生产的产品能否顺利地销售出去是农户最关心的问题之一。销售服务是产后服务的核心内容之一，合作社提供的销售服务方式有哪些、合作社自身的销售渠道建设情况如何等都是值得关注的问题。

（一）产品销售服务的提供与获得该服务的社员比例

关于合作社是否为社员提供产品销售服务的情况，在受访的47个合作社中，为社员提供产品销售服务的有42个，占被调研合作社总数的89.4%，没有为社员提供产品销售服务的合作社有5个，占被调研合作社总数的10.6%。由调研数据可见，近90%的合作社为社员提供了产品销售服务。

在为社员提供销售服务的42个合作社中，通过合作社销售产品的社员占比为0~50%的有4个，有效百分比是9.5%；通过合作社销售产品的社员占比为50%~80%的有8个，有效百分比是19%；通过合作社销售产品的社员占比为80%~100%的有30个，有效百分比是71.4%。由调研数据可见，通过合作社销售产品的社员比例在50%以上的合作社占比约90%。

表6-8 通过合作社销售产品的社员比例

单位：个，%

比例	频数	百分比	有效百分比	累计百分比
0~50%	4	8.5	9.5	9.5
50%~80%	8	17.0	19.0	28.5
80%~100%	30	63.8	71.4	100.0
小计	42	89.4	100.0	—
缺失	5	10.6	—	—
总计	47	100.0	—	—

（二）销售过程中赊销的情况

在为社员提供销售服务的42个合作社中，关于社员是否会将产品赊销给合作社的情况，社员会将产品赊销给合作社的有10个，有效百分比是23.8%；社员不会将产品赊销给合作社的有32个，有效百分比是76.2%。由调研数据可见，大部分社员都不会将产品赊销给合作社。

表6-9 社员是否会将产品赊销给合作社

单位：个，%

项目	频数	百分比	有效百分比	累计百分比
是	10	21.3	23.8	23.8
否	32	68.1	76.2	100.0

续表

项目	频数	百分比	有效百分比	累计百分比
小计	42	89.4	100.0	—
缺失	5	10.6	—	—
总计	47	100.0	—	—

（三）合作社提供销售服务的方式

在为社员提供销售服务的 42 个合作社中，合作社是采取什么方式帮助社员统一销售产品的呢？采取"买断"方式，即合作社直接购买社员的产品后销售到市场上的最多，有 25 个，有效百分比是 59.5%；采取"代销"方式，即合作社受社员委托，代为销售其产品的有 8 个，有效百分比是 19%；采用"中介"方式，即合作社帮助社员联系买家，由买卖双方直接进行交易的有 9 个，有效百分比是 21.4%。由调研数据可见，近 60% 的合作社采用"买断"的方式为社员提供销售服务。

表 6-10 合作社帮助社员统一销售产品的方式

单位：个，%

方式	频数	百分比	有效百分比	累计百分比
买断	25	53.2	59.5	59.5
代销	8	17.0	19.0	78.6
中介	9	19.1	21.4	100.0
小计	42	89.4	100.0	—
缺失	5	10.6	—	—
总计	47	100.0	—	—

（四）合作社稳定销售渠道的建设、通过该渠道销售产品的比例及价格优势

销售是合作社经营活动的重要环节之一，销售渠道建设情况反映了合作社销售能力。在为社员提供销售服务的 42 个合作社中，有稳定销售渠道的有 30 个，有效百分比是 71.4%；没有稳定销售渠道的有 12 个，有效百分比

是28.6%。由调研数据可见，大部分合作社建立了比较稳定的销售渠道，但仍有约29%的合作社没有建立稳定的销售渠道。

在有稳定销售渠道的30个合作社中，通过稳定渠道销售产品的比例为0~50%的有4个，有效百分比是13.3%；通过稳定渠道销售产品的比例为50%~80%的最多，有16个，有效百分比是53.3%；通过稳定渠道销售产品的比例为80%~100%的有10个，有效百分比是33.3%。由调研数据可见，86.7%的合作社通过稳定渠道销售产品的比例在50%以上。

表6-11 合作社通过稳定渠道销售产品的比例

单位：个，%

比例	频数	百分比	有效百分比	累计百分比
0~50%	4	8.5	13.3	13.3
50%~80%	16	34.0	53.3	66.6
80%~100%	10	21.3	33.3	100.0
小计	30	63.8	100.0	—
缺失	17	36.2	—	—
总计	47	100.0	—	—

在为社员提供销售服务的42个合作社中，合作社统一销售产品的价格与市场价格相比是高还是低呢？根据调研，合作社统一销售产品的价格比市场价格还低的有2个，有效百分比是4.8%，据了解，这是由于合作社地理位置偏远、产品运输成本比较高，合作社扣除运输成本后，支付给社员的平均价格低于市场价格。合作社统一销售产品的价格和市场价格一样的有12个，有效百分比是28.6%，合作社统一销售产品的价格比市场价格高0~10%的最多，有18个，有效百分比是42.9%，合作社统一销售产品的价格比市场价格高10%~30%的有8个，有效百分比是19%，合作社统一销售产品的价格比市场价格高30%以上的有2个，有效百分比是4.8%。由调研数据可见，超过60%的合作社统一销售产品的价格比市场价格更高。

表 6-12　合作社统一销售产品的价格比市场价格高的程度

单位：个，%

比例	频数	百分比	有效百分比	累计百分比
0 以下	2	4.3	4.8	4.8
0	12	25.5	28.6	33.4
0~10%	18	38.3	42.9	76.3
10%~30%	8	17.0	19.0	95.3
30%以上	2	4.3	4.8	100.0
小计	42	89.4	100.0	
缺失	5	10.6		
总计	47	100.0		

（五）合作社网络销售渠道的建设、通过该渠道销售产品的比例及未来规划

网络销售可以使生产者以较低的成本直接对接全国的消费者并了解消费者的实际需求，可以帮助卖家迅速扩大销售市场范围并及时调整生产策略。网络销售的便捷性使其快速成为一种新兴且广为接受的销售方式。合作社通过该类渠道销售产品的情况如何、对网络销售的态度又如何呢？这些问题值得关注。

1. 网络销售产品情况

关于合作社是否通过网络销售产品的情况，在受访的 47 个合作社中，通过网络销售产品的有 10 个，占被调研合作社总数的 21.3%；没有通过网络销售产品的有 37 个，占被调研合作社总数的 78.7%。由调研数据可见，约 21% 的合作社通过网络销售产品。

在访谈中，就开展电商业务与合作社理事长进行了深入的沟通。还没有进行网络销售的合作社主要是有以下顾虑：一方面，目前最大的电商是微商、淘宝等，如果想通过这些渠道销售产品，前期各项对接费用较高，合作社难以负担；另一方面，做电商要有专业人才、专业团队，而合作社没有这类人才或团队，为此，还没有涉足这块业务。

对于那些通过网络销售产品的合作社来说，大部分合作社的理事长都比

较看好这种销售模式。以保山市昌宁县某药材种植专业合作社的网销情况为例，其主要销售渠道是大商贩，网络销售占比20%左右，该合作社的理事长很看好电商这块业务，认为网络销售是发展趋势。据理事长介绍，网络销售在价格方面有优势，该合作社网络销售价格比传统渠道高1倍，并且可以节省人力。但是该理事长也指出，网络销售也面临一些制约因素。一方面，网络销售是全年性的，每天都有需求量，要求能平稳供货，而合作社还不能实现稳定供货。另一方面，在产品成熟集中上市时，网络销售量没有那么大，仅靠网销无法快速回笼资金。该理事长表示，如果想做好电商这块业务还需要花心思、花力气，要聘请这方面有经验的专业人才来运作管理，必须对电商运营的各个环节都要精通，不能只是略知一二。

2. 网络销售比例

在通过网络销售产品的10个合作社中，产品通过网络销售的比例为0~20%的合作社最多，有6个，有效百分比是60%；产品通过网络销售的比例为20%~50%的合作社有3个，有效百分比是30%；产品通过网络销售比例为50%~100%的合作社有1个，有效百分比是10%。由调研数据可见，目前网络销售产品的比例仍不高，网络销售还不是合作社的主要销售模式。

表6-13 合作社产品网络销售比例

单位：个，%

比例	频数	百分比	有效百分比	累计百分比
0~20%	6	12.8	60.0	60.0
20%~50%	3	6.4	30.0	90.0
50%~100%	1	2.1	10.0	100.0
小计	10	21.3	100.0	—
缺失	37	78.7	—	—
总计	47	100.0	—	—

3. 网络销售的未来规划

在没有通过网络销售产品的37个合作社中，对其未来就网络销售的安排进行了调研,表示以后要发展电商渠道的最多,有 26 个,有效百分比是 70.3%;表示对以后要不要发展电商渠道持无所谓态度的有 9 个,有效百分比是 24.3%;表示以后不打算发展电商渠道的有 2 个,有效百分比是 5.4%。由调研数据可见,约 70%的合作社看好网络销售这种模式,觉得这是一种必然趋势,并表示以后要积极拓展电商渠道,拓宽产品销售渠道,通过网络直接对接全国的消费者。

表 6-14 合作社如果没有网络销售,以后对网销的打算

单位:个,%

项目	频数	百分比	有效百分比	累计百分比
要发展	26	55.3	70.3	70.3
无所谓	9	19.1	24.3	94.6
不打算发展	2	4.3	5.4	100.0
总计	37	78.7	100.0	—
缺失	10	21.3	—	—
总计	47	100.0	—	—

四 产品加工服务的提供及产品的加工程度

农产品加工是实现产品增值的有效途径之一,合作社是否有加工能力、加工程度如何直接影响着产品的市场价值,这也在一定程度上决定了农户是否可以通过合作社提供的产后服务获取或分享第二、第三产业的增值收益。

关于合作社是否能对产品进行加工的情况,在受访的 47 个合作社中,合作社能对产品进行加工的有 18 个,占被调研合作社总数的 38.3%;合作社不能对产品进行加工的有 29 个,占被调研合作社总数的 61.7%。由调研数据可见,不足 40%的合作社能对产品进行加工。

在能对产品进行加工的 18 个合作社中,只能对产品进行初级加工的最多,有 17 个,有效百分比是 94.4%;能对产品进行深加工的只有 1 个,有效百分比是 5.6%。由调研数据可见,只有极少数的合作社能对产品进行深加工。

表 6-15　合作社对产品加工的程度

单位：个，%

项目	频数	百分比	有效百分比	累计百分比
初级加工	17	36.2	94.4	94.4
深加工	1	2.1	5.6	100.0
小计	18	38.3	100.0	—
缺失	29	61.7	—	—
总计	47	100.0	—	—

第四节　合作社开展的内部信用合作及提供资金借贷服务的情况

资金短缺是农户在生产经营中面临的困难之一，为社员提供借贷服务是合作社一项重要且极具现实意义的服务项目之一。本部分将从以下几个方面对合作社开展的内部信用合作及提供的借贷服务做进一步的分析。

一　借贷服务的提供及开展原因

在受访的47个合作社中，为社员提供借贷服务的有6个，占被调研合作社总数的12.8%，没有为社员提供借贷服务的合作社有41个，占被调研合作社总数的87.2%。由调研数据可见，约13%的合作社为社员提供了借贷服务。

关于合作开展信用合作的原因，在开展内部信用合作的6个合作社中，为了方便社员解决生产资金不足问题而开展内部信用合作的有5个，有效百分比为83.3%；为了增加合作社经营收入而开展内部信用合作的有1个，有效百分比为16.7%。

表 6-16 合作开展信用合作的原因

单位：个，%

项目	频数	百分比	有效百分比	累计百分比
为了方便社员解决生产资金不足问题	5	10.6	83.3	83.3
为了增加合作社经营收入	1	2.1	16.7	100.0
小计	6	12.8	100.0	—
缺失	41	87.2	—	—
总计	47	100.0	—	—

二 开展内部信用合作的时间及资金来源

在开展内部信用合作的 6 个合作社中，从 2013 年开始开展内部信用合作的有 1 个，有效百分比为 16.7%；从 2014 年开始开展内部信用合作的有 3 个，有效百分比为 50%；从 2015 年开始开展内部信用合作的有 1 个，有效百分比为 16.7%；从 2017 年开始开展内部信用合作的有 1 个，有效百分比为 16.7%。

在为社员提供借贷服务的 6 个合作社中，贷出的资金来自合作社理事长及合作社自有资金的有 1 个，有效百分比是 16.7%；贷出的资金来自合作社理事长、合作社自有资金及社员互助资金的有 1 个，有效百分比是 16.7%；贷出的资金来自合作社理事长、合作社自有资金和社员互助资金及产业扶贫款的有 1 个，有效百分比是 16.7%；贷出的资金来自产业扶贫款的有 2 个，有效百分比是 33.2%；贷出的资金来自社员互助资金的有 1 个，有效百分比是 16.7%。

表 6-17 合作社提供借贷服务的资金来源

单位：个，%

项目	频数	百分比	有效百分比	累计百分比
理事长、合作社自有资金	1	2.1	16.7	16.7
理事长、合作社自有资金,社员互助资金	1	2.1	16.7	33.4
理事长、合作社自有资金,社员互助资金,产业扶贫款	1	2.1	16.7	50.1

续表

项目	频数	百分比	有效百分比	累计百分比
产业扶贫款	2	4.3	33.3	83.4
社员互助资金	1	2.1	16.7	100.0
小计	6	12.8	100.0	—
缺失	41	87.2	—	—
总计	47	100.0	—	—

三 合作社中有借款意愿的社员比例及贷款的获得情况

在开展内部信用合作的6个合作社中，有意愿向合作社借款的社员占比为5%的有1个，有效百分比为16.7%；有意愿向合作社借款的社员占比为10%的有1个，有效百分比为16.7%；有意愿向合作社借款的社员占比为70%的有1个，有效百分比为16.7%；有意愿向合作社借款的社员占比为100%的有3个，有效百分比为50.0%。

表6-18 合作社中有向合作社借款意愿的社员比例

单位：个，%

比例	频数	百分比	有效百分比	累计百分比
5%	1	2.1	16.7	16.7
10%	1	2.1	16.7	33.4
70%	1	2.1	16.7	50.1
100%	3	6.4	50.0	100.0
小计	6	12.8	100.0	—
缺失	41	87.2	—	—
总计	47	100.0	—	—

在开展内部信用合作的6个合作社中，没有社员获得过内部信用借款的有1个，有效百分比为16.7%，获得过内部信用借款的社员比例为5%的有1个，有效百分比为16.7%；获得过内部信用借款的社员比例为10%的有1个，有效百分比为16.7%；获得过内部信用借款的社员比例为40%的有1

个，有效百分比为 16.7%；获得过内部信用借款的社员比例为 100% 的有 2 个，有效百分比为 33.3%。

表 6-19 合作社已经获得过内部信用借款的社员比例

单位：个，%

比例	频数	百分比	有效百分比	累计百分比
0	1	2.1	16.7	16.7
5%	1	2.1	16.7	33.4
10%	1	2.1	16.7	50.1
40%	1	2.1	16.7	66.8
100%	2	4.3	33.3	100.0
小计	6	12.8	100.0	—
缺失	41	87.2	—	—
总计	47	100.0	—	—

四 内部信用累计放款额度、次数及不良贷款情况

在开展内部信用合作的 6 个合作社中，累计放款额度为 0 的有 1 个，有效百分比为 16.7%；累计放款额度为 5 万元的有 1 个，有效百分比为 16.7%；累计放款额度为 6 万元的有 1 个，有效百分比为 16.7%；累计放款额度为 18 万元的有 1 个，有效百分比为 16.7%；累计放款额度为 92 万元的有 1 个，有效百分比为 16.7%；累计放款额度为 128 万元的有 1 个，有效百分比为 16.7%。

在开展内部信用合作的 6 个合作社中，累计放款次数为 0 的有 1 个，有效百分比为 16.7%；累计放款次数为 3 次的有 1 个，有效百分比为 16.7%；累计放款次数为 20 次的有 1 个，有效百分比为 16.7%；累计放款次数为 22 次的有 1 个，有效百分比为 16.7%；累计放款次数为 30 次的有 1 个，有效百分比为 16.7%；累计放款次数为 147 次的有 1 个，有效百分比为 16.7%。

关于合作内部信用不良贷款额情况，开展内部信用合作的 6 个合作社均表示没有不良贷款。

五 2017年内部信用开展情况

(一) 2017年内部信用放贷总额度及单笔最大贷款额度

在开展内部信用合作的6个合作社中,2017年内放贷额度为0的有3个,有效百分比为50%;2017年内放贷额度为4万元的有1个,有效百分比为16.7%;2017年内放贷额度为56万元的有1个,有效百分比为16.7%;2017年内放贷额度为80万元的有1个,有效百分比为16.7%。

关于2017年合作社内部信用单笔最大贷款额情况,在开展内部信用合作的6个合作社中,2017年单笔最大贷款为0的有3个,有效百分比为50%;2017年单笔最大贷款额度为1万元的有1个,有效百分比为16.7%;2017年单笔最大贷款额度为5万元的有2个,有效百分比为33.3%。

(二) 2017年合作社内部信用放贷次数、贷款户数及贷款用途

1. 放贷次数

在开展内部信用合作的6个合作社中,2017年放贷次数为0的有3个,有效百分比为50%;2017年放贷次数为16次的有1个,有效百分比为16.7%;2017年放贷次数为17次的有1个,有效百分比为16.7%;2017年放贷次数为33次的有1个,有效百分比为16.7%。

2. 贷款户数

2017年在开展内部信用合作的6个合作社中,贷款户数为0的有3个,有效百分比为50%;贷款户数为16户的有1个,有效百分比为16.7%;贷款户数为17户的有1个,有效百分比为16.7%;贷款户数为33户的有1个,有效百分比为16.7%。由数据可见,合作社内部信用放贷次数和贷款户数一致,这说明2017年合作社内部信用都是一户贷款一次,不存在一户重复贷款的情况。

3. 贷款用途

在开展内部信用合作的6个合作社中,贷款用途仅为购买生产资料的有4个,有效百分比为66.7%;贷款用途有多种,包括购买生产资料、购置设施设备等固定资产的有1个,有效百分比为16.7%;贷款用途有多种,包括

购买生产资料、购置设施设备等固定资产、用于流动资金垫支和非农产业投资的有 1 个,有效百分比为 16.7%。

六 合作社内部信贷的运行制度

(一)内部信用借款的资格条件

合作社是否会向非社员提供内部信用贷款呢?开展内部信用合作的 6 个合作社均表示不向非社员提供内部信用贷款。

表 6-20 合作社是否向非社员提供内部信用合作贷款

单位:个,%

项目	频数	百分比	有效百分比	累计百分比
否	6	12.8	100.0	100.0
小计	6	12.8	—	—
缺失	41	87.2	—	—
总计	47	100.0	—	—

关于是否所有社员都可向合作社借款的情况,在开展内部信用合作的 6 个合作社中,所有社员都可向合作社借款的有 5 个,有效百分比为 83.3%;不是所有社员都可向合作社借款的有 1 个,有效百分比为 16.7%。

表 6-21 是否所有社员都可向合作社借款

单位:个,%

项目	频数	百分比	有效百分比	累计百分比
是	5	10.6	83.3	83.3
否	1	2.1	16.7	100.0
总计	6	12.8	100.0	—
缺失	41	87.2	—	—
总计	47	100.0	—	—

合作社内部信用借款人需要具备什么样的条件呢?在开展内部信用合作的 6 个合作社中,借款人必须获得其他入股资金互助社员担保的有 1 个,有

效百分比为 16.7%；借款人必须是获得金融机构授信社员的有 2 个，有效百分比为 33.3%；借款人必须销售产品给合作社的有 1 个，有效百分比为 16.7%；借款人必须入股资金互助业务、获得金融机构授信的有 1 个，有效百分比为 16.7%；借款人必须提供抵押物、获得其他入股资金互助社员担保的有 1 个，有效百分比为 16.7%。

表 6-22 合作社内部信用借款人需要具备的条件

单位：个，%

条件	频数	百分比	有效百分比	累计百分比
其他入股资金互助社员担保	1	2.1	16.7	16.7
获得金融机构授信社员	2	4.3	33.3	50.0
销售产品给合作社	1	2.1	16.7	66.7
入股资金互助业务、获得金融机构授信社员	1	2.1	16.7	83.4
提供抵押物、其他入股资金互助社员担保	1	2.1	16.7	100.0
小计	6	12.8	100.0	—
缺失	41	87.2	—	—
总计	47	100.0	—	—

（二）合作社内部信用业务规章的制定、管理及监管

关于合作社针对内部信用业务制定相关规章的情况，在开展内部信用合作的 6 个合作社中，针对内部信用业务制定了相关规章的有 4 个，有效百分比为 66.7%，没有针对内部信用业务制定相关规章的有 2 个，有效百分比为 33.3%。

在开展内部信用合作的 6 个合作社中，有专人管理内部信用业务的有 4 个，有效百分比为 66.7%；没有专人管理内部信用业务的有 2 个，有效百分比为 33.3%。

在开展内部信用合作的 6 个合作社中，有政府部门对合作社内部信用业务进行监管的有 3 个，有效百分比为 50%；没有政府部门对合作社内部信用业务进行监管的有 3 个，有效百分比为 50%。

第六章 合作社在农业社会化服务中的作用

（三）个体社员最高贷款额度与期限的规定

在开展内部信用合作的 6 个合作社中，单个社员可以申请的最高额度是 5 万元的有 3 个，有效百分比为 50%；单个社员可以申请的最高额度是 8 万元的有 1 个，有效百分比为 16.7%；单个社员可以申请的最高额度是 10 万元的有 2 个，有效百分比为 33.3%。

在开展内部信用合作的 6 个合作社中，单个社员可以申请的最长期限是 3 个月的有 1 个，有效百分比为 16.7%；单个社员可以申请的最长期限是 12 个月的有 4 个，有效百分比为 66.7%；单个社员可以申请的最长期限是 24 个月的有 1 个，有效百分比为 16.7%。

（四）内部信用贷款的月利率及贷款发放方式

关于在合作社内部信用业务中社员申请贷款要付的利息情况，在开展内部信用合作的 6 个合作社中，社员申请贷款不要付利息的有 1 个，有效百分比为 16.7%；社员申请贷款要付的月利率为 3‰ 的有 1 个，有效百分比为 16.7%；社员申请贷款要付的月利率为 4‰ 的有 2 个，有效百分比为 33.3%；社员申请贷款要付的月利率为 4.5‰ 的有 1 个，有效百分比为 16.7%；社员申请贷款要付的月利率为 5‰ 的有 1 个，有效百分比为 16.7%。

表 6-23 合作社信用贷款月利率

单位：个，%

月利率	频数	百分比	有效百分比	累计百分比
0	1	2.1	16.7	16.7
3‰	1	2.1	16.7	33.4
4‰	2	4.3	33.3	66.7
4.5‰	1	2.1	16.7	83.4
5‰	1	2.1	16.7	100.0
小计	6	12.8	100.0	—
缺失	41	87.2	—	—
总计	47	100.0	—	—

由调研数据可见，相比于向金融机构贷款平均年利率的 7.6% 以及民间借贷平均年利率的 12.1%，[①] 合作社面向社员开展的内部信用合作在利率上还是有很大的优惠力度。此外，关于合作社内部信用贷款的发放方式，开展内部信用合作的 6 个合作社均表示采用现金形式。

（五）合作社对内部信用风险的管控机制

1. 贷款前的风险评估、风险准备金计提

关于合作社在信用业务中是否会对借款人进行评估的情况，开展内部信用合作的 6 个合作社均表示要对借款人进行评估，具体来说，主要从贷款人的家庭资产、个人信用、家庭农业生产规模、贷款人前几年的生产盈利水平以及未来盈利的预期等方面对借款人进行风险评估，以确定能否对其发放贷款。

合作社的信用合作是否要计提风险准备金呢？在开展内部信用合作的 6 个合作社中，合作社要计提风险准备金的有 1 个，有效百分比为 16.7%；合作社不计提风险准备金的有 5 个，有效百分比为 83.3%。

2. 保证贷款人按时还款的方法措施

关于合作社在内部信用贷款中采用何种手段以保证社员按时还款的情况，在开展内部信用合作的 6 个合作社中，表示采用农地经营权抵押形式的有 1 个，有效百分比为 16.7%；表示采用联户联保形式的有 1 个，有效百分比为 16.7%；表示采用农村住房（宅基地）抵押或联户联保形式的有 1 个，有效百分比为 16.7%；表示采用农地经营权抵押或用款人在当地的良好信用形式的有 1 个，有效百分比为 16.7%；表示采用联户联保或用款人在当地的良好信用形式的有 2 个，有效百分比为 33.3%。

表 6-24　在信用合作中采用何种手段保证社员按时还款

单位：个，%

项目	频数	百分比	有效百分比	累计百分比
农地经营权抵押	1	2.1	16.7	16.7

---

① 数据来源：由调查中获取的资料整理而得。

续表

项目	频数	百分比	有效百分比	累计百分比
联户联保	1	2.1	16.7	33.4
农村住房(宅基地)抵押或联户联保	1	2.1	16.7	50.1
农地经营权抵押或用款人在当地的良好信用	1	2.1	16.7	66.8
联户联保或用款人在当地的良好信用	2	4.3	33.3	100.0
小计	6	12.8	100.0	—
缺失	41	87.2	—	—
总计	47	100.0	—	—

3. 出现坏账的处理方式及处罚措施

如果合作社内部信用合作出现坏账要如何处理？在开展内部信用合作的6个合作社中，表示由具体经办人担责偿还的有4个，有效百分比为66.7%；表示由担保人负责偿还的有2个，有效百分比为33.3%。

合作社对在信用合作中违约的借款社员是否有处罚措施呢？在开展内部信用合作的6个合作社中，表示对在信用合作中违约的借款社员有处罚措施的有3个，有效百分比为50%；表示对在信用合作中违约的借款社员没有处罚措施的有3个，有效百分比为50%。

（六）开展信用合作面临的主要问题及相关建议

关于合作社开展信用合作面临的主要问题，在开展内部信用合作的6个合作社中，表示主要面临缺乏社员入股、社员不懂相关业务知识、缺乏上级政策项目支持等问题的有1个，有效百分比为16.7%；表示主要面临缺乏社员入股、缺乏专业管理人员、农业生产风险波动大从而影响信贷投放或归还等问题的有1个，有效百分比为16.7%；表示主要面临社员不懂相关业务知识、缺乏专业管理人员、缺乏上级政策项目支持等问题的有2个，有效百分比为33.3%；表示主要面临社员不懂相关业务知识、缺乏专业管理人员、信用合作规模太小等问题的有1个，有效百分比为16.7%；表示主要面临社员不懂相关业务知识、缺乏上级政策项目支持、信用合作规模太小等问题的有1个，有效百分比为16.7%。

合作社开展信用合作需要政府相关部门在哪些方面予以支持呢，对该业务开展有何建议？在开展内部信用合作的6个合作社中，表示希望政府部门尽快出台相关法律法规、加大项目资金支持力度的有3个，有效百分比为50%；表示希望政府部门尽快出台相关法律法规、尽快明确对应管理指导部门的有1个，有效百分比为16.7%；表示希望政府部门尽快出台相关法律法规、加大对管理人员的专业知识培训力度的有2个，有效百分比为33.3%。

第五节 合作社土地流转及提供土地流转服务情况

土地是最重要的生产要素之一，土地的自由流转为实现农业规模化经营提供了基础，合作社的土地流转情况及其在土地流转过程中有没有提供有效服务是考察合作社在社会化服务中发挥作用的重要标准之一。

一 合作社土地经营情况

（一）合作社土地经营总体特征

本部分对合作社土地经营情况做进一步分析，关于合作社种植/养殖所用土地总面积，最小值为0亩（有的合作社没有专门用于种植/养殖的土地），最大值是32000亩，平均值是2195.6亩；关于合作社自营土地面积，最小值为0亩（有的合作社没有自营的土地），最大值是10500亩，平均值是335.9亩；关于合作社社员自营土地面积，最小值为0亩（有的合作社不是种植/养殖农产品的合作社，合作社产品的生产不需要土地），最大值是31600亩，平均值是1777.8亩；关于合作社自营租入土地年限，最小值为1年，最大值是70年，平均值是13年。

表6-25 合作社土地经营情况相关变量特征值

项目	合作社种植/养殖所用土地总面积（亩）	合作社自营土地面积（亩）	社员自营土地面积（亩）	合作社自营租入土地年限（年）
有效（个）	47	47	47	18

续表

项目	合作社种植/养殖所用土地总面积(亩)	合作社自营土地面积(亩)	社员自营土地面积(亩)	合作社自营租入土地年限(年)
缺失(个)	0	0	0	29
平均数	2195.6	335.9	1777.8	13
最小值	0	0	0	1
最大值	32000	10500	31600	70

（二）合作社种植/养殖所用土地总面积及构成

1. 合作社种植/养殖所用土地总面积

在受访的47个合作社中，表示没有种植/养殖专用土地的有7个，占被调研合作社总数的14.9%；表示种植/养殖所用土地总面积在100亩以内的有9个，占被调研合作社总数的19.1%；表示种植/养殖所用土地总面积在100～500亩的有9个，占被调研合作社总数的19.1%；表示种植/养殖所用土地总面积在500～1000亩的有3个，占被调研合作社总数的6.4%；表示种植/养殖所用土地总面积在1000～5000亩的有17个，占被调研合作社总数的36.2%；表示种植/养殖所用土地总面积在5000亩以上的有2个，占被调研合作社总数的4.3%。

表6-26 合作社种植/养殖所用土地总面积

单位：个，%

区间	频数	百分比	累计百分比
0	7	14.9	14.9
0～100亩	9	19.1	34.0
100～500亩	9	19.1	53.1
500～1000亩	3	6.4	59.5
1000～5000亩	17	36.2	95.7
5000亩以上	2	4.3	100.0
总计	47	100.0	—

2. 合作社自营的种植/养殖所用土地面积

关于合作社自营的种植/养殖所用土地面积情况，在受访的 47 个合作社中，表示合作社没有自营的种植/养殖专用土地的最多，有 24 个，占被调研合作社总数的 51.1%；表示合作社自营的种植/养殖所用土地面积在 100 亩以内的有 11 个，占被调研合作社总数的 23.4%；表示合作社自营的种植/养殖所用土地面积在 100~500 亩的有 9 个，占被调研合作社总数的 19.1%；表示合作社自营的种植/养殖所用土地面积在 500~1000 亩的有 1 个，占被调研合作社总数的 2.1%；表示合作社自营的种植/养殖所用土地面积在 1000~5000 亩的有 2 个，占被调研合作社总数的 4.3%。

表 6-27 合作社自营的种植/养殖所用土地面积

单位：个，%

区间	频数	百分比	累计百分比
0	24	51.1	51.1
0~100 亩	11	23.4	74.5
100~500 亩	9	19.1	93.6
500~1000 亩	1	2.1	95.7
1000~5000 亩	2	4.3	100.0
总计	47	100.0	—

3. 合作社社员种植/养殖所用土地面积

关于合作社社员种植/养殖所用的土地面积情况，在受访的 47 个合作社中，表示社员没有种植/养殖专用土地的有 7 个，占被调研合作社总数的 14.9%；表示社员种植/养殖所用土地面积在 100 亩以内的有 10 个，占被调研合作社总数的 21.3%；表示社员种植/养殖所用土地面积在 100~500 亩的有 10 个，占被调研合作社总数的 21.3%；表示社员种植/养殖所用土地面积在 500~1000 亩的有 3 个，占被调研合作社总数的 6.4%；表示社员种植/养殖所用土地面积在 1000~5000 亩的有 15 个，占被调研合作社总数的 31.9%；表示社员种植/养殖所用土地面积在 5000 亩以上的有 2 个，占被调研合作社总数的 4.3%。

表 6-28 合作社社员种植/养殖所用的土地面积

单位：个，%

比例	频数	百分比	累计百分比
0	7	14.9	14.9
0~100 亩	10	21.3	36.2
100~500 亩	10	21.3	57.5
500~1000 亩	3	6.4	63.9
1000~5000 亩	15	31.9	95.8
5000 亩以上	2	4.3	100.0
总计	47	100.0	—

二 合作社土地流转情况

（一）合作社土地流转的困难程度及转入方式

合作社土地流转的实际困难程度如何呢？在受访的 47 个合作社中，表示土地流转很难的有 5 个，占被调研合作社总数的 10.6%；表示土地流转比较难的最多，有 16 个，占被调研合作社总数的 34%；表示土地流转困难程度一般的有 10 个，占被调研合作社总数的 21.3%；表示土地流转比较容易的有 14 个，占被调研合作社总数的 29.8%；表示土地流转很容易的有 2 个，占被调研合作社总数的 4.3%。由调研数据可见，超过 40% 的合作社表示土地流转比较难或很难。

现实中，合作社自营土地的转入方式有哪些呢？在有自营土地的 23 个合作社中，自营土地是租入的最多，有 16 个，有效百分比为 69.6%；自营土地是以社员土地入股形式转入的有 4 个，有效百分比为 17.4%；自营土地是以租入和社员土地入股两种形式转入的有 3 个，有效百分比为 13%。

（二）以"租入"形式流转土地的具体情况

1. 租入土地需要的批准方

合作社租入土地是否需要批准呢？在有租入土地的 19 个合作社中，表示合作社租入土地需要村集体批准的有 10 个，有效百分比为 52.6%；

表示合作社租入土地不需要获得任何批准的有9个，有效百分比为84.2%。

2. 与转出土地者的关系及协议形式

关于租入土地的合作社与土地转出者的关系情况，在有租入土地的19个合作社中，表示土地转出者是合作社理事长亲戚的有2个，有效百分比为10.5%；表示土地转出者是合作社理事长熟人的有4个，有效百分比为21.1%；表示土地转出者和合作社相关人员无亲友关系的有9个，有效百分比为47.4%；表示租入土地是合作社直接和村集体对接的有4个，有效百分比为21.1%。

在合作社租入土地的协议形式方面，在有租入土地的19个合作社中，表示合作社租入土地没有签订书面合同，只有口头协议的有3个，有效百分比为15.8%；表示合作社租入土地签订了书面合同的有16个，有效百分比为84.2%。

3. 租入土地的位置及期限

关于合作社租入土地的位置情况，在有租入土地的19个合作社中，表示租入土地是本村的有14个，有效百分比为73.7%；表示租入土地不是本村的有5个，有效百分比为26.3%。

合作社租入土地期限是否固定呢？在有租入土地的19个合作社中，表示合作社租入土地期限是固定的有17个，有效百分比为89.5%；表示合作社租入土地期限不是固定的有2个，有效百分比为10.5%。

4. 合作社租入土地是否需要担保及担保人情况

合作社租入土地是否需要担保呢？在有租入土地的19个合作社中，表示合作社租入土地需要担保的有5个，有效百分比为26.3%；表示合作社租入土地不需要担保的有14个，有效百分比为73.7%。

在租入土地需要担保的5个合作社中，表示担保人是合作社理事长亲戚的有1个，有效百分比为20%；表示担保人是村干部的有3个，有效百分比为60%；表示担保人是合作社理事长熟人的有1个，有效百分比为20%。

（三）以"土地入股"形式转入土地的具体情况

1. "土地入股"需要的批准方

在以入股形式把土地转入的 7 个合作社中，表示把土地转入合作社入股需要村集体批准的有 3 个，有效百分比为 42.9%；表示把土地转入合作社入股不需要任何组织批准的有 4 个，有效百分比为 57.1%。

2. 土地的"入股资本"

入股的土地是以什么内容作为资本的呢？在以入股形式把土地转入的 7 个合作社中，表示是以土地承包经营权入股的有 5 个，有效百分比为 71.4%；表示是以一定期限的土地承包经营权入股的有 1 个，有效百分比为 14.3%；表示是以地里的经济作物如果树等入股的有 1 个，有效百分比为 14.3%。

3. 入股土地的分配方式及股份转让情况

关于合作社入股土地的分配方式，以入股形式把土地转入的 7 个合作社均表示，基于合作社盈余按一定比例分红。

合作社入股土地的股份可否转让呢？在以入股形式把土地转入的 7 个合作社中，表示该股份可以转让的有 4 个，有效百分比为 57.1%；表示该股份不可以转让的有 3 个，有效百分比为 42.9%。

三 土地流转服务的提供情况

在受访的 47 个合作社中，为社员提供土地流转服务的有 10 个，占被调研合作社总数的 21.3%，没有为社员提供土地流转服务的有 37 个，占被调研合作社总数的 78.7%。由调研数据可见，约 21% 的合作社为社员提供土地流转服务。

第六节 合作社在提供生产经营服务设施方面的情况

土地平整、道路和水利设施修建等是维持农业生产经营活动正常进行、有效提高生产效率的重要保障，合作社在这些方面有没有发挥作用呢？本部分将从以下四个方面对合作社在提供生产经营服务设施方面的作用进行分析。

一 提供生产经营服务设施的总体情况

关于合作社平整土地、修建水利设施等相关变量的特征值,对于合作社平整土地面积,有13个合作社给予了明确回答,最少的平整了5亩土地,最多的平整了2800亩土地,平均平整土地面积441.1亩;对于合作社平整土地总费用,有13个合作社给予了明确回答,最少的平整土地费用为2万元,最多的平整土地费用为80万元,平均费用为19.5万元;对于合作社修建水利设施总费用,有10个合作社给予了明确回答,最少的修建水利设施总费用为2万元,最多的修建水利设施总费用为90万元,平均费用为24.1万元。

对于合作社出资修建道路长度,有8个合作社给予了明确回答,修建道路长度最小值为1公里,修建道路长度最大值为23公里,修建道路长度平均值为6.6公里;对于合作社出资修建道路总费用,有8个合作社给予了明确回答,修建道路总费用最小值为1万元,修建道路总费用最大值为20万元,平均值为11.5万元;对于合作社改良土壤面积,有5个合作社给予了明确回答,改良土壤面积最小值为20亩,改良土壤面积最大值为2600亩,平均值为692.3亩;对于合作社改良土壤总费用,有5个合作社给予了明确回答,改良土壤的总费用最小值为5万元,改良土壤的总费用最大值为50万元,平均值为32.2万元。

表6-29 合作社提供生产经营服务设施相关变量特征值

项目	平整面积(亩)	平整总费用(万元)	水利设施总费用(万元)	出资修建道路长度(公里)	修建道路总费用(万元)	改良土壤面积(亩)	改良土壤总费用(万元)
有效(个)	13	13	10	8	8	5	5
缺失(个)	34	34	37	39	39	42	42
平均数	441.1	19.5	24.1	6.6	11.5	692.3	32.2
最小值	5	2	2	1	1	20	5
最大值	2800	80	90	23	20	2600	50

二 提供办公服务设施情况

（一）办公场地的提供及办公用地的来源

在受访的47个合作社中，有办公场地的有34个，占被调研合作社总数的72.3%；没有办公场地的有13个，占被调研合作社总数的27.7%。由调研数据可见，约28%的合作社仍没有专门的办公场地。

关于合作社办公用地的来源情况，在受访的47个合作社中，表示没有办公用地的有7个，占被调研合作社总数的14.9%；表示办公用地来自理事长自家耕地或林地的有9个，占被调研合作社总数的19.1%；表示办公用地是无偿使用集体建设用地的有7个，占被调研合作社总数的14.9%；表示办公用地是租用集体建设用地的有7个，占被调研合作社总数的14.9%；表示办公用地是无偿使用集体荒地的有1个，占被调研合作社总数的2.1%；表示办公用地是租用集体荒地的有3个，占被调研合作社总数的6.4%；表示办公用地是无偿使用农户宅基地的有1个，占被调研合作社总数的2.1%；表示办公用地是租用农户农用地、荒地、空闲地、宅基地等的有5个，占被调研合作社总数的10.6%；表示办公用地是农户宅基地作价入股的有1个，占被调研合作社总数的2.1%；表示办公用地是农户宅基地作价入股的有1个，占被调研合作社总数的2.1%；表示办公用地是租用商用办公楼的有1个，占被调研合作社总数的2.1%；表示办公用地是供销社提供的有1个，占被调研合作社总数的2.1%；表示办公用地是理事长所属企业提供的有2个，占被调研合作社总数的4.3%；表示办公用地是租用乡镇府茶厂的有1个，占被调研合作社总数的2.1%。

（二）服务设施的提供

在受访的47个合作社中，为社员提供服务设施的有25个，占被调研合作社总数的53.2%；没有为社员提供服务设施的有22个，占被调研合作社总数的46.8%。由调研数据可见，有超50%的合作社为社员提供了服务设施。

三 土地的平整与改良

（一）土地平整及出资主体

在受访的47个合作社中，表示进行过土地平整的有13个，占被调研合作社总数的27.7%；表示没有进行过土地平整的有34个，占被调研合作社总数的72.3%。

合作社平整土地的出资主体有哪些呢？在进行过土地平整的13个合作社中，平整土地出资主体是理事长的有4个，有效百分比为30.8%；平整土地出资主体是理事会成员的有2个，有效百分比为15.4%；平整土地出资主体是合作社所有社员的有4个，有效百分比为30.8%；平整土地出资主体是政府相关部门的有1个，有效百分比为7.7%；平整土地是由理事会成员和政府相关部门共同出资的有2个，有效百分比为15.4%。

（二）土壤改良及出资主体

合作社是否进行过土壤改良呢？在受访的47个合作社中，表示合作社进行过土壤改良的有5个，占被调研合作社总数的10.6%；表示合作社没有进行过土壤改良的有42个，占被调研合作社总数的89.4%。

在进行过土壤改良的5个合作社中，土壤改良出资主体是理事长的有1个，有效百分比为20%；土壤改良出资主体是理事会成员的有1个，有效百分比为20%；土壤改良出资主体是合作社所有社员的有3个，有效百分比为60%。

四 水利设施、道路修建

（一）水利设施修建及出资主体

在水利设施修建方面，在受访的47个合作社中，表示进行过水利设施修建的有10个，占被调研合作社总数的21.3%；表示没有进行过水利设施修建的有37个，占被调研合作社总数的78.7%。

关于合作社修建水利设施的出资主体，在进行过水利设施修建的10个合作社中，出资主体是理事长的有5个，有效百分比为50%；出资主体是理事会成员的有 3 个，有效百分比为 30%；出资主体是合作社所有社员的有 1 个，有效百分比为 10%；出资主体是政府相关部门的有 1 个，有效百分比为 10%。

（二）道路修建及出资主体

在受访的 47 个合作社中，表示合作社进行过道路修建的有 8 个，占被调研合作社总数的 17%；表示合作社没有进行过道路修建的有 39 个，占被调研合作社总数的 83%。

在进行过道路修建的 8 个合作社中，出资主体是理事长的有 1 个，有效百分比为 12.5%；出资主体是理事会成员的有 1 个，有效百分比为 12.5%；出资主体是合作社所有社员的有 2 个，有效百分比为 25%；出资主体是政府相关部门的有 4 个，有效百分比为 50%。

第七节　合作社对非社员提供服务的情况

合作社在对社员提供农业社会化服务的同时对非社员有没有辐射带动作用呢，辐射的范围有多大呢？本部分将对合作社为非社员提供服务的情况进行具体分析。

合作社是否对非社员提供服务呢？在受访的 47 个合作社中，为非社员提供服务的有 34 个，占被调研合作社总数的 72.3%；没有为非社员提供服务的有 13 个，占被调研合作社总数的 27.7%。由调研数据可见，约 72% 的合作社对非社员提供了服务。

一　对非社员提供的产前服务

（一）农资购买服务的提供及获得该服务的非社员数量

具体来说，关于合作社是否为非社员提供农资购买服务的情况，在受访的 47 个合作社中，为非社员提供农资购买服务的有 17 个，占被调研合作社总数的 36.2%；没有为非社员提供农资购买服务的有 30 个，占被调研合作社总数的 63.8%。由调研数据可见，约 36%的合作社会为非社员提供农资购买服务。

在为非社员提供农资购买服务的 17 个合作社中，其该项服务的辐射带动能力如何？从服务的非社员户数来看，服务的非社员户数为 0~100 户的有 11 个，有效百分比为 64.7%；服务的非社员户数为 100~500 户的有 2 个，有效百分比为 11.8%；服务的非社员户数在 500 户以上的有 4 个，有效百分比为 23.5%。

表 6-30 获得农资购买服务的非社员数量

单位：个，%

项目	频数	百分比	有效百分比	累计百分比
0~100 户	11	23.4	64.7	64.7
100~500 户	2	4.3	11.8	76.5
500 户以上	4	8.5	23.5	100.0
小计	17	36.2	100.0	—
缺失	30	63.8	—	—
总计	47	100.0	—	—

（二）信息服务的提供及获得该服务的非社员数量

在受访的 47 个合作社中，为非社员提供信息服务的有 16 个，占被调研合作社总数的 34%；没有为非社员提供信息服务的有 31 个，占被调研合作社总数的 66%。由调研数据可见，约 1/3 的合作社为非社员提供信息服务。

在给非社员提供信息服务的 16 个合作社中，其该项服务的辐射带动能力如何？从服务的非社员户数来看，服务的非社员户数为 0~100 户的最多，有 11 个，有效百分比为 68.8%；服务的非社员户数为 100~500 户的有 1 个，有效百分比为 6.3%；服务的非社员户数在 500 户以上的有 4 个，有效百分比为 25%。

表 6-31 获得信息服务的非社员数量

单位：个，%

项目	频数	百分比	有效百分比	累计百分比
0~100 户	11	23.4	68.8	68.8
100~500 户	1	2.1	6.3	75.1
500 户以上	4	8.5	25.0	100.0
小计	16	34.0	100.0	—
缺失	31	66.0	—	—
总计	47	100.0	—	—

二 对非社员提供的产中技术服务

在受访的 47 个合作社中，对非社员提供技术服务的有 27 个，占被调研合作社总数的 57.4%；没有对非社员提供技术服务的有 20 个，占被调研合作社总数的 42.6%。由调研数据可见，约 57% 的合作社会对非社员提供技术服务。

在为非社员提供技术服务的 27 个合作社中，其该项服务的辐射带动能力如何？从服务的非社员户数来看，服务的非社员户数为 0~100 户的最多，有 18 个，有效百分比为 66.7%；服务的非社员户数为 100~500 户的有 3 个，有效百分比为 11.1%；服务的非社员户数在 500 户以上的有 6 个，有效百分比为 22.2%。

表 6-32 获得技术服务的非社员数量

单位：个，%

项目	频数	百分比	有效百分比	累计百分比
0~100 户	18	38.3	66.7	66.7
100~500 户	3	6.4	11.1	77.8
500 户以上	6	12.8	22.2	100.0
小计	27	57.4	100.0	—
缺失	20	42.6	—	—
总计	47	100.0	—	—

三 对非社员提供的产后服务

（一）产品销售服务的提供及获得该服务的非社员数量

在受访的47个合作社中，对非社员提供产品销售服务的有30个，占被调研合作社总数的63.8%；没有对非社员提供产品销售服务的有17个，占被调研合作社总数的36.2%。由调研数据可见，约64%的合作社会对非社员提供产品销售服务。

在为非社员提供产品销售服务的30个合作社中，其该项服务的辐射带动能力如何？从服务的非社员户数来看，服务的非社员户数为0~100户的最多，有18个，有效百分比为60.0%；服务的非社员户数为100~500户的有7个，有效百分比为23.3%；服务的非社员户数在500户以上的有5个，有效百分比为16.7%。

表6-33 获得产品销售服务的非社员数量

单位：个，%

项目	频数	百分比	有效百分比	累计百分比
0~100户	18	38.3	60.0	60.0
100~500户	7	14.9	23.3	83.3
500户以上	5	10.6	16.7	100.0
总计	30	63.8	100.0	—
缺失	17	36.2	—	—
总计	47	100.0	—	—

（二）产品加工服务的提供及获得该服务的非社员数量

关于合作社是否为非社员提供产品加工服务的情况，在受访的47个合作社中，为非社员提供产品加工服务的有8个，占被调研合作社总数的17%；没有为非社员提供产品加工服务的有39个，占被调研合作社总数的83%。由调研数据可见，17%的合作社会为非社员提供产品加工服务。

在为非社员提供产品加工服务的8个合作社中，其该项服务的辐射带动能力如何？从服务的非社员户数来看，服务的非社员户数为10户的有3个，有效百分比为37.5%；服务的非社员户数为33户的有1个，有效百分比为12.5%；服务的非社员户数为50户的有1个，有效百分比为12.5%；服务的非社员户数为60户的有2个，有效百分比为25%；服务的非社员户数为100户的有1个，有效百分比为12.5%。

表6-34 获得产品加工服务的非会员数量

单位：个，%

项目	频数	百分比	有效百分比	累计百分比
10户	3	6.4	37.5	37.5
33户	1	2.1	12.5	50.0
50户	1	2.1	12.5	62.5
60户	2	4.3	25.0	87.5
100户	1	2.1	12.5	100.0
小计	8	17.0	100.0	—
缺失	39	83.0	—	—
总计	47	100.0	—	—

第八节 本章小结

本章主要从合作社在产前产中产后服务中的作用、开展的内部信用合作及提供的借贷服务情况、提供的土地流转服务情况、提供的生产经营服务设施的情况、对非社员提供服务的情况等方面对合作社在农业社会化服务中的作用进行了具体的分析。

合作社在产前产中产后服务主要集中体现为农资购买、信息及技术的提供、产品质量安全监控及产品销售等，涉及统一播种、施肥、病虫害防治、产品收割、机械代耕、水利灌溉等直接的生产性服务较少。统一提供这些生产性服务带来的规模性效益会在很大程度上减少人力、物力支出，可帮助农户提高效率并节约成本。出现这种情况的主要原因是滇西边境片区大都为山区或小坝区，农地零碎而分散，合作社社员又分布在不同的村、乡镇乃至县城，社员的土地不能连成片，规模化的统一生产性服务难以操作。

在销售方面，总体来说，合作社的品牌意识薄弱，营销能力有待提升。超过 60% 的合作社有建立并维护稳定的销售渠道的意识，这对于提高销售效率、降低销售风险有积极的作用。对于火热的网络销售，大部分合作社没有涉及，但表示今后愿意尝试。此外，对于可以有效实现产品经济附加值提升的加工服务，不足 40% 的合作社可以提供加工服务但绝大部分仅限于简单的初级加工。

缺乏资金是农户普遍面临的主要困难，只有 10% 左右的合作社开展了内部信用合作并向社员提供贷款，贷款资金主要来自村级扶贫款。相对于社员的借款意愿，实际可获得贷款的成员比例偏小。在土地经营流转方面，70% 的合作社自营土地面积在 100 亩以下，目前土地流转程序比较简单，难点在于实现连片流转。大部分的合作社并没有提供土地流转服务。此外，只有很小一部分合作社提供了土地平整、道路及水利设施修建、土壤改良等服务。对于非合作社社员，超过 70% 的合作社也向其提供信息、技术、销售等服务，辐射带动的非社员规模大都在 100 户以内。

第七章　合作社带动社员增收效果及其在乡村振兴中的新角色

合作思想源于帮助弱势群体通过互助与自助来改变自身的经济状况,其初衷和旨趣从根本上说是益贫的。自我服务旨趣和民主管理的权利使得合作社在内部制度安排方面更有利于维护贫困社员的权益。相比于其他经济组织,合作社在带动农户增收方面具有先天的优势,其增收效应已被大量学者证实。此外,随着乡村振兴战略的推进,如何提高乡村治理能力、推动乡村经济发展、促进乡风文明等引发了广泛的关注和思考。农民专业合作社兼具经济和社会双重功能,其在乡村振兴的哪些方面能有进一步发挥作用的空间值得认真思索。

第一节　合作社带动社员增收的理论分析

关于合作社促进农民增收理论机制,现有研究主要从以下几个方面展开讨论。首先,合作社可以在产前、产中、产后等环节给社员提供专业的农业社会化服务,并在这个过程中帮助社员实现规模经济。例如,分散的小农户通过联合建立合作社可以提高市场谈判力,从而在购买投入品时成本更低并在销售产品时获得更高附加值。其次,合作社在规模化生产的基础上强调生产标准化、专业化,通过提高产品品质和生产效率帮助农民增收。再次,农民专业合作社通过初加工或深加工等提高纵向一体化程度,并通过品牌化建设提高产品附加值,从而帮助社员获得产品溢价。最后,在合作社帮助提升农户资源禀赋方面，贫困农户自身能力的提升是实现持续增收的关键。农民专业合作社在帮助农户提升技能和优化社会资本方面有较为明显的优势，主要体现在：一方面合作社通过标准化生产、技术培训等有效提升社员的技能，另一方面合作社社员间的沟通互动能有效拓展社员的社会网络。此外，在乡村振兴过程中，很多政府的项目都是通过合作社对接农户的，很多时候合作社可以作为政府和贫困社员间的桥梁，帮助贫困社员获得更多的社会资源。

第二节 合作社带动社员增收效果及影响力

基于一手调研资料，下文将重点从合作社对精准扶贫对象的吸纳情况、合作社带动社员增收的效果、社员对合作社的评价及合作社的社会吸引力这几个方面对合作社带动社员增收的效果及其影响力进行详细的分析。

一 合作社对精准扶贫对象的吸纳情况

在受访的47个合作社中，没有建档立卡贫困户社员的合作社有8个，占被调查合作社总数的17%；带动的建档立卡贫困户社员在0~5户的有10个，占被调查合作社总数的21.3%；带动的建档立卡贫困户社员在5~20户的最多，有12个，占被调查合作社总数的25.5%；带动的建档立卡贫困户社员在20~100户的有9个，占被调查合作社总数的19.1%；带动的建档立卡贫困户社员在100户以上的有8个，占被调查合作社总数的17%。可见，绝大部分的合作社都积极承担了社会责任，努力带动建档立卡贫困户社员通过发展产业来增收脱贫。

表7-1 带动建档立卡贫困户社员数量

单位：个，%

项目	频数	百分比	累计百分比
0	8	17.0	17.0
0~5户	10	21.3	38.3

续表

项目	频数	百分比	累计百分比
5~20 户	12	25.5	63.8
20~100 户	9	19.1	82.9
100 户以上	8	17.0	100.0
总计	47	100.0	—

（一）合作社中建档立卡贫困户社员所占比例

在受访的 47 个合作社中，没有建档立卡贫困户社员的合作社有 8 个，占被调查合作社总数的 17%；建档立卡贫困户社员占社员总数比例在 0~30% 的最多，有 18 个，占被调查合作社总数的 38.3%；建档立卡贫困户社员占社员总数比例在 30%~60% 的有 14 个，占被调查合作社总数的 29.8%；建档立卡贫困户社员占社员总数比例在 60% 以上的有 7 个，占被调查合作社总数的 14.9%。

表 7-2　建档立卡贫困户社员占社员总数的比例

单位：个，%

项目	频数	百分比	累计百分比
0	8	17.0	17.0
0~30%	18	38.3	55.3
30%~60%	14	29.8	85.1
60% 以上	7	14.9	100.0
总计	47	100.0	—

（二）吸纳建档立卡贫困户的原因

关于吸纳建档立卡贫困户的原因，在受访的 47 个合作社中，表示合作社中的精准扶贫对象是政府要求吸纳的有 17 个，占被调查合作社总数的 36.2%；表示合作社中的精准扶贫对象不是政府要求吸纳的有 30 个，占被调查合作社总数的 63.8%。

二 合作社带动社员增收的水平与效果

（一）合作社带动社员增收的水平

关于合作社帮助社员增收相关变量的特征值，对于"社员通过生产合作社相关产品获得的平均收入"这个指标，有效样本为41个，获得平均收入最小值为0元，最大值为12万元，平均值为1.9万元；对于"在全体社员中，通过生产合作社产品获得收入的最高水平"这个指标，有效样本为41个，最高收入水平的平均值为13.4万元，最小值为0元，最大值为120万元。

对于"在全体社员中，通过生产合作社产品获得收入的最低水平"这个指标，有效样本为41个，最低收入水平的平均值为1.2万元，最小值为0元，最大值为13万元；对于"与加入前相比社员通过生产合作社产品平均增收水平"这个指标，有效样本为41个，平均增收水平的最小值为0元，最大值为2.5万元，平均值为0.32万元。

表7-3 合作社帮助社员增收相关变量的特征值

项目	社员通过生产合作社相关产品获得的平均收入（万元）	在全体社员中，通过生产合作社产品获得收入的最高水平（万元）	在全体社员中，通过生产合作社产品获得收入的最低水平（万元）	与加入前相比社员通过生产合作社产品平均增收水平（万元）
有效（个）	41	41	41	41
缺失（个）	6	6	6	6
平均数	1.9	13.4	1.2	0.32
最小值	0	0	0	0
最大值	12	120	13	2.5

关于合作社社员加入合作社后的平均增收水平情况，在受访的47个合作社中，对此问题做出有效回答的有41个，表示社员平均增收水平在0~0.2万元的最多，有16个，有效百分比为39%；表示社员平均增收水平在0.2万~0.5万元的有10个，有效百分比为24.4%；表示社员平均增收水平

在 0.5 万~0.8 万元的有 7 个，有效百分比为 17.1%；表示社员平均增收水平在 0.8 万~1.2 万元的有 4 个，有效百分比为 9.8%；表示社员平均增收水平在 1.2 万~1.5 万元的有 2 个，有效百分比为 4.9%；表示社员平均增收水平在 1.5 万~2 万元的有 1 个，有效百分比为 2.4%；表示社员平均增收水平在 2 万元以上的有 1 个，有效百分比为 2.4%。由调查数据可见，80% 左右的合作社带动社员平均增收水平低于 0.8 万元。

表 7-4 社员加入合作社后的平均增收水平

单位：个，%

项目	频数	百分比	有效百分比	累计百分比
0~0.2 万元	16	34.0	39.0	39.0
0.2 万~0.5 万元	10	21.3	24.4	63.4
0.5 万~0.8 万元	7	14.9	17.1	80.5
0.8 万~1.2 万元	4	8.5	9.8	90.3
1.2 万~1.5 万元	2	4.3	4.9	95.2
1.5 万~2 万元	1	2.1	2.4	97.6
2 万元以上	1	2.1	2.4	100.0
小计	41	87.2	100.0	—
缺失	6	12.8	—	—
总计	47	100.0	—	—

（二）合作社带动社员增收的效果

在合作社带动成员增收的效果方面，在受访的 47 个合作社中，理事长认为合作社在带动成员增收方面没有什么效果的有 5 个，占被调查合作社总数的 10.6%；理事长认为合作社在带动成员增收方面效果很不明显的有 2 个，占被调查合作社总数的 4.3%；理事长认为合作社在带动成员增收方面效果不太明显的有 6 个，占被调查合作社总数的 12.8%；理事长认为合作社在带动成员增收方面效果一般的有 12 个，占被调查合作社总数的 25.5%；理事长认为合作社在带动成员增收方面效果比较明显的最多，有 15 个，占被调查合作社总数的 31.9%；理事长认为合作社在带动成员增收方面效果很明显的有 7 个,占被调查合作社总数的 14.9%。由调查数据可见,47% 左右的合作社理事长认为合作社在带动成员增收方面效果比较明显或很明显。

表 7-5 合作社带动社员增收的效果

单位：个，%

项目	频数	百分比	累计百分比
没有效果	5	10.6	10.6
很不明显	2	4.3	14.9
不太明显	6	12.8	27.7
一般	12	25.5	53.2
比较明显	15	31.9	85.1
很明显	7	14.9	100.0
总计	47	100.0	—

三 社员对合作社的评价及合作社的社会吸引力

关于社员对合作社的满意度情况,在受访的 47 个合作社中,理事长认为社员对合作社很不满意的有 2 个,占被调查合作社总数的 4.3%；理事长认为社员对合作社不太满意的有 2 个,占被调查合作社总数的 4.3%；理事长认为社员对合作社满意程度一般的有 6 个,占被调查合作社总数的 12.8%；理事长认为社员对合作社比较满意的有 31 个,占被调查合作社总数的 66%；理事长认为社员对合作社很满意的有 6 个,占被调查合作社总数的 12.8%。由调查数据可见,79% 左右的合作社理事长认为社员对合作社比较满意或很满意。

表 7-6 社员对合作社的满意度

单位：个，%

项目	频数	百分比	累计百分比
很不满意	2	4.3	4.3
不太满意	2	4.3	8.6

续表

项目	频数	百分比	累计百分比
一般	6	12.8	21.4
比较满意	31	66.0	87.4
很满意	6	12.8	100.0
总计	47	100.0	—

关于合作社对非社员农户的吸引力情况，在受访的47个合作社中，理事长认为合作社对非社员农户吸引力很低的有2个，占被调查合作社总数的4.3%；理事长认为合作社对非社员农户吸引力比较低的有9个，占被调查合作社总数的19.1%；理事长认为合作社对非社员农户吸引力一般的有17个，占被调查合作社总数的36.2%；理事长认为合作社对非社员农户吸引力比较高的有18个，占被调查合作社总数的38.3%；理事长认为合作社对非社员农户吸引力很高的有1个，占被调查合作社总数的2.1%。由调查数据可见，40%左右的合作社理事长认为合作社对非社员农户的吸引力比较高或很高。

表7-7 合作社对非社员农户的吸引力

单位：个，%

项目	频数	百分比	累计百分比
很低	2	4.3	4.3
比较低	9	19.1	23.4
一般	17	36.2	59.6
比较高	18	38.3	97.9
很高	1	2.1	100.0
总计	47	100.0	—

第三节 滇西合作社在脱贫攻坚中的作用

上文通过对一手调研数据的梳理，真实生动地从微观层面描述了合作社带动社员增收的效果及其影响力。为了进一步从宏观层面了解合作社在帮助农户增收方面的作用，下文将从总体上对滇西合作社在脱贫攻坚中的作用做进一步的分析。

一　滇西的脱贫情况

2011年国家发布的地区名单中，云南省共有贫困连片地区4个，其中有贫困县85个，包括乌蒙山区15个县、滇黔桂石漠化地区11个县、滇西边境片区56个县、涉藏地区3个县。截至2019年，经历8年的奋战，云南省脱贫攻坚取得巨大的成绩，85个贫困县中有44个脱贫，其中乌蒙山区4个县、滇黔桂石漠化地区5个县、滇西边境片区35个县。从上述数据可以看出，一方面，滇西是云南最大的贫困连片地区，贫困县占全省的66%；另一方面，滇西的脱贫力度在贫困连片地区中也是最大的，滇西贫困人口从2011年的486万人下降到2015年的187万人，2016年底滇西还有贫困人口145.3万人，截至2018年，滇西贫困人口降至65.66万人以下，脱贫率达到62%，超过了其他几个片区。

特困地区脱贫的关键是乡村脱贫，新型农业经营主体在滇西脱贫攻坚过程中发挥了重要的作用，农民专业合作社作为新型农业经营主体之一参与了这一过程。

二　滇西新型农业经营主体在脱贫攻坚中发挥的作用

（一）新型农业经营主体带动贫困户的情况

滇西带动建档立卡贫困户脱贫的新型农业经营主体主要是合作社和地方龙头企业。从滇西地区（除怒江和西双版纳之外）的8个地州（市）64个县2018年第四季度的数据可以看出，总体上新型农业经营主体的扶贫力度较大。滇西64个县共有建档立卡贫困户82.37万户325.1万人。其中，龙头企业带动农户43.43万户，合作社带动农户58.32万户，除去重合带动的情况，二者带动农户共75.62万户298.88万人。新型农业经营主体带动了91%的贫困农户发展，产生影响的范围和带动力度都较大（见表7-8）。

表 7-8　滇西地区新型农业经营主体带动贫困户情况

地州(市)	建档立卡贫困户情况 户数(户)	建档立卡贫困户情况 人数(人)	新型农业经营主体（除龙头企业外）带动情况 带动建档立卡贫困户(户)	新型农业经营主体（除龙头企业外）带动情况 带动建档立卡贫困人口(人)	新型农业经营主体中龙头企业带动情况 带动建档立卡贫困户(户)	新型农业经营主体中龙头企业带动情况 带动建档立卡贫困人口(人)	新型农业经营主体总体带动情况 带动建档立卡贫困户(户)	新型农业经营主体总体带动情况 带动建档立卡贫困人口(人)	参与带动贫困户的新型农业经营主体(个)
保山市	94111	389568	64319	261014	43804	178883	84295	344372	5345
丽江市	44120	175746	24475	98298	13571	51621	37609	148387	560
普洱市	156260	571313	104222	384580	62797	225822	151248	554084	1802
临沧市	77181	298817	67856	264528	55042	209367	73764	285972	2349
楚雄州	88066	331670	75597	293457	66965	261540	80228	310876	4833
红河州	214303	913514	160446	675321	114754	464532	196380	849586	1776
大理州	110517	419898	75220	275642	53929	204664	103084	384422	3807
德宏州	39216	150517	11078	41188	23522	85684	29570	111073	2636
合计	823774	3251043	583213	2294028	434384	1682113	756178	2988772	23108

资料来源：根据云南省农业厅公开数据整理，http://www.ynagri.gov.cn/zt14296/。

从新型农业经营主体参与扶贫的效果来看，成效也较为明显。2018年各级财政整合各种资金投入滇西64个县的扶贫资金近250亿元，其中投入产业扶贫的资金共99.4亿元，投入贫困户发展产业的资金共123.2亿元，贫困人口人均产业扶贫财政资金37010.1元。财政投入力度很大，产生的效益也较为明显。滇西64个县产业扶贫总收入超过千亿元，其中，新型农业经营主体的扶贫产业收入达851.11亿元；贫困户发展产业脱贫的总收入近200亿元，其中是与新型农业经营主体合作获得的收入达150.39亿元。有些县市的贫困户增收基本靠与新型农业经营主体合作，如龙陵县、孟连县、思茅区、宁洱县、大姚县、泸西县、绿春县等。由此可见，合作社和龙头企业等新型农业经营主体对带动滇西地区贫困户脱贫的作用较大。

表 7-9 新型农业经营主体参与扶贫的效果

州(市)	资金投入水平			产业扶贫成效			
	产业扶贫投入比例		财政资金投入强度	扶贫产业收入情况			贫困户扶贫产业发展成效	
	产业整合扶贫资金总额(万元)	其中:财政整合投入产业扶贫的资金(万元)	财政投入贫困户产业发展资金(万元)	贫困人口人均产业扶贫财政资金(元)	扶贫产业总收入(万元)	其中:有组织的扶贫产业收入情况(万元)	建档立卡贫困户产业发展扶贫总收入(万元)	其中:贫困户与新型农业经营主体联结收入情况(万元)
保山市	278614.93	105226.85	55097.70	15571.50	1908076.50	1206898.81	345922.95	232654.59
丽江市	118156.21	37942.71	31372.71	21554.50	310761.37	140351.35	47449.05	14077.92
普洱市	521346.25	206096.42	336473.86	54905.88	2031029.40	1377168.24	400959.61	271774.49
临沧市	480326.97	180821.98	163234.47	37895.69	1692078.06	1246820.00	206128.32	180123.64
楚雄州	238002.55	118185.39	122255.01	43026.47	1109890.23	832402.96	245813.50	218268.39
红河州	397980.39	178292.48	306223.09	48035.09	3373451.01	2297595.70	447758.71	377011.22
大理州	320813.47	127670.07	146844.95	46863.12	2664170.83	867973.46	235099.62	158781.53
德宏州	117306.45	39775.63	70277.44	28228.52	803088.00	541893.00	67407.03	51244.55
合计	2472547.22	994011.53	1231779.23	37010.10	13892545.4	8511103.52	1996538.79	1503936.33

资料来源:根据云南省农业厅公开数据整理,http://www.ynagri.gov.cn/zt14296/。

总体上，新型农业经营主体中合作社对农户的带动作用略强于龙头企业。龙头企业带动农户43.43万户，合作社带动农户58.32万户，合作社比龙头企业多出了14.89万户。这主要是与企业自身的性质有一定的关系，企业扶贫的同时也会兼顾追求利润。此外，随着现代农业的发展，合作社在帮助小农户与现代农业有效对接方面可以发挥更重要的作用。合作社根植于农村，除了作为农村参与市场化经营的主体和重要中介外，其在农业社会化服务中更能根据农户的需求而积极发挥作用。

（二）发挥带动作用的合作社数量较多，但带动能力总体较弱

从表7-10可以看出，没有贫困户参与的合作社共1630个，占21%。虽然约79%的合作社起到带动贫困户发展的作用，但从带动能力来看，约54%的合作社带动贫困户在50户及以下，带动50户以上的合作社仅约占25%。可见，总体上滇西合作社的发展还处于起步阶段，实力雄厚的合作社较少，对贫困户增收的带动能力有待加强。

表7-10 合作社带动贫困户增收的情况

单位：个，%

贫困户数	合作社数量	比重
0	1630	21.00
1~10户	2382	30.60
11~50户	1782	22.90
51~100户	738	9.50
101~200户	724	9.32
201~300户	307	3.95
301~400户	111	1.43
401~500户	51	0.66
501~1000户	35	0.45
1001户及以上	12	0.15
合计	7772	100.00

资料来源：根据云南省农业厅公开数据整理，http://www.ynagri.gov.cn/zt14296/。

在带动贫困户增收的合作社中，有一类比较特殊的是由政府主导成立的贫困户资金互助社，其对于贫困户增收起到了重要作用。例如，2016年，南涧县无量山镇成立了保平、发达、马街三个资金互助社，将90万元互助社资金贷款给90户贫困户，贫困户通过资金入股南涧县无量山镇农业综合开发润生农民专业合作社，该合作社通过资金入股凤凰沱茶厂，享受分红。每年凤凰沱茶厂给予合作社12%的分红，其中10%为贫困户入股分红，1%为合作社工作经费，1%为互助社工作经费。2017年，无量山镇已将每户1000元的入股分红发放给贫困户，实现了资金保值增值。目前，该合作社已经吸收了本镇多数资金互助社的资金，在带动贫困户增收方面产生了较大影响。

三 滇西地区资金和股份类合作社在脱贫攻坚中发挥的作用

资金和股份类合作社属于不同的类别。一般来说，资金互助社主要处理农户资金短缺及相互间资金借贷的问题，主要业务是资金存储和支取。其中，借出并融入产业的资金有一定的本金和利息返还的期限，并且，作为资金借出方的合作社不属于产业的产权人，与作为借款方的产业经营者存在一定的分离现象，其一般也不涉及产业经营问题。而股份合作社主要是农户通过资金、资产或其他形式入股共同发展特定产业，主要处理产业发展的问题，入股的资本在保障股息的情况下可以转让但不能随意收回或支取，入股社员作为合作社资产的产权人在法律允许的范围内有参与经营与否的自由。

2007年云南省在国务院扶贫办和财政部的指导下开启扶贫资金互助社试点工作，首先在4个县、19个乡镇、27个村和42个村民小组展开试点，组建扶贫资金互助社42个；而后逐渐发展，2010年全省16个地州（市）69个县参与了试点工作，共覆盖274个乡镇、446个村和670个村民小组，组建扶贫资金互助社690个；2015年，1467个扶贫资金互助社覆盖了全省16个地州（市）109个县489个乡镇775个行政村，成立了8657个互助小组，81824户农户参与其中，全省互助资金总规模达到3.047亿元，有6.66

万农户通过扶贫资金互助社获得贷款 4.67 亿元。① 现在，云南省扶贫资金互助社已经覆盖全部地州（市）和大部分县，为云南农村金融事业的发展奠定了较好的基础。

（一）互助资金的主要来源及使用规则

互助资金的主要来源有以下几种：一是专项安排中央和省级财政扶贫资金用于补助试点村建立"互助资金"，平均每个试点村的额度为 10 万~20 万元。每个村补助的具体额度根据实际情况而定。这笔资金通常就是互助社的启动资金。2018 年以来，投入互助社的资金呈增加的趋势，如大理州云龙县 2018 年共投入 450 万元扶持扶贫资金互助社，涉及 15 个行政村，每村 30 万元。二是试点村内农户以自有资金入股或者其他方式扩大"互助资金"规模。贫困农户可适用于政府赠股的办法。互助社成员入股资金一般不多，在一些地区采取收取入社会费的形式，这也是扩大资金规模的一种方式。三是社会帮扶，政府各级部门、国有企事业单位以及社会各界都可向互助社进行捐助。四是银行借贷，在互助资金不足或达不到社内借款要求的情况下，互助社可以担保的形式帮助社员向银行贷款，部分互助社也会基于优惠政策从银行获取小额贷款进行资本运作。

一般以村小组为单位组建资金互助社，该类合作社规模不大，入社户数平均为 70 户左右，部分地区以乡镇为基本单位组建资金互助社，如大理州南涧县无量山镇的资金互助社，规模较大，共 2070 户。互助资金的管理权归县级单位，由县扶贫办统一监督管理，乡镇一级成立互助资金项目管理小组，建立互助资金专户，由乡（镇）财政所代管，借款支出和回收事务由财政所直接负责。试点村成立互助资金管理委员会，下设资金管理小组和资金监督小组。资金管理小组通常由村两委和村小组的干部组成，具体负责资金的审批、发放、回收和账务处理等日常事务；资金监督小组成员中普通村民的占比较大，主要负责监督资金流转的整个过程。一些地区也有由农户自发建立并管理的互助社，其日常管理和监督事务都由

---

① 数据来源：《云南省互助资金总规模达到 3.047 亿元》，http：//finance. yunna。

普通农户负责。这类合作社占比不大，以大理州永平县杉阳镇为例，该镇共有13个扶贫资金互助社，其中由村级管理的有10个，农户自行组建的有3个。

在资金的借贷方式上，借款额度最高为10000元，还款期限最长不超过1年。互助资金的收益包括资金使用费和资金银行利息等，50%用于维持机构日常运转，50%转化为互助资金以进一步扩大资金规模。村民在借还款时，必须出具书面申请材料，由村资金管理小组审批。乡（镇）财政所负责将借款直接划拨至农户在农村信用社开设的账户中。农户还款时则需将资金汇入互助资金专户，财政所将农村信用社出具的单据视为还款凭证。针对借款事项实施联保制，需要一定的抵押或担保，担保人由2户以上社内未借款的农户担任，担保人同时只能为1~2户农户担保。借款户必须是本村本社人员，借款户比例一般控制在入社户数的一半以下。

（二）互助资金帮助农户增收脱贫的主要途径及效果

互助社的资金主要用于支持生产性项目，不能用于支持非生产性项目。在资金的使用上主要有两种情况。第一种，互助社将资金直接借贷给农户，帮助其发展农业生产，例如，怒江州福贡县上帕镇腊竹底村于2013年成立娃底和亚几两个扶贫资金互助社（社员以傈僳族为主），资金主要用于缓解农户生产发展中的资金短缺、融资难等问题。每户一年能贷一次，一次能贷3000~10000元。社员余福生从互助社借款1万元，加上自筹的两万多元，买了30头种猪发展养殖业，年收入达3万多元。

第二种，互助社将资金整合入股企业或合作社，这类情况更为普遍。在大理地区资金互助社入股相关产业的情况较多。大理州政府累计投入资金1.8亿元用于扶持互助社发展，截至2018年共有扶贫互助社712个，在全省该类合作社中占有较大比例。大理州发展该类合作社的主要模式就是产金互动、资金入股相关产业。在数据库中，共有141个互助社采取这种模式，其中，除了丽江市、红河州和楚雄州各有1个外，其他均为大理州各县市的互助社。通过对数据库中合作社实际操作情况的分析可见，资金入股可分为两类，第一类采取合作社+公司的形式带动本村农户发展产业，该类公司一般为涉农型公司。例如巍山县建宏牧业公司与巍山县永建镇的友民、福民、忠民、扶民、互民等合作社共同发展养殖业，5个合作社共260户农户入股建宏牧业公司775万元，公司则在保证合作社成员入股分红的情况下，帮助农户发展养殖业。第二类采取互助社资金入股与产业经营分离的形式，该类公司一般为非农公司。例如，祥云县裕龙扶贫劳务派遣有限公司吸收了该县多家资金互助社的资金用于发展石灰产业，公司除了组织农户开展劳务派遣外，以股份分红的形式增加农户的收益。

由此可以看出，扶贫资金互助社的收益主要包括产业发展带来的收益和资本运作带来的收益。二者都在互助社助农产业发展和脱贫攻坚中发挥了重要的作用。同时，该类合作社的一个重要功能是让农民看到了资本运作带来的好处，增强了发展信心，也在参与合作社的运转中了解了资本运作的方式，对改善农村金融环境、促进农村资本整合以及相关金融类机构的可持续发展等有重要的作用。

资金互助社经过多年的发展已经取得了较大成果，在云南省具有一定的普及性，形成了一定的产业规模和资本规模，具备一定的带动农户发展产业和提升收入的能力，尤其是对于2017年以来滇西地区部分县市的脱贫摘帽起到了重要的作用。

四 滇西地区种养殖类合作社在脱贫攻坚中发挥的作用

政府财政支农资金包括间接和直接支持合作社的资金。间接资金不直接给予合作社，但在资金使用过程中合作社往往成为重点对象，如中央和省级产业发展资金，这些资金以发展农业产业化和扶贫为目的，其依托于合作社来发挥作用是较为常见的。2018年，中央和省级财政投入滇西8个地州（市）64个县的财政扶贫资金近250亿元，其中产业扶贫资金达99.4亿元、贫困户产业发展资金123.2亿元。投入的产业扶贫资金既用于直接支持农户发展生产，也以组织化的形式加以利用，而其中参与的组织多为新型农业经营主体，如农业企业、村集体、经营大户和合作社，合作社是产业发展资金使用的主体之一。

表 7-11　2018 年滇西产业扶贫资金投入情况

单位：万元

地州(市)	财政整合扶贫资金总额	其中:财政整合投入产业扶贫的资金	财政投入贫困户发展产业的资金
保山市	278614.93	105226.85	55097.70
丽江市	118156.21	37942.71	31372.71
普洱市	521346.25	206096.42	336473.86
临沧市	480326.97	180821.98	163234.47
楚雄州	238002.55	118185.39	122255.01
红河州	397980.39	178292.48	306223.09
大理州	320813.47	127670.07	146844.95
德宏州	117306.45	39775.63	70277.44
合计	2472547.22	994011.53	1231779.23

资料来源：根据云南省农业厅公开数据整理，http://www.ynagri.gov.cn/zt14296/。

（一）种养殖类合作社争取产业扶贫资金带动脱贫的主要模式

2017 年，《云南省人民政府办公厅关于加快推进产业扶贫的指导意见》提出扶贫产业与新型合作经济组织贫困户全覆盖行动，中央和省级财政资金流向扶贫企业和合作社组织的情况将更为普遍。这既促进了农村贫困户脱贫也促进了合作社发展。

1. 项目申报模式

合作社使用农业产业化发展资金的方式主要包括项目申报和政府划拨。项目申报现已制度化并成为合作社利用国家资金的一种重要方式，既可以避免政府盲目投资，又有助于合作社合理使用财政资金。根据 2016 年新修订的《国家农业综合开发资金和项目管理办法》以及每年的项目申报章程，新型农业经营主体是重点的申报扶持对象，只要符合《农民专业合作社法》有关规定、持续经营一年以上、示范带动作用强的合作社都具备申报条件。特别是针对中央财政和省级财政产业发展资金，项目申报以向上级政府申报为主，省级以下政府或涉农部门是帮助合作社申报的主要中介。例如，2015 年，永仁县农业局在动员各种主体积极上报的同时，为全县各企业、合作社争取各类资金 180 万元，用于农产品生产基地建设，其中包括为猛虎植物油料专业合作社争取资金 100 万元用于标准化厂房建设；为永仁县宜就镇阳光林果专业合作社争取 10 万元用于农产品市场体系建设。2016 年，该局积极争取上级财政扶持资金用于支持农产品生产基地建设，共为农业合作组织争取 100 万元资金。其中永仁县猛虎植物油料专业合作社获得补助 10 万元；永仁县龙虎峡种养殖专业合作社获得补助 20 万元；为绿原实业发展有限公司争取到资金 70 万元，用于油橄榄基地建设。[①]

村集体上报项目成为常态，是发展村集体经济和合作社的重要途径。例如，沧源县刀懂村的养鸡专业合作社（社员以佤族为主）与"两委"班子合作，积极争取项目资金支持，累计向财政局等争取资金 349.65 万元，配套建成现代化的孵化室、脱温室和繁育场，带动当地佤族农户和贫困户收入增加，2017 年实现村集体收益 19.66 万元，年末存栏土鸡 2.89 万羽，2000 羽以上养殖大户有 5 户，实现农户增收 290 万元。

2. 政府项目划拨模式

政府项目划拨模式也较为重要，在农业产业化过程中建设基地、示范区、农业产业园区是重要的方式，而这就需要土地集中规模化使用，为此往往要借助合作社的力量，这是政府在推动农业产业化过程中充分发挥地方农业经营主体作用的体现。红河州政府在发展 300 万头生猪产业化养殖基地的过程中，采取了"拨改投""投转股""利到户"等扶贫资金使用方式，投入大量资金吸引本地供销企业、能人、合作社参与基地建设，合作社利用政府拨给农户的产业发展资金和政策性小额贷款资金与农业公司合作发展养殖业，所建立的养殖场一般由合作社或能人运营管理。截至 2017 年，州政府已在蒙自、弥勒、建水、开远投资 2.2 亿元，在建高效化种猪场 4 个，投建 20 个精准扶贫养殖场，政府整合资金投入 1962 万元，带动 1265 户贫困户户均年增收 3000~5000 元，15 个贫困村集体经济收入破零。[②]

---

① 数据来源于永仁县政府官网《永仁县积极向上争取资金　加强农产品生产基地建设》。
② 数据来源：云南省农业农村厅 2018 年发布的《云南省产业扶贫典型案例》，http://www.ynagri.gov.cn/news16/20160606/6284767.shtml。

以西双版纳州景洪市为例，2017年，景洪市收到中央财政投入产业扶贫资金1079.42万元，并分配至市内10个乡镇，用于当地贫困户的生猪、牛、家禽、橡胶、水果、茶叶等产业的发展，其中勐龙、景哈两镇依托于合作社的形式推动产业发展。勐龙镇组织了1个养殖合作社和1个橡胶种植合作社，养殖合作社共有贫困户180户（749人），以"合作社+农户"的合作形式养殖肉牛，按5∶5分红。橡胶种植合作社共有贫困户25户（89人），以入股的方式将扶持资金集中用来购买1000株开割橡胶树，发展种植业，并由村集体统一管理，镇脱贫攻坚工作领导小组、驻村工作队、村委会和贫困户共同监督。对于获得的收益，以3100元作为一个收益分配核算单位，按每户实际入股的比例进行分红。勐龙镇投入资金382.3万元，景哈镇投入资金61万元，除部分资金用于扶持坚果产业发展外，大部分资金用于建设养猪合作社1个、养牛合作社1个。养猪合作社基础设施已建成，投入猪仔300头；养牛合作社厂房还未建成，已采购牛崽50头。

大理州永平县重视食用菌产业发展，为此专门成立了由20个香菇种植专业合作社构成的"大理永平绿谷食用菌专业合作联社"，并给予每个分散种植香菇的合作社13万元的补助。对基地化种植香菇的合作社，每建一个30万棒的香菇示范种植基地，补助建设费用20万元，并且补助款以30万棒为基数递增。此外，还有每菌棒0.02元的燃油补贴，对需办理银行贷款的种植户，给予政策性贴息支持。目前全县共建盖大棚350多个，制作菌棒200万棒，接种150万棒，食用菌产业发展初具规模。

（二）种养殖类合作社积极利用政府直接扶持资源带动脱贫的方式及成效

除了间接资金外，政府直接用于扶持合作社发展的资金也在支农资金中占有一定的比例。《农民专业合作社法》专门规定了中央和省级财政对合作社的扶持内容，对合作社的财政扶持可分为国家级、省级、州（市）级和县级示范社扶持。扶持方式分两种，一种是扶持合作社兴办，另一种是扶持已有合作社的发展，2010年以来云南新增的5万多个合作社中有相当一部分享受到了国家的资金或物资支持。在扶持兴办合作社方面，每年农业厅、林业厅和供销社都会划拨相应的款项。在扶持发展合作社方面，中央和省级财政一般是设立合作社专项资金、县市级财政多采用贷款扶持和以奖代补的形式。在中央财政设立农业专业合作社专项资金方面，从2009年开始以合作社申报的形式开展，扶持资金为10万~30万元，对象以州（市）级以上示范社为主。省级财政合作社专项资金也以合作社申报的形式开展，从2012年开始拨付合作社专项资金，主要由农业厅、林业厅和供销社负责评审，每个省级示范社专项资金为10万元左右。2012年以来，各级财政针对全省169个国家级农民专业合作示范社、1162个省级农民专业合作示范社、9000多个县级以上农民专业合作示范社持续予以补助，并且补助额度不断增加。在中央产业扶持资金的带动下，2018年各级财政投入农民专业合作社扶持资金近250亿元，比2017年增长105%。

此外，在家庭+种养殖合作社的模式下，各项农业补贴也对合作社的运营起到了重要的作用。除了专门针对合作社的补贴外，对农户的补贴也是合作社运营的重要资金来源。例如，沧源县糯良乡怕拍村2018年成立的糯良乡怕拍村生态扶贫专业合作社是一个以发展核桃产业为主的合作社，其运营资金中有一部分就是村民的退耕还林补贴。124位佤族村民以土地和资金的方式入股，共投入资金17.6万元。合作社的基本运营分为两个部分，即农户种植核桃，合作社使用股金以及从政府申报的其他资金营建厂房、仓库，购置烘干机、均分机等设备，基本构建起相对完整的核桃生产加工营销体系。

今后无论是直接还是间接支农资金都将成为常规的财政支出项目，这就意味着对合作社的政策支持将是常态，这有利于合作社的长期良性发展，但也意味着政策对合作社的影响将日益加深。

除了财政支持外，政府在政策性保险和金融服务方面也加大投入。自2013年云南省实现政策性保险全覆盖以来，每年投入的保险金额为5亿元左右，种养殖合作社可根据自身实际情况参保，这为合作社有效抵御农业风险提供了保障。

在金融服务方面，在向农村倾斜开设一批基层银行的基础上，国家还制定政策性贷款计划以支持农业发展，合作社也是受益者之一。2014年云南省出台《云南省扶贫到户小额贷款风险补偿金试点实施方案》，并将争取到的中央财政资金1亿元用于设立专项风险补偿金，支持农村信用社向建档立卡贫困农户发放小额贷款7.5亿元，选择30多个县、市、区进行小额信贷试点。目前，参与信贷的银行范围已扩展到农信社、农业银行和邮政储蓄银行等，覆盖全省各地州（市），小额信贷已成为扶贫工作和支农工作中的重要工具。2018年，全省小额信贷新增计划总额为72.22亿元，信贷总余额达150亿元以上。2018年在小额信贷方面，滇西各地州（市）共分配到37.93亿元的额度，这笔资金层层下拨到滇西各个乡镇，最终会落到农户手中。①

这些小额贷款除部分用于支持单个农户家庭发展生产外，大部分将通过农户转入合作社用于支持其日常运营。例如，2018年沧源县糯良乡共有28户农户获得小额贷款，贷款总额为73.5万元，怕拍村贷款人数共26人，其中仅有2人使用贷款从事其他产业发展，其余24人均将贷款用于发展魔芋种植，贷款总额56.5万元。这笔资金虽名义上属于个人贷款，但实际上合作社也是受益的。比如，怕拍村魔芋农民专业合作社发展较好，已形成魔芋种植、加工、销售等完整的产业体系，对村民增收带动较大。该社影响面较广，已带动全村146户农户参与其中。农户获得小额贷款后积极发展魔芋种植，对合作社的整体发展也起到了一定的推动作用。除了社员贷款外，合作社领头人或主要经营者也是主要的贷款人。这些资金有效地带动了合作社的发展。

在财政政策支持下，相关财务制度和监管制度更为完善，种养殖合作社在一定程度上成为连接政府和农户的桥梁。作为组织载体，合作社可以更好地帮助农户获取、使用国家相关涉农资源，更高效地发展产业，从而实现增收。

第四节　合作社在乡村振兴中的新角色

党的十九大报告提出乡村振兴战略，总要求是"产业兴旺、生态宜居、

---

① 数据来源：根据云南省财政厅公开数据整理，http://czt.yn.gov.cn/xxgk/ynsfpzjglgk/index.html。

乡风文明、治理有效、生活富裕",涉及农村经济、政治、文化、社会、生态文明等多个方面,彼此之间相互联系、相互协调、相互促进、相辅相成。农民专业合作社兼具经济和社会双重功能,在促进乡村经济发展、促进乡风文明及参与乡村治理等方面有积极作用。本部分将基于一手调研资料,从合作社在推动乡村经济发展、促进乡风文明及参与乡村治理等方面的自我评价及其发挥作用的实际案例出发,对其在乡村振兴中的新角色进行深入的分析。

一 合作社在促进产业发展进而推动乡村经济发展方面的实践探索

乡村振兴要依靠农村产业发展,通过产业发展实现农村集体经济壮大及农民收入水平的提高,从而实现乡村经济全面、可持续地发展。

（一）在推动乡村经济发展方面的自我评价

在推动乡村经济发展方面,在受访的47个合作社中,有42个合作社理事长认为合作社对推动乡村经济发展有积极的影响,占被调查合作社总数的89.4%;有3个合作社理事长认为合作社对推动乡村经济发展没有积极的影响,占被调查合作社总数的6.4%;有2个合作社理事长表示合作社对推动乡村经济发展是否有积极的作用说不清楚,占被调查合作社总数的4.3%。由调查数据可见,近90%的合作社理事长认为合作社对推动乡村经济发展有积极的影响。

表7-12 对推动乡村经济发展是否有积极的影响

单位:个,%

项目	频数	百分比	累计百分比
是	42	89.4	89.4
否	3	6.4	95.8
说不清	2	4.3	100.0
总计	47	100.0	—

在认为合作社对推动乡村经济发展有积极影响的42个合作社中,表示合作社对推动乡村经济发展的积极影响程度比较小的有3个,有效百分比为

7.1%；表示合作社对推动乡村经济发展的积极影响程度一般的有 4 个，有效百分比为 9.5%；表示合作社对推动乡村经济发展的积极影响程度比较大的有 31 个，有效百分比为 73.8%；表示合作社对推动乡村经济发展的积极影响程度很大的有 4 个，有效百分比为 9.5%。由调查数据可见，超过 80% 的合作社认为其对推动乡村经济发展的积极影响程度比较大或很大。

表 7-13 如果有积极影响，作用大小程度情况

单位：个，%

项目	频数	百分比	有效百分比	累计百分比
比较小	3	6.4	7.1	7.1
一般	4	8.5	9.5	16.6
比较大	31	66.0	73.8	90.4
很大	4	8.5	9.5	100.0
总计	42	89.4	100.0	—
缺失	5	10.6	—	—
总计	47	100.0	—	—

（二）相关的具体案例分析

1. 案例一：积极探索现代农业道路的保山市

（1）昌宁县某蔬菜种植专业合作社成立于 2009 年 9 月，总部在柯街集镇北端省道 214 线边，占地面积 7920 多平方米，注册资本 260 万元。截至 2018 年已有入股社员 94 户，现金入股 80.14 万元，员工 26 人。设有财务部、内务部、产业发展部、销售部及科教育苗厂。合作社有完备的办公设施，拥有先进制冷设备的冷冻房 4235 立方米，有电子过磅秤设施、钢架设施大棚 35 亩，其中，设施蔬菜育苗大棚 10 亩，生产性示范大棚 20 亩。合作社有合作和流转基地 3600 亩，亩产值 6000~8000 元。

合作社"农科工贸"一体化发展规划及其运营模式：经历几年的摸索，合作社发现，要想发展得好，得有一个长远的发展规划。有了发展规划，才能有好的策略，这样才能少走弯路，增加成功的概率。有了这种想法，在县供销社和农业局的指导与帮助下，合作社的科教育苗厂于 2016 年 1 月破土

动工，并于 2016 年 12 月建成投入使用。同时，合作社制定了"农科工贸"一体化发展规划，即合作社采取"合作社+基地+农户+新技术开发+加工+市场"的运作模式，实行合作社、基地与技术部门合作引进新技术，合作社、基地与蔬菜种业公司合作保障蔬菜供种，并且合作社通过融资提升生产基地设施条件和服务水平，积极延伸生产和加工链条、挖掘产业潜力，联合营销企业和大型消费终端建立稳定的销售体系；基于一体化路线，生产适销对路的产品，扩大经营规模，不断引进新品种、新技术、新的合作伙伴，加快蔬菜基地的现代化、产业化建设。

合作社积极探索现代化农业道路、提高自身竞争力、促进乡村经济发展的具体举措如下。

第一，注重基地建设，增强示范带动效应。在乡村经济发展过程中，看得见、摸得着的"示范效应"对于引导农户关注、参与农业现代化一直发挥着重要作用。自成立以来，合作社始终把核心基地、核心社员作为重点，建起了设施较为完备的示范基地。目前，基地占地面积 7920 多平方米，已有核心社员 92 户，入股资金 260 万元，职工 26 人。拥有独立的制冷设备和库房，设有财务部、植物保护技术服务部、产业发展部、销售部、育苗基地等，基本形成了"合作社+基地+农户"的组织形式。在实践中，合作社坚持把基地建设为为广大社员提供优质种苗和先进的种植技术、标准化生产、蔬菜包装营销的核心区。合作社已先后建起了柯街、卡斯、大田坝、田园镇、潞水五个种植基地，2016 年基地共生产青椒 580 吨、青梗散花 1500 吨、西红柿（粉果）500 吨、西兰花 160 吨、四季豆 686 吨、无筋豆 133 吨。2017 年，基地共种植甜脆豌豆 1300 亩，预计产量 3200 吨；种植荷兰豆 150 亩，预计产量 230 吨；种植四季豆 3500 亩，预计产量 7000 吨；种植青椒 3000 亩，预计产量 8000 吨。基地共引进了西红柿（粉果）、螺丝椒、黄金果西瓜、西兰花等几十个新品种，经种植试验证明，上述新品种产量大、产值稳定、效益显著。除试验示范外，基地每年可培育蔬菜商品苗 800 多万株；并结合农广校等组织学员和社员培训 8 次，共培训 300 多人。

第二，依靠科技，探索现代农业道路。自成立以来，合作社就重视新技术的引进与应用，积极加强与科研及科技推广机构的合作，切实加强人才培养，探索现代农业道路。合作社积极建设果蔬科教产业园。2016年获得中央财政支持现代农业发展蔬菜项目资金70万元，2017年4月底完成产业园的初步建设。2018年已建成育苗棚6700平方米，固定式苗床4800平方米，种植大棚15000平方米；建成生产生活用水池84立方米，灌溉用水池28立方米，生产车间、办公区、生活区600平方米；引进先进的喷水车5台，总投资250万元。制定"棚司令"等设施农业物联网方案，2018年8月完成安装测试。

（2）成立于2016年12月的植物保护技术咨询专业合作社负责监督农资使用情况，最大限度地减少农残。该社由橄榄河蔬菜种植合作社联合各基层服务点组建而成，成立时共有17户社员。合作社在农用物资及技术服务部门下设有1个总部和9个服务点，服务点覆盖柯街镇、卡斯镇、大田坝镇，一村一点，2016年至2017年6月共服务种植户2000多户。合作社成立后除了有市、县、镇各级农业部门的技术指导外，还聘请了农业技术专家进行技术指导、开展技术培训，到田间地头为种植户解决实际问题，不定时地召开技术培训会。

第一，注重品质，打造绿色安全品牌。"质量是合作社发展的生命线。"自成立之初，合作社就十分注重基地的生产环境，严格控制蔬菜用药、施肥，把产品的质量作为合作社发展的"生命线"，逐步形成了基地社员相互监督、理事会随机监督、收购环节严格抽检、交付环节标识原产地信息的质量保障体系，使"橄榄河"品牌的影响力逐步提升。

在实践中，合作社坚持"绿色、安全、优质"的生产理念，通过标准化的种植示范基地、专业的技术服务队伍、优质的种植基地和农资配送服务中心实现了统一种植标准、统一技术管理、统一组装销售的标准化生产销售。在保证"绿色、安全、优质"的基础上，合作社积极实施品牌战略，申请注册了"橄榄河"蔬菜产品商标，申请国家农产品质量绿色认证并获得有机农产品认证，实现了产品生产标准化、产品质量安全化、产品销售品牌化，扩大了影响力，延长了产业链，提高了产品附加值。无公害蔬菜品牌"橄榄河"于 2015 年 11 月获评保山市知名商标。

第二，积极拓展销售渠道。在不断提高产业化水平的基础上，合作社安排了一名理事会成员长期负责北京、长沙、太原、西安、郑州、绵阳等地的产品营销业务，及时掌握市场信息，准确研判市场需求，并根据市场需求的季节性变化确定蔬菜种植品种，集中采购籽种分发放给社员，开展计划性种植，产品由合作社集中收购、统一销售。2016 年 6 月，合作社与北京客商合作种植花菜面积达 1500 余亩；与浙江客商合作种植西兰花、香菜面积达 1200 多亩；与上海客商合作种植绿皮大蚕豆、西红柿面积达 1000 多亩。此外，合作社还开展了一批高档礼品西瓜、特色草莓、嫁接黄瓜、西红柿（粉果）等品种的示范种植，与河南、长沙、杭州、上海、北京、西安、新疆等地的市场主体形成了长期、稳定的合作关系，开拓了合作社蔬菜的销售市场。

合作社经过努力，2017 年实现年销售量 4500 多吨，销售收入 3000 多万元。此外，合作社通过成立农用物资及技术服务点对周边种植户产生辐射带动作用，每年服务种植户 2000 多户。合作社坚持以服务为主，统购统防、科学用肥、科学用药，严格控制社员用肥用药，杜绝社员使用任何高残留农药肥料，并为社员们提供农药肥料的赊销服务，共计 200 多万元，为社员平均每亩节约生产成本 200 多元。合作社社员比未加入前每亩增收 3000 多元。

2. 案例二：带动壮大集体经济的红河州元阳县某刺绣专业合作社

攀枝花乡位于元阳县南部，距县城南沙 54 千米，全乡辖 6 个村委会 31 个村民小组。辖区内有远近闻名的千年老虎嘴骏马梯田、垭口时光隧道梯田、百年皇封世袭猛弄司署、保护完整的垭口传统民居哈尼族蘑菇房等独特的自然景观和人文景观。近年来，为带动全乡广大农村妇女增收致富，攀枝花乡积极发展以妇女为主力军的民族刺绣产业。2014 年在乡政府的引导下成立了元阳县攀枝花乡某刺绣专业合作社，2018 年该合作社已有成员 200 余人。在发展过程中，合作社还积极与上海穆驰实业有限公司、云南龙啸商贸有限公司等企业建立合作关系，共同推动民族刺绣产业发展。目前，合作社已成功注册申请"云上民绣"商标，民族刺绣产业快速发展，以农村妇

· 245 ·

女为主力的刺绣产业成为农村集体经济发展中的一大亮点。

合作社谋求自身发展、助力壮大集体经济的主要做法包括：第一，大力宣传推广品牌，注重品牌建设。合作社的刺绣产品以哈尼族、彝族民族刺绣服饰为主，辅以围巾、领带、鞋子、背包、挎包、雨伞等产品，工艺以手工拉针刺绣为主、器械加工为辅，以梯田、水系、村庄、花鸟鱼虫、树木为主题，展现了天地合体、人物合一的传统民族特色。为了提升民族刺绣产品的影响力，合作社秉承"只有民族的，才是世界的"理念，采取"走出去"的方式，通过一枚枚绣花针、一针一线的辛劳，展现了千年哈尼梯田和百年猛弄土司文化刺绣艺术特点，注重打造品牌，开拓市场，走向国际。合作社生产的精美绣品，先后参展了2015年7月"红米之乡"彝族哈尼族刺绣展、2015年11月中国国际旅游交易会、2016年6月"第4届南博会暨第24届昆交会"、2016年8月"创意云南2016文化产业博览会"、2016年9月"阿里巴巴乡村文化节"。此外，合作社以举办"五一节"、"国庆节"、彝族"七月半"等猛弄土司古宴系列活动为契机充分展示民族刺绣产品，受到了社会各界人士的高度关注。一批绣艺精湛的农村妇女被评为"元阳县刺绣女能手"，猛弄村获得"云南十大刺绣名村"荣誉称号，这大大提升了攀枝花乡猛弄民族刺绣的知名度与产品附加价值。

第二，确立"支部+公司+合作社+绣娘+基地"的发展模式。为了加快农业产业化、积极发展村级集体经济，在村党总支的大力支持和帮助下，合作社采取"支部+公司+合作社+绣娘+基地"的发展模式，力促全乡广大农村妇女增收致富。合作社将本土民族特色与时代流行元素相融合，实行集设计、生产、销售（网络电商销售）于一体的个性化订单模式。

第三，加强基础设施建设。2015年，攀枝花乡投资45万元为合作社新建260平方米的猛弄民族刺绣坊，完善了合作社的综合配套服务功能，加快了以合作社为载体将猛弄村打造成"现代风貌、旅游价值、民族特色、时尚超前"的哈尼族、彝族民族文化传承基地的步伐。此外，总投资130万元集展览、销售、研讨等功能于一体的猛弄民绣衍生馆也于2018年底起投入使用。

第七章　合作社带动社员增收效果及其在乡村振兴中的新角色

第四，加强社员的技能培训。在技能培训方面，合作社将"引进来"与"走出去"相结合，注重民族刺绣人才队伍的建设。合作社聘请了一些专业技术人员，以讲座、现场指导等实效性强的方式，加强对民族刺绣和其他实用技术的培训。2014年，合作社与玉溪师院结成长期技术指导合作伙伴关系，由玉溪师院老师定期到合作社对社员进行培训。自开展合作以来，师院老师开展培训6期次，接受培训、指导的绣娘共300余人次。2018年1月上海穆驰实业有限公司负责人培训绣娘50名。

在加强技术培训的同时，合作社还积极组织成员"走出去"进行实地考察学习。2015年3月，合作社组织了14名村干部和5名绣娘骨干到昆明、楚雄莲花乡考察学习其刺绣产业发展情况；2016年8月合作社组织了100名绣娘到玉溪峨山、石林等地进行考察学习。通过培训、指导与外出考察学习，攀枝花乡绣娘的刺绣技术水平大幅提升。

在乡政府及村集体的支持下合作社取得的主要成绩如下：2014年以来，合作社探索试行股份合作运营，并取得了很大的成效，发展壮大了由200多人组成的绣娘队伍，通过培训、指导和外出考察学习，绣娘的刺绣技艺日趋精湛；与省内外多家企业签订了合作协议，共同发展民族刺绣产业；由于攀枝花民族刺绣产品融合了自然、民族等诸多文化元素，刺绣产品特色鲜明，产品影响力日益提升，品牌效应不断显现；对社员的增收带动成效初见，合作社社员合作完成订单式刺绣产品1600余件，共创收80000余元。

通过近几年的努力，合作社取得了初步的发展成果，合作社计划用三年的时间，在乡政府和村集体的帮扶下，逐步使刺绣产业上规模，社员数量增加到600人左右。待形成规模后，合作社预计年销售收入200万元、年产值300万元、带动就业700人以上、年培训200人次，力争刺绣社员年均收入在6000元以上。合作社通过做大做强民族刺绣产业，帮助社员就地就近就业，实现户户有增收、村村有产业，进一步发展壮大了村集体经济。

二　合作社对促进乡风文明建设的有效探索

滇西边境片区有汉、彝、白、傈僳、景颇、拉祜、傣、佤、怒、纳西、独龙等26个世居民族,多民族长期聚居使当地发展具有一定的特性。不同民族之间的和谐共融对于促进乡村文明有着重要的影响。而日常的人际交往、沟通具有双向性和实时性,能够有效地增进彼此间的了解从而产生社会信任,这些对推动乡村和谐发展、促进乡风文明都有着积极的作用。合作社是社员为了某项共同的目标而自发成立的经济组织。在合作社日常运营的各个环节上社员都会产生交集,合作社在促进社员沟通方面是否有积极作用、效果如何呢?下文将对这个问题进行具体分析。

(一)合作社在促进社员沟通方面的作用

关于平时合作社社员的沟通互动情况,在受访的47个合作社中,表示平时社员之间的沟通互动很多的有8个,占被调查合作社总数的17.0%;表示平时社员之间的沟通互动比较多的有27个,占被调查合作社总数的57.4%;表示平时社员之间的沟通互动程度一般的有10个,占被调查合作社总数的21.3%;表示平时社员之间的沟通互动比较少的有2个,占被调查合作社总数的4.3%。

表7-14 平时社员沟通互动情况

单位:个,%

项目	频数	百分比	累计百分比
很多	8	17.0	17.0
比较多	27	57.4	74.4
一般	10	21.3	95.7
比较少	2	4.3	100.0
总计	47	100.0	—

关于平时合作社内不同民族社员的交流情况,在对此问题作出明确回答的40个合作社中,表示平时不同民族社员交流互动很多的有1个,有效百分比为2.5%;表示平时不同民族社员交流互动比较多的有16个,有效百分比为40.0%;表示平时不同民族社员交流互动程度一般的有6个,有效百分比为15.0%;表示平时不同民族社员交流互动比较少的有5个,有效百分比为12.5%;表示平时不同民族社员交流互动很少的有12个,有效百分比为30.0%。

第七章 合作社带动社员增收效果及其在乡村振兴中的新角色

表 7-15 平时不同民族社员的交流互动情况

单位：个，%

项目	频数	百分比	有效百分比	累计百分比
很多	1	2.1	2.5	2.5
比较多	16	34.0	40.0	42.5
一般	6	12.8	15.0	57.5
比较少	5	10.6	12.5	70.0
很少	12	25.5	30.0	100.0
小计	40	85.1	100.0	—
缺失	7	14.9	—	—
总计	47	100.0	—	—

（二）合作社在促进不同民族社员间加深了解、团结互助方面的作用

非当地主体民族社员会对合作社产生什么样的影响呢？在受访的 47 个合作社中，表示非当地主体民族社员对合作社会有不好的影响的有 3 个，占被调查合作社总数的 6.4%；表示对这个问题说不清楚的有 11 个，占被调查合作社总数的 23.4%；表示非当地主体民族社员对合作社没什么影响的有 22 个，占被调查合作社总数的 46.8%；表示非当地主体民族社员对合作社有积极影响的有 11 个，占被调查合作社总数的 23.4%。

表 7-16 对非当地主体民族社员的评价

单位：个，%

项目	频数	百分比	累计百分比
会有不好的影响	3	6.4	6.4
说不清楚	11	23.4	29.8
没什么影响	22	46.8	76.6
有积极影响	11	23.4	100.0
总计	47	100.0	—

关于合作社是否会因社员的民族不同而区别对待的情况，在受访的 47 个合作社中，表示在合作社内会因社员的民族不同而区别对待的有 3 个，占

被调查合作社总数的 6.4%；表示在合作社内不会因社员的民族不同而区别对待的有 44 个，占被调查合作社总数的 93.6%。

表 7-17 合作社是否会因社员的民族不同而区别对待

单位：个，%

项目	频数	百分比	累计百分比
是	3	6.4	6.4
否	44	93.6	100.0
总计	47	100.0	—

在受访的 47 个合作社中，表示合作社在促进民族团结方面没有影响的有 8 个，占被调查合作社总数的 17.0%；表示合作社在促进民族团结方面的影响程度比较小的有 10 个，占被调查合作社总数的 21.3%；表示合作社在促进民族团结方面的影响程度一般的有 12 个，占被调查合作社总数的 25.5%；表示合作社在促进民族团结方面的影响程度比较大的有 9 个，占被调查合作社总数的 19.1%；表示合作社在促进民族团结方面的影响程度很大的有 8 个，占被调查合作社总数的 17.0%。

表 7-18 合作社对促进民族团结的作用

单位：个，%

项目	频数	百分比	累计百分比
没有影响	8	17.0	17.0
比较小	10	21.3	38.3
一般	12	25.5	63.8
比较大	9	19.1	82.9
很大	8	17.0	100.0
总计	47	100.0	—

在促进民族团结方面，一些受访的理事长认为合作社可以发挥较大的作用，究其原因，一方面，合作社的一些具体事务，比如一起学习讨论和实践

怎么种植食用菌、中草药等，有助于促进社员间的沟通交流、增进社员间的感情，从而促进民族团结；另一方面，加入合作社一起做事业、一起发家致富，有利于增强认可度，这与被直接给予扶贫资金的感受不一样，社员在加入合作社之后通过自身努力被社会认可，会更有成就感。

（三）合作社在减少治安事件、促进乡风文明方面的作用

合作社在促进乡风文明方面是否有积极的影响呢？在受访的47个合作社中，有20位理事长认为合作社在促进乡风文明方面有积极的影响，占被调查合作社总数的42.6%；有10位理事长认为合作社在促进乡风文明方面没有积极的影响，占被调查合作社总数的21.3%；有17位理事长表示这个问题说不清楚，占被调查合作社总数的36.2%。

表7-19 合作社在促进乡风文明方面是否有积极的影响

单位：个，%

项目	频数	百分比	累计百分比
否	10	21.3	21.3
说不清	17	36.2	57.5
是	20	42.6	100.0
总计	47	100.0	—

在认为合作社对促进乡风文明有积极影响的20个合作社中，表示合作社在促进乡风文明方面的影响程度一般的有8个，有效百分比为40%；表示合作社在促进乡风文明方面的影响程度比较大的有12个，有效百分比为60%。

表7-20 如果有积极影响，作用的大小程度

单位：个，%

项目	频数	百分比	有效百分比	累计百分比
一般	8	17.0	40.0	40.0
比较大	12	25.5	60.0	100.0
小计	20	42.6	100.0	—
缺失	27	57.4	—	—
总计	47	100.0	—	—

在改善乡村风貌、促进乡风文明方面，一些理事长觉得合作社有正面影响。据他们介绍，一方面，合作社努力发展产业会对周围人产生正面影响，看到通过努力做事情而增加收入，这会使大家意识到只有积极认真做事情才能致富。另一方面，合作社在带动增收方面的示范效应较大，现在越来越多的人通过加入合作社一起发展产业，有事情做，闲散的人就少了。以前大家都没什么事情做，少数民族地区的乡民喜欢聚在一起喝酒，喝完酒打架闹事之类的情况经常会发生，现在大家都忙着做事情赚钱，喝酒闹事、赌博的人就少了，乡村治安也越来越好。

三　合作社在乡村治理中的尝试探索

随着乡村振兴战略的实施，各种社会资源、经济项目逐渐向乡村聚集，这对农村基层政府的管理服务意识和能力提出了新的要求。面对乡村社会内部的职业分化、需求分化、利益分化，传统的治理主体难以满足差异化和多元化的服务需求。合作社作为一种新型的经营主体，一方面具有提供多样化公共服务的能力，另一方面可以成为连接政府和农户的桥梁从而帮助政府实施一些项目、承担部分社会职能。

下文将以调研中的相关合作社为例，从合作社在农村公共设施的提供与管理方面的尝试，以及合作社作为连接政府和农户的桥梁，助力政府实施惠农项目等角度来对合作社在乡村治理中的作用做具体分析。

（一）案例一：保山市在农村公共设施提供与管理方面的尝试

长期以来，我国农田水利基础设施工程存在"重建轻管"现象，管理主体不明，部分出现了"有人用、无人管，用时管、闲时不管"的现象，未能形成有效的管理制度，很多水利工程发挥不了预期效用。水资源及水利设施的合理使用对于村民维持正常的生产生活秩序有着至关重要的作用，但现实中一些村落经常会因水资源及水利设施的日常维护问题产生纠纷。

为了使各项水利工程长期发挥效用，改变"重建轻管"现象，彻底解决用水者之间的纠纷，当地政府在充分借鉴相关农民专业合作社的成功经验的同时，积极探索水利工程运行管理的有效办法，深入推进小型水利工程管理体制改革，创新社会管理模式。在当地政府部门的引导和支持下，2013年10月25日农业灌溉服务合作社成立，是云南省首个农业灌溉服务合作社，为打造农村社区物业综合服务管理模式做出了积极的尝试。

合作社基于成员（代表）大会决策、理事会执行、监事会监督、成员团结合作的民主管理机制运行。合作社通过制定章程，明确职能职责，完善工作制度，确定水费计收标准和使用管理办法，并配置兼职管理人员。

合作社的主要职责是：一是严格按照规定的标准收取水费；二是加强供水工程的运行管理和维护，确保供水设施畅通；三是做好水源地的水质、水量保护工作；四是加强对辖区内河道的清淤除障和水资源生态保护；五是建立健全财务管理制度和账务公开制度。

为了使合作社能持续有效运转，由理事会起草，并在成员大会上通过了合作社运营管理规则，在合作社的职能职责、财务管理、新建改扩建工程管理、服务费用及收取标准、工程设施的维修维护、奖惩办法等方面做了严格详细的规定。这些规章制度的严格实行使得合作社可以依照统一的收费标准向每一户用水村民收费，并用于水利设施的建设和维护，还能对违反规定的村民予以相应的惩罚。这一套机制的有效运行解决了水利设施没人建设维护、因用水经常发生纠纷等问题，为合作社的可持续健康运营、社区村民的长期有效用水奠定了坚实的基础。

经过多年的努力，农业灌溉服务合作社取得了较好的经济和社会效益，主要体现在以下几个方面：一是切实加强了水资源管理，有助于合理调度水资源，人饮工程实现24小时正常供水，同时村民节水意识增强，避免了水资源浪费。二是保障了生产生活用水，合作社所在社区内的农业生产灌溉用水能排能灌，无水事纠纷，较好地解决了饮水工程、沟渠、坝塘等水利设施的日常管理和维护难题，农业增产增效明显。所在社区2018年的油菜产量比上一年增产15%，农村集体经济实现"大丰收"。三是通过水费的征收，实现社区集体资金的原始积累，达到"以水养水"的目的，为社区饮水工程和农业灌溉基础设施的完善创造了有利的条件。四是村庄环境得到了较大的改善，村内道路清洁通畅，水资源环境安全整洁，村民得到了真正的实惠，从而获得广大村民的支持。

据合作社理事长介绍，2017年，农业灌溉服务合作社总收入达到184000元，其中安全人饮水费收入35000元，同比增长3%；籽种经营收入7000元，同比增长17%；销售农药化肥收入28000元，同比增长40%；维修收入33000元，同比增长120%。①

（二）案例二：保山市合作社助力政府实施惠农项目

1. 昌宁县某泡核桃专业合作社 I

成立于2009年12月，注册资金900万元，现有社员158人，种植农户4000多户，种植基地16000多亩，核桃林下中药材种植10100亩。合作社拥有大小基地300多个，建设泡核桃基地、中药材烘烤加工点12个，平均每个点厂房面积在1200平方米以上，烤炉38台，日处理鲜核桃、鲜中药材150吨以上。合作社泡核桃、中药材精选加工厂面积达4000多平方米，实现烘烤分拣生产线一条、筛选包装生产线一条，平均每年加工生产核桃干果5000多吨、核桃仁2000多吨，2017年产值1.6亿元。该合作社是一家集种植、加工、销售于一体的国家级示范社。

该合作社的主营业务为泡核桃、茶叶、中草药、坚果的种植收购与加工销售。合作社一方面通过发展产业，做大做强，带动农户增收，另一方面积极与政府沟通，参与产业扶贫项目，成为实现政府项目与农户有效衔接的载体。具体来说，合作社参与了以下三个扶贫项目。①联福项目，共建设500亩中药材基地，通过种植中药材带动12户联福村贫困户脱贫，贫困户每年每户还可以分红2000元。②翁堵项目，由昌宁县提供配套资金36万元，合作社自筹36万元，为翁堵镇150户贫困户免费发放中药材种苗，并于2018年3月全部发放完毕。待中草药收获后，合作社负责回收并帮助寻找贫困户销路。③卡司扶贫项目，是"沪滇合作"项目的一部分。从2018年开始，该项目共投资408万元，其中上海对口扶贫方投资200万元、合作社自筹208万元，帮助卡司镇63户贫困户种植100亩白及等中药材，建设周期共

---

① 2018年本研究团队调研时，该合作社相关数据统计的最新年份为2017年。

第七章　合作社带动社员增收效果及其在乡村振兴中的新角色

三年，项目以"公司+合作社+农户"的模式运营。其中上海方的资金主要用于当地的基础设施建设，并最终量化为村集体所有。2018~2019年度项目每年有14万元的分红，2020年中药材上市获得收益后，项目利润的50%分配给村集体和建档立卡的贫困户。

2. 昌宁县某泡核桃专业合作社Ⅱ

成立于2015年4月，注册资本18.6万元，现有社员51户，主营业务是核桃的收购、初加工及销售。在对该合作社理事长的访谈中，合作社理事长提及合作社所承担的一些社会功能，认为合作社更多的是发挥了农户和政府之间的桥梁作用。具体来说，合作社把社员在日常生产运营中遇到的问题集中反映给政府，而政府以补贴或项目的形式与合作社对接。政府通过合作社让农户参与项目或享受补贴。例如，当地政府鼓励发展核桃产业，很多农户便在山上栽种核桃树。一般来说，核桃树生长到一定时间要根据实际情况调整树苗密度，但当地地处山区且基础设施条件比较差，若仅依靠单家独户的力量，人工、安全、技术、运输等方面的支出较大，为此，当地政府制定优惠政策，帮助需要调整树苗密度的农户加入合作社，由合作社将社员的具体需求集中向政府反映，政府派人免费进行指导、采伐、运输等，并且给予合作社社员化肥补贴。

第五节　本章小结

本章主要研究了合作社的增收效应及其在乡村振兴中的新角色等内容。在增收方面，本研究就实地调查的47个合作社帮助农户增收的具体情况及其在脱贫攻坚中的作用进行了分析。在新角色方面，本研究通过实地调研数据并结合具体案例对合作社在乡村振兴中扮演的新角色进行了探讨。

吸收接纳建档立卡贫困户是滇西边境片区农民专业合作社的重要特点之一。从合作社参与扶贫的情况来看，成效较为明显。但是，也要看到，合作社发挥的这些效应部分功劳源于政府的一些优惠政策或项目，单靠合作社自身运营发展带动成员增收的效果整体上仍不太理想。

在合作社等新型经营主体的带动下，一二三产业融合发展，村民都忙着学技术、搞产业，乡村治安事件大大降低，乡村风貌明显改善。此外，合作社通过技术培训、生产实践等可以有效地把不同民族的社员联合在一起，加强社员的交流沟通、增强认同感从而有利于推动乡村和谐发展、促进乡风文明。

随着乡村振兴战略的实施，农村基层政府的管理服务能力面临新的要求，传统的治理主体难以满足差异化和多元化的服务需求。合作社作为一种新型经营主体，兼具经济和社会双重功能，一方面具有提供多样化公共服务的能力，另一方面可以成为政府和农户之间的桥梁从而帮助政府实施一些项目、承担部分社会职能。这些都是创新农村社会管理模式的有益尝试。

结　语

第八章
滇西农民专业合作社研究的主要结论与政策建议

第一节 主要结论

本研究基于对滇西边境片区的保山市、红河州、临沧市及大理州4个地州（市）的4个县19个乡镇的47个农民专业合作社及367名社员的有效访谈数据，结合云南省农业厅和相关州市、县、乡镇的官方数据资料，从宏观、微观两个层面对滇西边境片区农民专业合作社的发起和社员参与、乡村振兴背景下合作社的发展和新角色等进行了深入的分析，主要得出以下结论。

一 在合作社的发起与社员参与方面

（一）滇西合作社总体上仍呈现规模小、实力弱、影响辐射能力较小等特点

在滇西合作社发展的过程中虽然出现了一批实力强、影响大的合作社，但总体而言滇西合作社仍呈现出规模小、实力弱、影响辐射能力较小等特点。从数量上看，滇西合作社所涉及的行业仍以种植业和养殖业为主。在土地流转背景下，以家庭经营为基础的"家庭+合作社"模式将在未来较长时间里成为农业的主要经营模式之一。此外，滇西合作社还具有少数民族社员

占比较大、社员整体文化水平较低等特点。

(二)合作社在成立的过程中,发起方、牵头人主要是政府部门、相关企业及农村的精英群体

特别是在滇西集中连片特困的边境地区,"直过"、特困少数民族众多,经济封闭而落后,村民基本上不懂汉语、市场意识缺乏。这里的合作社大都由政府部门牵头成立,合作社的实际负责人也是由政府相关公职人员兼任。他们本职工作比较繁忙、精力有限,很难全身心投入合作社的管理事务。此外,滇西地区绝大部分的合作社是由村干部、种养大户、企业家、技术能手等农村精英群体发起成立的,他们是合作社实际运营的负责人即理事长或理事会成员。从调查的结果来看,理事长及理事会成员整体上文化程度偏低,大部分为初中或初中以下文化水平,但是他们在当地的社会网络资源比较丰富。

在乡村振兴的背景下,大量资源要素向农村聚集,如何整合利用好信息化、网络化资源,做大做强合作社,带领农户致富,帮助实现小农户与现代化农业的有效连接等,这对合作社的实际负责人或团队提出了新要求。

(三)农户选择参加合作社主要是为了得到各项服务和增加收入。合作社成员在出资额、社会活动能力、入社动机及责任感等方面的异质性比较明显

通过对所调查的367名社员的资料分析发现,农户选择参加合作社主要是为了得到各项服务和增加收入。从群体内和群体间的差异来说,普通成员之间、理事会成员之间的差异都不大,但理事会成员和普通成员之间的差异比较明显,即群体内的差异比较小、群体间的差异比较大。从内容来说,最明显的是,在出资方面,超过50%的合作社都出现了出资比例高度集中在少数成员手中的现象,60%以上的合作社理事长是合作社中出资最多的,其中近50%的合作社理事长个人出资比例在20%以上。

二 在合作社的发展与新角色探索方面

（一）合作社在提供农业社会化服务中发挥了重要的作用，但是专业的农业社会化服务型合作社很少，合作社在产品的销售、加工、资金互助等方面还有很大的发展空间

在产前、产中、产后环节，合作社的服务主要集中体现为农资购买、信息及技术的提供、产品质量监控及产品销售等。播种、施肥、病虫害防治、产品收割、机械代耕、水利灌溉等方面的专业的农业社会化服务型合作社很少。专业的农业社会化服务有利于提高农业生产的专业化、标准化、规模化、绿色化和集约化水平，是推动农业现代化发展和乡村振兴的有力支撑。[①] 滇西边境片区大都为山区或小坝区，农地零碎而分散，发展专业的农业社会化服务型合作社有利于通过规模化生产服务帮助小农户提高生产效率，节约生产成本，通过"统分结合"实现适度规模经营。

在销售、加工、资金互助等方面，总体来说，合作社的品牌意识薄弱，营销能力有待提升，只有不到40%的合作社可以提供能有效增加产品附加值的加工服务，但绝大部分仅限于简单的初级加工。在销售渠道的建设方面，超过60%的合作社有建立并维护稳定的销售渠道的意识，这对提高销售效率、降低销售风险有积极的作用。对于目前兴起的通过电商平台销售产品的方式，大部分合作社都还没有触及，主要原因为：生鲜产品在流通环节的保鲜要求及成本较高；初级农产品具有季节性，很难常年稳定供货；产品集中大量上市时需要快速出售回笼资金，而通过电商平台销售的体量可能并没有那么大。此外，受访的合作社普遍认为利用好电商平台销售产品需要专业的人才或团队，现在自身还不具备相应的条件，但几乎所有的合作社都认同通过电商平台销售产品是未来的发展趋势之一。在合作社的资金互助方面，缺乏资金是农户普遍面临的主要困难。调查数据显示，只有不到10%

[①] 《韩俊：大力开展托管社会化服务体系建设》，2019年9月10日在全国农业社会化服务工作现场推进会议上的发言。

的合作社开展了内部信用合作并向社员提供贷款服务，贷款资金的主要来源之一是村级扶贫款。相对于社员较强的借款意愿，实际可获得贷款的成员比例偏小。

（二）超过60%的合作社在生产、销售、投融资、收益分配、债务负担及发展规划等方面的相关决策均由理事长或理事会决策。合作社呈现大股东管理、大股东控制、大股东获利的发展趋势，普通成员的参与度较低

滇西边境片区大部分是偏远的民族地区，农民普遍汉语水平较低、市场意识薄弱、经营理念落后，合作社的日常运营和重大决策都依赖于理事长和理事会成员。一方面，合作社的理事长和理事会成员都是当地经济、技术等方面的精英，相较于普通农户，他们的社会资源更丰富、市场意识更强、个人眼界更开阔，对事物的发展趋势的把握判断相对更准确。另一方面，他们大部分都是把合作社当作个人事业来做，在资金、精力投入上会比普通成员大很多，这也会使得他们认为在收益分配上自己应得到更大的回报。所以，在收益分配机制方面，超过60%的合作社实行按股分红模式。可见，现实中大部分合作社的治理结构、产权安排、收益分配逐渐偏离经典的模式，这种现象根植于合作社发展的实际环境，其又具有一定的合理性。合作社如何与普通成员结成更紧密的利益关系，更广泛地调动所有成员的积极性，做大做强，真正能帮助普通成员增收致富，是需要进一步思考的问题。

（三）吸收接纳建档立卡贫困户是滇西边境片区农民专业合作社的重要特点之一，合作社在帮助农户增收、助力脱贫攻坚方面发挥了积极的作用

吸收接纳建档立卡贫困户是滇西边境片区农民专业合作社的重要特点之一。新型农业经营主体参与扶贫的效果较为明显。首先，从扶贫成效来看，2018年滇西64个县产业扶贫的总收入超过千亿元，其中贫困户发展产业的总收入近200亿元，其中通过与新型农业经营主体合作而获得的收入达150.39亿元，占总收入的73.5%。其次，从带动贫困户数量来看，在新型农业经营主体参与扶贫的实践中，合作社对农户增收的带动作用略强于龙头企业。但是，仍要看到合作社发挥的这些带动作用离不开政府的一些优惠政策或项目，单靠合作社自身运营发展带动成员增收的效果整体上仍不太理想。

（四）在乡村振兴背景下，多种资源要素向农村农业聚集，合作社在整合资源、推进产业兴旺、促进乡风文明、提高乡村治理水平方面有很大的探索空间

农民专业合作社根植于农村，其运营的核心是紧紧围绕农业发展及其相关的社会化服务，合作社在资源要素整合等方面的优势对助力乡村产业振兴有着积极的影响。值得注意的是，在调查访谈的过程中，据很多理事长或社员介绍，在民族地区，以前村民生产生活内容比较单一，每天干完农活后就没什么事情干，因此喝酒赌博、打架闹事经常发生。随着合作社等新型经营主体的大力发展，一二三产业融合发展，大家都忙着学技术、搞产业，乡村治安事件大大降低，乡村风貌明显改善。此外，合作社通过技术学习、生产实践等，可以有效地把不同民族的社员联结在一起，加强社员间的交流沟通、增强认同感从而推动乡村和谐发展、促进乡风文明。

随着乡村振兴战略的实施，农村基层政府的管理服务能力面临新的要求，传统的治理主体难以满足差异化和多元化的服务需求。合作社作为一种新型经营主体，兼具经济和社会双重功能，一方面具有提供多样化公共服务的能力，另一方面可以成为政府和农户沟通的桥梁从而帮助政府实施一些项目、承担部分社会职能。这些都将成为创新农村社会管理模式的有益探索。

第二节 存在的问题与政策建议

本研究通过对滇西农民专业合作社的发起和社员参与、乡村振兴背景下合作社的发展和新角色的研究发现，合作社在农业社会化服务、帮助农户增收、助力乡村振兴等方面都起到了积极的作用，但是总体上合作社实力较弱、缺少创新型专业服务类合作社和成规模的合作社联社。合作社在发展过程中存在一些困难与瓶颈，主要有以下几个方面。

一 存在的主要问题

目前合作社发展中存在的主要问题涉及合作社融资、社员的能力、合作

社内部的股权结构与利益分配机制、产品营销等。

（一）合作社融资困境

实地调研发现，合作社主要的融资方式是民间借贷。合作社常常在向金融机构融资的过程中因缺乏抵押物而受阻。地方政府在合作社融资方面提供了一些帮助，但远远无法满足合作社的资金需求。此外，民间借贷的利率往往高于金融机构的利率，这变相加大了合作社的还贷与发展压力。在调研过程中，绝大部分合作社理事长表示，缺乏资金、融资困难使得合作社升级设备、扩大规模、拓展业务受阻，是合作社提升竞争力和健康发展的主要瓶颈。

（二）社员的能力普遍较低在一定程度上制约了合作社的发展

合作社在对接市场的过程中，要想在激烈的竞争中形成一定的优势，就必须在运营管理方面具有较高的专业性和前瞻性，这对合作社的运营团队和成员提出了较高的要求。但是由调研的数据和相关资料可见，合作社的主要领导成员、运营团队虽然大都是当地精英，但是整体文化程度不高，仍有很大的提升空间。此外，滇西边境片区的"直过"、特困少数民族众多，经济封闭而落后，村民基本上不懂汉语，市场意识缺乏。合作社大部分成员的市场意识和综合素质都亟待提高。否则，这些问题将影响合作社的健康、快速发展。

（三）合作社内部的股权结构与利益分配机制不完善

通过对所调研合作社相关数据的分析发现，在合作社的出资比例方面，60%以上的合作社理事长是合作社中出资最多的，近50%的合作社理事长个人出资比例在20%以上。关于合作社日常运营的决策机制，超过60%的合作社在生产、销售、投融资、收益分配、债务负担及发展规划等方面均由理事长或理事会决策。在收益分配机制方面，超过60%的合作社实行按股分红模式。可见，大部分合作社的治理结构、产权安排、收益分配逐渐偏离经典的模式，逐渐成为大股东管理、大股东控制、大股东获利的组织，这将降低成员对组织的信任度和忠诚度，不利于合作社的健康发展。

（四）合作社在产品营销方面投入过少

营销是合作社产品走向市场的关键环节，是提升产品价值、促进社员增收的有效手段。但是，根据调研的情况来看，在产品营销方面，合作社的品牌意识薄弱、营销能力有待提升。超过40%的合作社没有建立并维护稳定的销售渠道的意识，这不利于提高销售效率、降低销售风险。对于新兴的电子商务网络销售等，大部分合作社都没有触及。此外，对于可以有效增加产品附加值的加工服务，不足40%的合作社有所涉及但绝大部分仅限于简单的初级加工。这在很大程度上制约了合作社产品增值及效益提升，成为影响合作社快速发展的重要瓶颈。

二 相关的政策建议

针对以上问题，提出政策建议如下。

（一）在合作社的融资方面

1. 加强政策性融资环境建设

继续加大财政支持力度，滇西合作社的整体规模还不大，仍需加大建设力度，同时要继续完善直接划拨、以奖代补和项目申报等制度。积极探索项目申报制度，使灵活的项目申报成为合作社获得财政支持的主要渠道，更多的合作社可以通过项目申报获得支持。继续加大政策性金融和保险支持力度。银行系统加大了对合作社的支持力度，完善了农村金融系统，安排了专项农业贷款，但农村金融规模仍较小，专项贷款总额相对于6万多个合作社而言仍显不足。政策性保险已覆盖全省各县市，但群众参与性不足、理赔机制不完善，有必要继续完善保险机制，加大保险资金投入，逐步提升农民参与的积极性，为包括合作社在内的各类主体提供有效的避险机制。

2. 加强合作社内部金融系统的建立

目前，滇西的资金互助社基本覆盖了各地州（市），但在行政村层面的覆盖率还不高，同时依靠农民自有资本组建的合作社银行还没有，有必要加强滇西合作社的资金合作建设。

3. 构建更良好的合作社市场融资环境

形成一批专门面向农村和农业的专业性金融机构，加强基层金融机构如乡镇农业性商业银行、村镇银行等的建设，为各类经营主体更便捷、高效地融资提供良好的环境。要完善融资制度，为农民贷款提供更好的条件，进一步放宽贷款条件，增加抵押物种类，完善抵押制度。适度增加中大型额度贷款额度，为合作社等新型经营主体扩大规模创造更有利的条件。

4. 引入专业会计和审计机构参与农村资金管理

建立更为完善的资金管理制度，使资金监管和审计成为常态，有效地引导合作社更合理地利用和管理资金，也为国家财政资金和其他各类资金高效使用提供保障。

（二）在提高社员的综合能力方面

充分发挥民族地区"带头人"的作用，加强对社员市场意识、合作观念、生产技能等方面的培训。由本研究的调研数据可见，滇西大部分合作社的发起人都是当地精英，他们在当地各种事务中起着示范带头作用，在合作社事业中也发挥了积极的作用。他们作为根植于农村的精英群体往往具有较高的生产经营技能和丰富的社会资源，眼界开阔，具有创新意识，在当地有较大的影响力。农民专业合作社作为一种新型生产经营主体，其在滇西的发展壮大更离不开这些精英群体的示范带头作用。为此，要充分发挥滇西民族地区农村"带头人"的作用，一方面，要通过政策多渠道多层次挖掘能人、吸引能人，鼓励返乡创业者和在种植、养殖、加工、销售等方面有一技之长者整合资源带头创办农民专业合作社，让能人与普通农户共同承担风险、共享收益、共同进步，从而有效带动农民搭上经济发展的快车，实现共同富裕。另一方面，要注重这些带头人的能力提升。虽然这些带头人属于当地精英群体，但是在信息化、技术化、市场化等背景下，农民专业合作社作为新型生产经营主体所需的专业性、综合性技能都要求这些带头人不断地学习提升自己。政府也要协助提供各种培训、学习、交流的机会，使得这些从事合作社事业的带头人能不断提升在农业生产、经营管理、市场营销等方面的能力，进而能够从容地面对环境变化带来的各种挑战。

此外，滇西的"直过"、特困少数民族众多，经济封闭而落后，村民基本上不懂汉语、市场意识缺乏。要大力发展农民专业合作社，不仅要充分发挥民族地区"带头人"的作用，也要加强对村民市场意识、合作观念、生产技能等方面的培训。一方面，政府要结合各民族的文化特色，通过网络等多种形式有效地加大对合作社的宣传力度，让广大农民真正了解合作社是什么、合作社这种组织形式有什么优势、合作社对生产经营能带来什么好处，全面了解合作社的意义。另一方面，由政府牵头，合作社积极与科研院所、相关龙头企业等合作，采取课堂培训、实地教学等多种形式加强对社员在新技术、市场理念、经营理念等方面的培训，提高社员市场意识、农业种养殖技能、合作社内部管理水平等，增进社员对合作社的了解，共同促进合作社事业的发展。

（三）在合作社股权和分配机制方面

1. 在合作社的发展过程中，要兼顾效率与公平

社会资本尤其是工商资本进入农业领域成为常态，合作社在面对市场其他竞争主体的同时，社员的异质性问题也逐步凸显，因此，在注重效率的同时，应注意合作社外部和内部的公平性建设工作。

要注意合作社发展过程中的公平问题。滇西属于边疆多民族地区，随着农业领域的开放，进入该地区的工商资本不断增加。合作社之外的其他竞争主体拥有更雄厚的资本实力、更好的经营管理经验、更好的市场运作能力，相较于当地以少数民族成员为主的合作社有明显优势。如何使外来资本更好地服务于当地、使当地不同民族的成员有效地参与合作社的经营管理并获得合理的收益是需要思考的问题。

要注重合作社不同参与主体间的公平问题。以不同的资源要素入股合作社成为常态，资源、资产转化为股份将是今后合作社发展的一个重要方向。在工商资本进入农业和农村的背景下，合作社的股份构成将更加复杂。如何合理地配置各主体的股份、明确各主体的应得利益是重要的问题。在农村三资核查、承包权和林权确权的基础上，有必要在农村地区引入相关的资产评估机构、会计和审计机构，使农村资产评估和财务审计常态化，这不仅有助

于规范合作社的运营管理，也有助于明确各主体的股份配置和利益分配，使合作社在兼顾效率与公平的环境下发展。

2. 引导合作社建立健全盈余分配机制，形成更紧密的利益联结机制

由调查数据可见，在滇西边境片区村民普遍存在文化程度低、市场意识淡薄、汉语沟通困难等问题，合作社由少数精英掌控的问题更加凸显。在现阶段，这些精英在资金、精力上比普通成员投入大，在合作社盈余分配中也占有大部分的比重，这有一定合理性，但长期来看会大大降低合作社普通成员的积极性和认同感。政府应该引导合作社在兼顾公平与效率的前提下通过全体成员的协商，在提高按交易量（额）进行盈余分配比例的同时将技术、资金、农地质量等要素纳入分配机制，这样既有利于在合作社内部形成更紧密的利益机制，充分调动普通社员的积极性，又不会影响核心社员的积极性，从而推动合作社健康、可持续发展。

（四）在合作社产品营销方面

1. 政府要加快完善农产品市场信息服务体系建设，积极搭建信息平台

大数据时代已经来临，信息技术和网络技术的发展使市场环境发生了重大变化，信息已经成为市场竞争中的核心资源。能否及时、准确地获取信息并且高效、有针对性地发布产品信息是影响合作社发展的关键。因此，政府应该积极完善农产品市场信息服务体系，整合资源，搭建全国性信息平台。一方面，政府相关部门可以通过信息平台及时发布各种市场信息和产品前景预测信息，使得合作社能够通过平台及时获取、交流市场信息，快速调整生产经营计划，从而降低市场风险。另一方面，合作社可以通过信息平台向全国各地发布产品推介信息，让全国各地的消费者、经销商可以及时、全面地了解合作社产品的特点、品质等信息，这有利于解决买卖双方信息不对称问题，从而帮助合作社树立品牌意识、拓展销售渠道。

2. 引导合作社树立品牌意识，积极创建品牌

合作社要做大做强，就要树立品牌意识，走产品品牌化道路。但是，在实地调查中发现，滇西地区意识到品牌价值的重要性的合作社仍为少数，有些合作社想打造自身的品牌却不知道该从何做起。首先，政府要引导合作社

树立品牌意识，充分认知到品牌的价值和重要性。其次，政府要完善产品等级的认定程序，鼓励符合条件的合作社积极申报"绿色""有机""无公害"等相关质量认证，并对符合条件的合作社给予补贴和奖励。最后，政府可以利用项目、补贴、奖励等激励合作社不断提升产品的品质，鼓励合作社增加产品的附加值，充分挖掘产品特色，打造独具优势的品牌，从而提升产品的市场占有率。此外，政府还要充分利用媒体、平台、博览会等加大对当地产品的宣传力度，帮助合作社提高品牌的知名度。

3. 鼓励合作社尝试"互联网+"的销售模式，加强"新电商"合作

在大数据时代背景下，"互联网+"的销售模式成为新兴的、被认可的潮流。通过电商平台销售产品可以使生产者直面全国的消费者，从而直接、有效地了解消费者的偏好与需求。通过有效地整合各种资源，缩短交易链条、解决农业经营中的信息不对称问题。但从实地调查的情况来看，滇西地区农民专业合作社涉及网络销售的产品比例极低，大部分合作社还没有尝试这一新兴的销售模式，其原因是电商销售的专业技能欠缺。为此，政府相关部门可以加大针对合作社电商销售的相关培训力度并鼓励合作社引进相关的专业人才，积极尝试"互联网+"的销售模式，拓宽销售渠道。

此外，正在兴起的"特色农产品+合作社+新农人+电商平台""新电商"模式值得关注，如拼多多的"多多农园项目"等，比起传统的电商销售，其在整合资源、明确市场需求定位、提供技术资金支持、加强基础设施建设、形成更完善的利益联结机制等方面的多要素协同综合优势更明显，政府可以引导合作社积极探索。

附 录

问卷编号：_____

农民专业合作社调查问卷

尊敬的理事长：

  您好！这是一份探讨合作社发展现状、服务功能、内部治理、外部环境与组织绩效的调查问卷。问卷所涉及问题没有正误之分，请根据实际情况回答。我们承诺，您所提供信息只用于学术研究，绝不外泄。

  非常感谢您对我国合作社事业的支持！

云南民族大学民族研究所

调查时间：_____年___月___日　___省___市___县___乡___村

合作社全称：_____理事长姓名：_____联系方式：_____

调查员姓名：_____联系方式：_____

一、合作社基本情况

1. 合作社成立时间是_____年____月；发起人有____位；合作社成立时成员总数有____位

2. 合作社注册时间是_____年____月；注册资本有____万元；

  主营业务是_____

  合作社主要从事产业_____：①育种业；②粮食种植业；③蔬果种植业；④特种种植业（包括花卉、中草药等）；⑤畜牧养殖业；⑥水产养殖业；⑦林业；⑧休闲服务业（观光旅游、餐饮住宿等）；⑨生产性服务业（如农机合作社等）；⑩多种经营型合作社

  其他（注明）_____

表1　合作社所在村（或居委会）特征

内容	取值	内容	取值
所处地域：编码1		占本村人口比例最高的民族是	
企业数量（家）		是否有高知名度人物	____①是　②否
人均年收入（元）		人均土地面积（亩）	
合作社与最近县城的距离：公里		村人均年收入在乡镇各村中排名	
合作社与省道或国道距离：公里		合作社与高速公路入口距离：公里	
比较有影响力的民间组织		村民最主要的信仰是什么	

编码1：①平原；②山区；③丘陵；④其他。

3. 合作社由谁牵头成立____

①村干部；②政府部门；③产销大户；④企业；

⑤科技示范户或技术能手（提供农业服务的）；⑥供销社；⑦由多方共同发起

其他（请注明）_____

牵头人是不是理事长？____①是；②否

自合作社成立以来，理事长是否变动过？____①是；②否

4. 当初成立合作社的主要原因是（选择并具体填写可多选，排序选择最重要的____、____、____）

①自发合作（如降低成本为主）_____

②市场力量拉动（如便于产品走向市场）_____

③政府力量推动_____

④其他（请注明）_____

5. 成员入社要求：____①必须以土地、资金或农机等要素入股；②必须将全部产品销售给合作社或必须从合作社消费（商品契约，必须参与）；③只要与合作社发生交易就算（部分产品交易，参与一次即可）；④没有特定条件（本村或区域范围内即可）；⑤其他（请注明）

6. 合作社现有成员____户，其中农民____户，有____个企业、事业单位或社会团体成员，出资成员____户

少数民族____户，分别为哪几个民族_____

各占比例_____

合作社中被识别为精准扶贫对象的贫困户有_____户

近四年合作社成员数量：2017年_____户；2016年_____户；2015年_____户；2014年_____户

7. 合作社有没有境外成员参与____①有　②没有；如果有，有____户

　　境外成员中是否有正式社员____①有　②没有；如果有，有____户

8. （调研员计算后填写）合作社现有固定资产_____万元，流动资产____万元；目前合作社大约负债____万元

表2　合作社固定资产购置

项目	农用场所:编码1			农机具:编码2			其他器械:写具体名称		
建成购置年份									
可使用年限									
总花费:万元									
资金来源:编码3									

编码1：农用场所包括：①仓库；②经营性房屋；③厂房；④大棚；⑤其他（请注明）

编码2：农机具包括：①拖拉机；②收割机；③农用运输车辆；④烘干机；⑤其他（请注明）

编码3：①组织盈余；②股金；③高利贷；④银行；⑤来自政府部门；⑥来自投入品供应商；⑦来自产品购买商；⑧来自其他企业或组织；⑨来自外国政府或组织；⑩科研单位与科研人员；⑪其他（请注明）

表3　合作社现有流动资产表：万元

现有资金（包括储蓄与已收定金）	应付款（包括负债）	应收款	产品库存现估值	其他	合计:流动资产总值

注：流动资产总值=现有资金（包括储蓄）+应收款-应付款（含负债）+产品库存现估值+其他

9. 目前合作社属于哪级示范合作社_____：
　　①国家级_____（获得时间：格式 201001）　②省级_____
　　③市级_____　　④县级_____　　⑤无

二、理事长及理事会成员基本情况

10. 性别：____①男②女；年龄（周岁）：____；民族：____是否中共党员：____①是②否；已任职____年

　　您 2017 年家庭年纯收入_____元/户

表 4　合作社理事长社会资本

类别	取值	类别	取值
姓氏在本村是否为大姓		理事长是否信教，若信教写出宗教名称	____；____
民族类别，是否在本村主体民族	____；____	是否村干部或乡镇干部，如果是，职务（见编码1）	____；____

理事长亲戚朋友中，是否有如下关系：1＝是，0＝否

内容	是否有	对合作社帮助程度	内容	是否有	对合作社帮助程度
村干部			政府官员		
私营企业主			商贩		
企业管理人员			企业普通人员		
事业单位（如学校、医院）人员			从事相同或相关产业的人		
银行工作人员					

1. 是否选项中，①＝是，②＝否
2. 编码（1）：①书记；②村主任；③村两委其他成员；④乡镇干部
3. 帮助程度从小到大评分为 1　2　3　4　5

11. 文化程度：①未接受正式教育　②小学　③初中　④高中　⑤大学及以上

12. 成立初期您在合作社出资____万元，占成员总出资额____%，是否最高？____①是　②否

13. 目前您在合作社出资____万元，占成员总出资额____%，是否最高？____①是　②否

表 5　合作社股权变动一览表

出资额变动序号	变动时间(按先后顺序)格式:如201001	合作社出资总额:万元	理事长出资额:万元	理事长出资比重:%	理事长出资额度排名
1					
2					
3					
4					
5					

14. 您有没有在合作社领工资或者误工补贴？①有（去年领到_____万元）　②无

15. 您有如下经历吗？（多选）_____
①乡镇干部　②村干部　③个体户　④企业员工　⑤农技人员　⑥产销大户　⑦其他_____

16. 您的才能在合作社中得到了怎样的发挥？____①很小的发挥　②较小的发挥　③一般的发挥　④较大的发挥　⑤很大的发挥

17. 您对合作社给您的回报满意程度如何？____①很不满意　②不太满意　③一般　④比较满意　⑤很满意

18. 合作社成员对您的监督怎么样？_____①很不严格　②不太严格　③一般　④比较严格　⑤很严格

19. 政府部门对合作社的监督怎么样？____①很不严格　②不太严格　③一般　④比较严格　⑤很严格

表 6　合作社理事会成员信息表

编号	年龄	民族	教育程度编码1	现有出资额:万元	经历:编码2	发挥的作用	
						编码3	编码4
理事长							

续表

编号	年龄	民族	教育程度 编码1	现有出资 额:万元	经历: 编码2	发挥的作用	
						编码3	编码4

1. 编码1：①未接受正式教育；②小学；③初中；④高中；⑤大学及以上
2. 编码2：①乡镇干部；②村干部；③个体户；④企业员工；⑤农技人员；⑥产销大户；⑦县以上机关干部；⑧其他
3. 编码3：①解决资金问题；②解决土地问题；③解决劳动力问题；④解决信息问题（市场、政策信息）；⑤解决技术问题；⑥管理职能；⑦其他（请注明）
4. 编码4：发挥作用大小，从小到大为12345

三、合作社成员异质性（成员差异情况）以下各种陈述是理事长对自己所在合作社的一些看法或感受，请根据他的判断，在相应的数字处打"√"，异质性程度：1-很小，2-比较小，3-一般，4比较大，5-很大。

表7 合作社成员异质性

选项	整体而言	理事会成员之间	理事会与普通成员之间	普通成员之间
20. 成员的区域跨度 来自：①本村 ②跨村 ③跨乡 ④跨县 ⑤跨市及以上	1 2 3 4 5	1 2 3 4 5	1 2 3 4 5	1 2 3 4 5
21. 成员的年龄差别程度 年龄最大的____岁,最小的____岁	1 2 3 4 5	1 2 3 4 5	1 2 3 4 5	1 2 3 4 5

续表

选项	整体而言	理事会成员之间	理事会与普通成员之间	普通成员之间
22. 成员之间的文化程度差别程度（文化程度 5 个层次） 最高的是____；最低的是____（编码见 11 题）	1 2 3 4 5	1 2 3 4 5	1 2 3 4 5	1 2 3 4 5
23. 成员之间的经营规模差别程度 最大的是____；最小的是____（填几亩/只/头等）	1 2 3 4 5	1 2 3 4 5	1 2 3 4 5	1 2 3 4 5
24. 成员在合作社的出资额差别程度（调研员计算） 出资额前十位成员的出资额占总出资额的____%	1 2 3 4 5	1 2 3 4 5	1 2 3 4 5	1 2 3 4 5
25. 成员生产的产品产量差别程度	1 2 3 4 5	1 2 3 4 5	1 2 3 4 5	1 2 3 4 5
26. 成员生产的产品质量差别程度	1 2 3 4 5	1 2 3 4 5	1 2 3 4 5	1 2 3 4 5
27. 成员使用的投入品数量差别程度（如施肥量）	1 2 3 4 5	1 2 3 4 5	1 2 3 4 5	1 2 3 4 5
28. 成员使用的投入品质量差别程度（如良种、质量、渠道可靠性）	1 2 3 4 5	1 2 3 4 5	1 2 3 4 5	1 2 3 4 5
29. 成员的非农收入差别程度	1 2 3 4 5	1 2 3 4 5	1 2 3 4 5	1 2 3 4 5
30. 成员的社会活动能力差别程度（如人际交往、协调组织等）	1 2 3 4 5	1 2 3 4 5	1 2 3 4 5	1 2 3 4 5
31. 成员的入社动机差别程度	1 2 3 4 5	1 2 3 4 5	1 2 3 4 5	1 2 3 4 5
32. 成员在合作社事务中责任感差别程度	1 2 3 4 5	1 2 3 4 5	1 2 3 4 5	1 2 3 4 5
33. 成员的民族类别差异程度	1 2 3 4 5	1 2 3 4 5	1 2 3 4 5	1 2 3 4 5

四、合作社服务功能

34. 合作社是否为成员提供农资购买服务？

①是；②否，如果提供，____%的成员通过合作社购买农资，合作社统一购买能比市场价低____%

合作社为农户提供哪些农资：_____

购买农资的支付方式是：①现金；②预付；③赊销；④其他

若有赊销，则从本组织赊销的社员占从本组织购买生产资料的所有社员多大比例？_____%

35. 合作社是否为成员提供技术服务？____①是 ②否

如果有提供技术服务，有____%的成员通过合作社得到技术服务，该服务是否收费____（a 是 b 否）；若收费，怎么收费_____；谁来提供此服务？_____；怎么服务的_____

36. 合作社是否为成员提供直接生产服务？____①是 ②否

如果有提供直接生产服务，有____%的成员获得，该服务是否收费____（a 是 b 否）；若收费，怎么收费_____

直接生产服务覆盖_____：①单一环节 ②多个环节 ③全部环节

谁来提供此服务？_____；怎么服务的_____

37. 合作社是否对该产品品种统一标准？（ ）①是 ②否

如果是，是否提供相应的服务？（ ）①是 ②否

谁来提供？_____，该服务是否收费：____（a 是 b 否）；若收费，怎么收费_____

为什么要统一标准？_____

38. 合作社是否对该产品种养过程统一标准？（ ）①是 ②否

如果是，是否提供相应的服务？（ ）①是 ②否

谁来提供？_____，该服务是否收费：____（a 是 b 否）；若收费，怎么收费_____

为什么要统一标准？_____

39. 合作社是否为成员提供农产品销售服务？____①是 ②否

如果有提供农产品销售服务，有____%的成员通过合作社销售产品，合作社统一销售能比市场价高____%；该服务是否收费：____（a 是 b 否）；若收费，怎么收费_____

谁来提供此服务？_____；怎么服务的_____

40. 合作社进行统一销售的方式是：（　　　）

①买断（组织先买断成员产品的所有权后，再伺机销售的方式）

②代销（组织受个别成员委托，代为寻求市场销售其产品的方式）

③中介（组织牵头将农产品供需双方联系起来，进行买卖的方式）

④其他（请说明）：_____

41. 合作社是否有稳定的销售渠道？①是　②否；如果有稳定的销售渠道，通过这类渠道的销售比例为_____%；这些稳定的渠道是怎样建立的？_____

42. 合作经济组织统一销售时向成员预付订金情况（　　　　）

①不预付订金　②预付定额订金（_____元/户）　③预付比例订金（合同货款总额的____%）　④其他：_____

社员是否将产品赊销给合作经济组织？____①是　②否

是否有社员将赊销款入股资金互助社的情况？____①是　②否

销售产品时，是否可只登记数量，而价格根据之后的结算日的价格确定？____①是　②否

43. 合作社是否为成员提供资金借贷服务？____①是　②否

如果有提供资金借贷服务，资金来自____（多选）：（a 理事长　b 合作社　c 成员互助资金　d 其他_____），借贷利率_____

44. 合作社是否为成员提供土地流转服务____：①是　②否；如果有，该服务是否收费____：a 是　b 否；收费标准_____

45. 合作社是否为成员提供信息服务？____①是　②否

如果有提供信息服务，包括_____（可多选）：a 市场信息　b 政策信息　c 行业技术信息　d 其他_____

这些服务是否收费____：a 是　b 否，若收费，怎么收费_____

谁来提供此服务？_____；怎么服务的_____

46. 合作社是否对成员的农产品有质量要求？____①是　②否

如果有要求，如何控制：____a 产品分级　b 生产时监督　c 培训后

· 281 ·

让成员自觉   d 其他____

　　　　合作社是否对成员提供产品质量安全相关服务：____①是　②否

　　　　如果有相关服务，大约____%的成员获得服务，该服务是否收费：____a 是　b 否

　　　　对达不到质量标准的产品怎么处理？_____

47. 合作社是否有自己的办公场所：____①是　②否；　是否有专门为成员服务的设施____①是　②否，如果有，什么设施（如仓库等）_____

48. 合作社是否注册了商标：____①是（注册时间：____）　②否

　　　　合作社是否有自己的网站：____①是（开通时间：____）　②否

49. 合作社产品有没有民族特色？____①有　②没有

　　　　如果有，是什么特色？_____

50. 合作社有没有进行品牌宣传等活动？____①有　②没有

　　　　如果有，是如何做的？_____

51. 合作社是否能对产品进行加工？____①能　②不能；如果能，加工的程度____①初加工　②深加工　③其他（请说明）_____

52. 合作社是否进行了产品认证：①是　②否，如果认证了，类型为____：a 无公害____（获得时间：　　）b 绿色_____ c 有机_____

53. 合作社是否有通过网络销售产品____①是　②否

　　　　如果有，通过网络销售的产品占总销售量的比例为_____。具体通过哪些电商平台_____，各种平台的销售比例对应为_____

　　　　网络销售这块业务由谁负责打理？_____①外聘的专职人员；②合作社社员；③其他（请说明）_____

　　　　您觉得负责网络销售的人员需要具备什么样的条件？_____

　　　　您觉得通过网络销售产品比传统销售渠道（在价格、销量、成本等方面）有什么优势？_____

在此过程又遇到哪些困难和问题?_____
_____

如果还没有通过网络销售产品,那您以后打算发展这方面业务吗?____①要发展;②无所谓;③不打算发展。为什么?_____

54. 合作社是否对非合作社成员提供服务?____①是　②否,如果提供请填表8。

表 8　合作社对非成员服务情况

服务内容	是否提供服务	服务户数	服务内容	是否提供服务	服务户数
农资购买			资金借贷		
技术服务			信息服务		
产品销售			加工服务		

注:1=是;2=否

五、合作社内部治理

(一)三会制度

55. 是否组织召开成员(代表)大会?____①是　②否

如果开,一年开几次____,什么情况召开成员(代表)大会_____

56. 是否组织召开理事会议?____①是　②否　理事会人数____名,2017年开会____次

什么情况召开理事会_____

理事会成员是否领取一定的报酬(工资/津贴等)?____①是　②否

57. 是否组织召开监事会议?____①是　②否　监事会人数____名;2017年开会____次

若召开过,能否举个例子_____

监事会是否发挥作用_____

监事会成员是否领取一定的报酬(工资/津贴等)____?①是　②否

58. 成员（代表）大会（____）、理事会（____）、监事会（____）分别实行哪种表决方式？

　　①一人一票（少数服从多数）

　　②一股一票，无上限

　　③按股份比例，但每个人票数有上限

　　④按交易量，但每个人票数有上限

　　⑤按交易量，每个人票数无上限

　　⑥不投票，由合作社领导决定

59. 每次会议是否有会议记录？____①没有记录　②有时有记录　③每次有记录

（二）财务制度

60. 合作社是否有严格的财务管理规章制度？____①是　②否

61. 合作社是否有财务工作人员（如会计、出纳等）？①是　②否，如若有，是否专职____①是　②否；其中，会计、出纳是否兼任____①是　②否

62. 会计资料是否完整？____①很不完整　②不太完整　③一般　④比较完整　⑤很完整

　　是否执行财政部合作社会计制度：____①是　②否

　　是否每位成员有成员账户____①是　②否

63. 是否向全体成员公开财务和运营情况？____①是　②否

　　合作社财务内容是否公开____①是　②否

　　公开程度：____①全部公开　②部分公开

　　是否有外部力量（如农业部门）进行监督？____①是　②否，如果有，是什么部门_____

64. 是否有成员资金账户？____①是　②否

　　是否有成员产品交易记录？____①是　②否

　　是否有成员农资交易记录？____①是　②否

（三）决策机制

65. 合作社的投资决策（如为合作社添置设备）主要由谁做出？（专指大额投资）_____

①理事长　②理事会　③成员（代表）大会

请描述一次合作社投资决策：_____

66. 合作社的融资决策（如向银行贷款）主要由谁做出？_____

①理事长　②理事会　③成员（代表）大会

请描述一次合作社融资决策：_____

67. 合作社的收益分配制度主要由谁制定？____①理事长　②理事会　③成员（代表）大会

68. 合作社盈余或利润的主要分配方式（单选）：_____

①按交易额（量）返还　②按股分红　③平均分配给成员

④按交易额（量）返还与按股分红相结合，以按交易额（量）分配为主

⑤按交易额（量）返还与按股分红相结合，以按股分红为主

若涉及按交易额（量）返还，则按交易额（量）返还的比例为____%

⑥没有利润分配制度

其他_____

合作社盈余来自哪些方面_____

盈余分配中，公共积累参与分配占比____%；股金参与分配占比____%；交易量参与分配占比____%；土地参与分配占比____%；管理要素参与分配占比____%；其他____%

69. 合作社是否在盈余或利润中提取积累_____

①是（其中公积金____%，公益金____%，风险金____%）　②否

70. 合作社在收购成员的产品时，是否支付高于市场行情的价格？____①是　②否

合作社向成员收购产品时是否根据质量等级，支付不同的价格？_____

①是　②否

71. 合作社农资采购决策由谁做出？____①理事长　②理事会　③成员（代表）大会

合作社产品销售决策由谁做出？____①理事长　②理事会　③成员（代表）大会

合作社新技术采纳由谁决定？____①理事长　②理事会　③成员（代表）大会

72. 合作社是否有发展战略规划？____①是　②否

73. 合作社的长期发展战略由谁制定？____①理事长　②理事会　③成员（代表）大会

请描述一次合作社发展战略制定：_____

74. 您认为目前的合作社决策机制效率如何？____①很低效　②比较低效　③一般　④比较高效　⑤很高效

常出主意的有_____人；其中，理事会成员有_____人；普通成员中____人

（四）人事安排

75. 吸收新成员由谁决定？____①理事长　②理事会　③成员（代表）大会　④自由加入

76. 新成员入社时是否有规模要求？____①是　②否；如果有，什么规模要求_____

新成员入社时是否有其他要求？____①是　②否；若有，什么要求_____

77. 新成员加入时是否需要比最初加入的成员出更多的股价？____①是　②否

78. 合作社是否有从外面请的职业经理？____①是　②否

如果有，近3年工资大概每月____、____、____元

职业经理性别____：①男，②女；　年龄（周岁）____

教育程度：____①未接受正式教育　②小学　③初中　④高中

⑤大学及以上

　　工作经历：____　①乡镇干部　②村干部　③个体户　④企业员工　⑤农技人员　⑥产销大户　⑦县以上机关干部　⑧其他_____

79. 职业经理由谁决定？____ ①理事长　②理事会　③成员（代表）大会　④其他____

80. 合作社是否有管理人员？_____ ①是　②否；如果有，近3年工资____、____、____元/月，人数：____

81. 合作社是否有明确的更换理事会成员的程序？____　①是　②否

82. 自合作社成立后是否更换过理事会成员？____ ①是　②否

六、合作社外部环境

请对以下各项政府提供的服务进行打分。根据您自己的体会，在相应的数字处打"√"：1-非常不满意，2-有点不满意，3-不确定，4-有点满意，5-非常满意。

表9　合作社对政府服务评价

政府提供的服务	是否需要：1=是,0=否	是否获得过：1=是,0=否	对政府服务的满意度评价
83. 为合作社成立进行宣传发动			1 2 3 4 5
84. 帮助合作社制定章程			1 2 3 4 5
85. 为合作社提供免费或优惠登记服务,若收费,标准是_____			1 2 3 4 5
86. 为合作社提供办公场所或设施			1 2 3 4 5
87. 为合作社提供市场信息或销售渠道			1 2 3 4 5
88. 为合作社提供技术培训与服务			1 2 3 4 5
89. 为合作社提供法律咨询或援助			1 2 3 4 5
90. 帮助合作社获取贷款或提供担保			1 2 3 4 5
91. 为合作社提供现金补贴或奖励,合作社累计获得财政奖补资金_____万元			1 2 3 4 5
92. 为合作社提供实物补贴或奖励累计实物补贴估价约_____万元			1 2 3 4 5
93. 整体而言,您感觉当地政府对合作社支持力度怎样？			1 2 3 4 5

94. 据你所知,当地(区县)政府是否出台了支持合作社发展的专门文件:____ ①是 ②否

若知道,是从哪知道的_____ ①电视 ②报纸 ③政府 ④亲朋介绍 ⑤其他

95. 合作社成立以来是否遇到过资金短缺的情况:____ ①是 ②否

如遇到过,曾经通过何种渠道解决的:____

①没有解决 ②农村信用社 ③民间借贷 ④商业银行

⑤村镇银行 ⑥成员筹资 ⑦政府扶持 ⑧其他____

96. 合作社成立以来,是否从金融机构获得过贷款:____ ①是 ②否

如果有,申请过____次款,获得过____次款;申请过____万元贷款,获得过____万元贷款

如果获得过贷款,主要是何种贷款:_____ ①信用贷款 ②抵押贷款 ③担保贷款(保证贷款) ④质押贷款 ⑤其他(请说明)

如果没有获得贷款,您认为主要原因是什么:_____

①无抵押品 ②无担保方 ③贷款额度小,银行不愿贷

④贷款周期短,银行不愿贷 ⑤银行对合作社不了解不认可 ⑥其他(请说明)

97. 如果获得过担保贷款,是何种担保?____

①政策性担保机构 ②涉农企业 ③商业性担保企业 ④成员互保 ⑤合作社互保 ⑥其他

98. 金融机构是否给予合作社一定授信额度:____ ①是 ②否;如果有,机构名称:____额度:____

如何获得?____ ①政府帮助 ②成员个人关系 ③合作社集体公关 ④金融机构支持 ⑤其他____

99. 金融机构是否给予合作社一定利率优惠:____ ①是 ②否;如果有,机构名称:____优惠:____

如何获得?____ ①政府帮助 ②成员个人关系 ③合作社集体公关 ④金融机构支持 ⑤其他____

100. 当地正规金融机构贷款利率一般是多少？____%/年

民间借贷的利率一般是多少？____%/年

亲朋好友借贷利率一般是多少？____%/年；高利贷利率一般是多少？____%/年

101. 合作社成立以来最大的一笔贷款情况

（1）贷款金额____万元；年利率：____%；贷款期限：____年

（2）贷款来源？____①农业信用社　②农业银行　③村镇银行　④邮储银行　⑤其他商业银行

（3）以谁的名义贷的？_____①合作社　②社长　③其他成员　④其他_____

（4）贷款种类？____①信用贷款　②抵押贷款　③成员联保贷款　④第三方担保贷款　⑤其他____

（5）贷款用途？_____

①购买生产资料　②收购成员产品　③建设仓储设施或加工厂　④购置运输设备　⑤建造办公场所　⑥建设生产基地　⑦转贷给成员　⑧合作社日常运作　⑨其他

102. 合作社可供选择的种苗、农资等生产资料供应厂家多吗：____①很少　②比较少　③一般　④比较多　⑤很多

103. 合作社接收新品种、新技术的渠道多吗____①很少　②比较少　③一般　④比较多　⑤很多

主要有哪些渠道（选出前三项并排优先顺序）：____、____、____

①科研院所　②政府技术推广部门　③大户经验　④厂家培训推介　⑤其他

104. 合作社可供选择的产品销售渠道多吗____：①很少　②比较少　③一般　④比较多　⑤很多

主要有哪些渠道（多选）____①商贩；②企业；③农（民）超（市）对接；④农（民）社（区）对接；⑤网络订单；⑥CSA（社区支持农业）等新兴销售模式；⑦其他____

· 289 ·

105. 是否有其他企业或个人也收购成员产品（专指竞争对手）：____ ①是　②否

合作社是否与企业签订了长期的订货合同？_____①是　②否 若是，期限为_____年，有无违约处罚措施？_____①是　②否；若有，处罚措施为_____

七、合作社土地流转情况（如果合作社有土地流转的情况请填写以下问题）

106. 当地流转土地难吗：____①很难　②比较难　③一般　④比较容易　⑤很容易

107. 合作社种植或养殖基地的用土地总面积_____亩，其中组织自营土地面积_____亩、社员自营土地面积_____亩

如组织有自营土地情况，转入方式为（　　）①租入；②土地入股；③其他（说明_____）

如是租入，请分别填写在表 10 中。

表 10　合作社土地转包或租入情况

	问题	编码	现有租入土地 1	2	3
01	土地租入需要得到谁的批准？	1. 村；2. 小组；3. 不需要；4. 其他（请说明）			
02	有没有通过土地交易所？	1. 有；2. 没有			
03	与转出土地者的关系	1. 亲戚；2. 熟人；3. 无亲友关系；4. 村集体；5. 其他			
04	租入土地在什么地方？	1. 本村；2. 外村			
05	合同形式	1. 口头；2. 书面			
06	是否有担保？	1. 有；2. 没有			
07	担保人是？	1. 亲戚；2. 村干部；3. 熟人；4. 其他（请说明）			
08	何时定的合同？	年/月			
09	期限是固定的吗？	1. 是；2. 否			
10	期限是多少年？	年			

续表

问题		编码	现有租入土地		
			1	2	3
11	面积是多少亩？	亩			
12	是否需要租金	1. 需要；2. 不需要			
	a. 最主要的租金方式	1. 现金；2. 实物；3. 劳动力；4. 其他（请说明）			
	b. 租金支付方式？	1. 先付清租金；2. 收获后才付租金 3. 分期付(____年一付)			
	c. 每年应付多少？	元或日			
	d. 是否付清	1. 是；2. 否			
	e. 租金没有一次性支付，为什么？ f. 资金来源（最多可选三个）	若12(a)租金方式选1答此题 1. 自家积蓄；2. 银行贷款； 3. 信用社/合作银行贷款； 4. 亲朋好友借款； 5. 其他私人借款；6. 赊账；7. 其他			
	g. 选择此种付费方式是否因为缺乏资金？	若12(a)租金方式不选1答此题 1. 是；2. 否			
13	现在这种地能出租多少钱？	元/亩			
14	土地租入之后的使用类型	1. 大田作物；2. 大棚蔬菜；3. 林地； 4. 果园；5. 鱼塘；6. 畜禽养殖；7. 其他（请说明）			

如是作价入股（如果不同的地块有不同的入股方式，请分别填写在表11中，如果多于3类，填最主要的3类）

表11 土地作价入股具体情况

问题		编码	入股土地		
			01. 入股1	02. 入股2	03. 入股3
01	土地入股需要得到谁的批准？	1. 村；2. 小组；3. 不需要； 4. 其他（请说明）			
02	有没有通过土地交易所？	1. 有；2. 没有			

续表

问题		编码	入股土地		
			01. 入股1	02. 入股2	03. 入股3
03	以什么入股	1. 承包经营权;2. 一定期限的经营权;3. 其他( )			
04	土地如何作价	元/亩/年			
05	土地入股的期限	年			
06	土地入股面积				
07	股份可否转移	1. 是;2. 否			
08	股份可否退出	1. 是;2. 否			
09	股份的分配方式	1. 固定分红;2. 保租分红;3. 盈余一定比例分红			
	a. 固定分红是多少	元/亩/年			
	b. 保租分红是多少	租金+分红			
	c. 盈余分红的比例				
10	选择此种股份分配方式的原因				

108. 合作社办公、厂房、物流等用土地来源（　　）1. 一定比例的流转土地（注明____%）；2. 社长自家耕地或林地；3. 无偿使用集体建设用地；4. 租用集体建设用地；5. 无偿使用集体荒地；6. 租用集体荒地；7. 无偿使用农户宅基地；8. 租用农户宅基地；9. 农户宅基地作价入股（注明折合股金数_____）；10. 其他（请说明_____）

（1）如是租赁，租赁价格_____元/亩，亩数_____亩

（2）如是农户宅基地，该农户是社员吗？（　　）1. 是（农户姓名_____，身份：可多选，编码1_____）；2. 否

编码1：1. 社长本人；2. 监事会成员；3. 理事会成员；4. 大户社员；5. 小户社员；6. 技术员；7. 发起人；8. 股东（是否大股东）

表 12 合作社土地整治情况

整治内容	是否进行:编码1	整治面积:亩	整治总费用:万元	出资主体:编码2
平整				
水利设施				
道路				
改良土壤(如施农家肥)				

编码1：①＝是 ②＝否；编码2：①理事长 ②理事会成员 ③合作社所有成员 ④政府 ⑤企业 ⑥其他

109. 土地承包经营权抵押问题

表 13 合作社土地承包经营权抵押问题

问题	编码	答案
1.a 土地转入后,愿不愿意拿土地经营权去抵押获得融资?	1. 愿意;2. 不愿意	
b 如果不愿意,不愿抵押的原因是?	1. 评估价值低;2. 抵押率低;3. 知道银行不愿意;4. 通过农地抵押贷款获得的额度少,不够用;5. 怕出现土地纠纷;6. 不是自己的地;7. 其他	
2.a 您觉得流转来的土地能不能抵押?	1. 能;2. 不能	
b 如果不能,为什么不能抵押?	1. 法律不允许;2. 金融机构不接受;3. 出租方不愿意;4. 没人评估;5. 其他	
3. 土地有没有拿去抵押融资? 如果有拿去抵押融资回答第4题	1. 有;2. 没有	
4.a 哪个金融机构提供的?	金融机构名称	
b 贷款额度	元	
c 贷款期限	月	
d 贷款利率		
e 其他抵押担保要求		
若抵押的是租入的土地,回答第5~13题		
5. 抵押的土地有哪些证件?		
6. 土地抵押的年限是?		
7. 抵押土地的经营权期限是?		
8. 抵押土地的面积是?		

续表

问题	编码	答案
9. 抵押土地的租金支付方式是？	1. 先付清租金；2. 收获后才付租金；3. 分期付（____年一付）	
10. 土地评估谁来做？		
11. 如何估值的		
12. 估了多少？		
13.a 有没有担保公司参与？	1. 有；2. 没有	
b 若有，提供多大比例的担保？		
若抵押的是入股的土地，回答第 14~16 题		
14. 抵/质押的是什么？	1. 土地经营权；2 股权；3 其他	
如果是土地经营权，回答第 15 题		
15.a 土地抵押的年限是？		
b 抵押土地的经营权期限是？		
c 抵押土地的面积是？		
d 抵押土地的股金分配方式是？	1. 固定分红；2 保租分红；3. 盈余一定比例分红	
e 土地评估谁来做？		
f 如何估值的		
g 估了多少？		
h 有没有担保公司参与？	1. 有；2. 没有	
i 若有，提供多大比例的担保？		
j 如果到期还不了贷款，该怎么办？		
如果抵/质押是股权，则回答第 16 题		
16.a 抵质押的是谁的股权？		
b 多少股权？		
c 股权如何估值的？		
d 估了多少？		
e 有没有担保公司参与？	1. 有；2. 没有	
f 若有，提供多大比例的担保？		
g 如果到期还不了贷款，该怎么办？		

八、合作社内部信用合作（如果合作社有此项业务请填写下面问题）

110. 合作社哪年开始开展信用合作_____年，为什么开展信用合作

业务_____

①为了方便成员解决生产资金不足问题；②为了成员能够获得信用合作的股金分红；③为了促进合作社农业产业发展；④为了合作社增加经营收入；⑤其他：_____

111. 合作社是否吸收社员存款____①吸收存款；②不吸收存款

若吸收存款，哪一年开始吸收存款____年

112. 社员有没有将产品赊销给合作社，然后将赊销款存入内部信用合作的？____①有；②没有。若有，则占内部信用合作的股金和存款的比例有多大？_____

113. 合作社累计放款额度_____万元，累计借款_____笔，不良贷款额_____万元

表 14　近 3 年来合作社年内放贷情况

年份	年内放贷额度:万元	贷款笔数	贷款户数	最大贷款额度:万元
2017				
2016				
2015				

114. 是否所有合作社成员都可以向合作社借款____：①是　②否

如要获得合作社借款，借款人需要具备哪些资格条件（可多选）____

①入股资金互助业务；②提供抵押物；③其他入股资金互助成员担保；④获得授信成员；⑤其他_____

115. 有意愿向合作社借款的成员占合作社成员总数的比例：____%，已经获得过借款的成员占合作社成员总数的比例：____%

116. 合作社是否对信用合作事务制定了专门规章：____①是　②否

117. 合作社是否有专门部门或人员对信用合作进行管理（审核）：____①是　②否

118. 是否有专门政府部门对信用合作进行外部监管：____①是　②否

119. 合作社是否向非社员提供贷款____①是　②否；若是，2017年向非社员放贷____笔，贷款金额____万元，单笔最大贷款____万元

120. 申请用款人员主要将资金用于（可多选）：
①购买生产资料　②购置设施设备固定资产　③用于流动资金垫支　④生活消费　⑤非农产业投资　⑥其他_____

121. 合作社不同成员的用款费率、限额和期限情况（不能贷款的成员类别空格填"无"）

①出资信用合作的个体成员：最高额度____元，最长期限____月，月费率____‰

②没有出资信用合作的个体成员：最高额度____元，最长期限____月，月费率____‰

③出资信用合作的单位成员：最高额度____元，最长期限____月，月费率____‰

④没有出资信用合作的单位成员：最高额度____元，最长期限____月，月费率____‰

⑤非本社成员最高借款额度____元，最长期限____月，月费率____‰

⑥成员最能接受的借款额度____元，最长期限____月，月费率____‰

122. 借款资金发放方式____①现金　②支票　③银行卡转账　④其他____

123. 在信用合作资金中，是否计提风险准备金：____①是　②否；计提比例____%

计提原则：①按照利润额　②按照借款额　③按照借款次数　④按照出资额　⑤其他

如果没有计提风险准备金，出现坏账后如何处理：_____
①盈利填补　②具体经办人担责偿还　③担保人负责偿还　④其他____

124. 是否对借款人员的信用和还款能力进行评估：____ ①是　②否

　　　评估的原则与方法（可多选）：____ ①按农业生产规模　②按前几年生产盈利水平　③按农业生产未来盈利预期水平　④按家庭资产　⑤按个人信用　⑥其他____

125. 采用何种手段保证成员用款的偿还（可多选）：_____
　　　①农村住房（宅基地）抵押　②农地经营权抵押　③其他抵押物抵押　④政府公务人员担保　⑤用款人在当地的良好信用　⑥联户联保　⑦其他_____

126. 对违约的借款成员是否有处罚措施：①是，具体为_____　②否

127. 您认为合作社开展信用合作会面临哪些问题：____（最多选 3 项）
　　　①缺乏成员入股　②成员不懂相关业务知识　③缺乏专业管理人员　④缺乏保险柜等安全保障措施　⑤农业生产风险波动大容易冲击信贷投放或归还　⑥缺乏上级政策项目支持　⑦运转成本高　⑧信用合作规模太小　⑨手续太烦琐　⑩其他：____

128. 对合作社信用合作业务的政策建议与要求：____（最多选 3 项）
　　　①尽快出台法律法规　②尽快允许业务工商登记　③尽快明确管理指导部门　④加大项目资金支持力度　⑤加大对管理人员的专业知识培训教育力度　⑥加大业务章程操作程序指导力度　⑦其他：____

九、合作社经营绩效

129. 去年合作社经营收入____万元，支出____万元，其中工资支出____万元，纳税____万元，社会公益支出____万元

　　合作社 2017 年度营业额：____万元，其中来自成员交售额：____万元

　　合作社 2017 年度净利润：____万元，其中按交易量返利额：____万元

表 15 合作社近三年经营情况

年份	经营情况:万元			盈余分配:万元		
	经营收入	经营支出	利润	理事会所得	普通成员所得	公共积累
2017						
2016						
2015						

表 16 仅限于对种植业合作社进行调查

表 16 合作社农产品生产情况

类别		非粮食,选择最主要一种	粮食作物			
	作物代码					
合作经营	收获面积(亩)					
	亩产(斤/亩)					
	亩均生产资料投入(元)					
	价格(元)					
	一年几熟					
家庭单独经营	单独经营亩产生产资料投入(元)					
	单独经营亩产(斤/亩)					
	单价经营价格(元)					
	一年几熟					

注:粮食作物包括小麦、水稻、玉米、大豆、杂粮等,合作社如有其他粮食作物请在表格内写出名称

130. 债务的负担方式:____①按股分摊　②平均分摊　③由理事长承担　④其他____

131. 成员通过合作社获得的纯收入平均约____万元,其中最多的有____万元,最少的____万元

与加入合作社前相比,成员通过合作社平均增收____万元;通过什么途径增收的_____

132. 合作社带动成员增收的效果：____ ①没有效果②不太明显③一般④比较明显⑤很明显

133. 成员对合作社的满意度：____ ①很不满意②不太满意③一般④比较满意⑤很满意

134. 成员与合作社的关系稳定吗？____ ①很不稳定②不太稳定③一般④比较稳定⑤很稳定

135. 合作社近四年退社成员人数：今年____户；去年____户；前年____户；大前年____户

136. 合作社的凝聚力如何？____ ①很弱②比较弱③一般④比较强⑤很强

137. 成员对合作社事务的参与度（如开会人数情况等）：____ ①很低②比较低 ③一般 ④比较高 ⑤高

138. 合作社对合作社外农户的吸引力：____ ①很小 ②比较小 ③一般 ④比较大 ⑤很大

　　合作社近四年新增成员人数：今年____户；去年____户；前年____户；大前年____户

139. 合作社盈利能力与去年相比：____ ①差很多 ②稍差一点 ③差不多 ④稍好些 ⑤好很多

　　盈利能力与业务相近的同行相比：____ ①差很多 ②稍差一点 ③差不多 ④稍好些 ⑤好很多

140. 对合作社的发展前景：____ ①很不看好 ②不太看好 ③一般 ④比较看好 ⑤很看好

141. 当地劳动力的外出打工比例是____%，当地（一般指村）平均雇工价格是____元/天；男工____元/天；女工____元/天

142. 当地农民对合作社的认识程度如何：____ ①很不了解②不太了解③一般 ④比较了解 ⑤很了解

143. 您认为影响合作社发展的主要因素是（选出前三项并排优先顺序）：____、____、____

①政府支持　②合作社领导　③合作社资金　④合作社社会资源　⑤成员素质　⑥其他

144. 您认为制约本社发展的主要困难是（选出前三项并排优先顺序）：____、____、____

　　　①政府支持不够　②合作社领导不力或管理不善　③缺少资金　④缺少社会资源　⑤成员合作意识不强，对合作社不够信任　⑥市场销路打不开　⑦其他（请说明）

145. 您认为如果有非当地主体民族的人员参加本合作社，会对合作社有什么样的影响？_____

　　　①会有不好的影响　②说不清楚　③没什么影响　④有积极影响

　　　为什么？_____

_____

146. 您认为如果有境外的人员参加本合作社，会对合作社有什么样的影响？_____

　　　①会有不好的影响　②说不清楚　③没什么影响　④有积极影响

　　　为什么？_____

_____

147. 如果合作社社员是来自不同的民族，合作社会因为民族类别不同而对社员在提供服务分配利益等方面区别对待吗？____①会　②不会

　　　如果会，体现在哪些方面？为什么有区别呢？_____

_____

148. 如果有境外人员参与本合作社，他们在接受服务等方面和合作社正式成员有什么区别？

_____

149. 您觉得合作社在促进民族团结方面的影响怎样？____①没有影响　②比较小　③一般　④比较大　⑤很大

　　　体现在哪些方面？_____

150. 您觉得合作社在对促进民族内部凝聚力提高方面有积极的影响吗？

____①有②没有③说不清

  如果有，作用大吗？____①很小　②比较小③一般　④比较大⑤很大

  体现在哪些方面？_____

151. 您觉得合作社在对乡村经济发展方面有积极的影响吗？____①有②没有③说不清

  如果有，作用大吗？____①很小　②比较小　③一般　④比较大⑤很大

  体现在哪些方面？_____

152. 您觉得合作社在促进边境内外农户交流维护边境稳定方面有积极的影响吗？____①有②没有③说不清

  如果有，作用大吗？____①很小　②比较小　③一般　④比较大⑤很大

  体现在哪些方面？_____

153. 合作社会组织社员进行宗教活动吗？____①会　②不会

  如果会，每年几次，如何组织？具体什么活动？_____

154. 您觉得当地比较有影响的民间组织对合作社的影响大吗____①有②没有③说不清

  如果有，作用大吗？____①很小　②比较小　③一般　④比较大⑤很大

  体现在哪些方面？_____

155. 如果合作社中有被政府识别为精准扶贫对象的成员，那么这批成员入社是政府要求合作社吸纳的吗？____①是　②不是

  如果是，那么政府对应的有什么优惠政策给合作社？_____

156. 合作社在提供服务、分红等方面对贫困社员有什么特殊照顾？您觉得加入合作社对他们脱贫的帮助大吗？为什么？_____

157. 您觉得平时合作社成员之间沟通互动多吗？（　　）①很多　②比较多　③一般　④比较少　⑤很少

不同民族成员之间平时交流的多吗？（　　）①很多　②比较多　③一般　④比较少　⑤很少

问卷编号：_____

社员调查问卷

农户所在的地址：_____省_____县_____乡（镇）_____村

受访人姓名：_____联系方式：_____调查员：_____

调查日期：___年___月___日

一、家庭基本情况（家庭成员包括：2017年户口在本户或在家居住超过6个月的人，不包括分家、出嫁、参军和上大学、中专的成员）

1. 您家有几口人？____，分别为什么民族_____（民族代码：①汉族；②布朗族；③德昂族；④阿昌族；⑤普米族；⑥怒族；⑦独龙族；⑧基诺族；⑨景颇族；⑩其他请注明____）

2. 您家常年从事农业生产的劳动力有____个

3. 您的年龄____；文化程度____（文化程度代码：①小学及以下；②初中；③高中；④大专；⑤本科；⑥本科以上）

4. 您家是否是被政府识别为精准扶贫对象的贫困户：_____（1. 是；2. 不是）

二、加入合作社情况（参加合作社经营的产品以下简称社员产品，以下问题皆针对社员产品，实际问的时候请替换为具体的农牧产品）

1. 您家现在有____亩地，共分为____块，其中自家承包的____亩，租（转）入的____亩，可灌溉面积____亩，养殖用地____亩

2. 您参加的合作社名称是_____

您当初为什么参加该合作社？（　　）①为了得到合作社的各项服务；②看别人参加就跟着参加了；③村干部等劝说加入；④参加有奖励；⑤其他

3. 如果是种植业，您家2017年社员产品种了____亩，平均产量为____公斤/亩

如果是养殖业，您家2017年养殖规模是____头，如果是畜产品（比

如牛奶等），平均每月产量为____公斤/头

4. 近3年您家种养该产品的面积或数量是否有过变化（　　）①有；②没有

　　如果有，是根据什么确定的？（选两个最重要的）（　　）【①根据市场行情；②根据自家资金、土地、劳力等因素；③根据生产经营的费时费力和技术难易；④参考合作社社员种养情况；⑤订单企业规定的；⑥参考亲戚邻居的情况；⑦其他＿＿＿＿】

5. 近三年，您是否更换了品种？（　　）①是；②否

　　如果更换了，为什么要采用现在这个新品种？（可多选）（　　）【原因代码：①产量高；②品质好；③价格高；④省劳力；⑤产量稳定；⑥抗病虫害；⑦适合当地种养；⑧其他（请说明）＿＿＿＿】

　　新品种最初是通过什么途径得到的？新品种（　　）【途径代码：①县种子公司；②个体种子门市；③订单企业提供；④合作社推荐；⑤政府农业或畜牧部门；⑥科研机构；⑦村干部；⑧外村亲友；⑨邻居；⑩自己育/留种；⑪其他（请说明）＿＿＿＿】

6. 该产品是绿色或无公害的吗？（　　）①是；②否；③不清楚；如果是，投入的化肥、农药或饲料是如何购买的？（　　）①直接去农资市场购买的；②订单企业提供；③合作社统一购买的；④直接从生产厂家购买的；⑤其他____

7. 您觉得该产品的种养技术复杂吗？（　　）①复杂；②不复杂；③说不清楚

8. 合作社是否对该产品种养的各个环节统一标准？（　　）①是；②否

9. 您觉得该产品销售困难吗？（　　）①困难；②不困难；③说不清楚

10. 你们当地有该产品的加工企业吗？（　　）①有；②没有；③不知道；如果有，数量多吗（　　）①多；②不多；③说不清楚；其中有规模较大的该类产品龙头企业吗？（　　）①有；②没有；③不知道；如果有，您家离这些企业远吗？（　　）①很远；②比较远；③比较近；④很近

11. 合作社是否对该产品的品质有明确要求？（　　）①是；②否

如果有，对达不到标准的产品怎么处理？（　　）①降低价格收购；②拒绝收购；③其他（请注明）＿＿＿＿＿＿＿＿＿＿＿＿＿＿

12. 您家该产品销售的比例情况：

表1　产品销售情况

产品名称	通过当地市场销售的比例为(%)		通过商贩上门收购销售的比例为(%)	通过公司或企业直接收购销售的比例为(%)	通过农民专业合作社收购销售的比例为(%)	其他销售渠道（请说明)(%)
	零售	批发				

13. 通过合作社销售，价格会不会比一般市场上高些？（　　）①低些；②差不多；③高些（不通过合作社销售填"0"）如果高些，大概能高＿＿＿元/斤

14. 通过加入合作社，在资金借贷上会不会比以前容易些？（　　）①会；②不会；如果会，为什么（　　）①合作社提供资金；②合作社提供担保；③社员联保；④其他＿＿＿

15. 通过加入合作社，在市场信息获得和经验交流方面是不是比以前充分些？（　　）①更不充分；②差不多；③更充分了

16. 合作社社员间平时生产生活中遇到困难时会不会相互帮助？（　　）①基本上会；②有时会；③基本上不会

17. 您加入的合作社为您提供服务的内容：（可多选）（　　）①购买良种；②购买化肥、农药或饲料；③购买农机；④租用农机；⑤播种；⑥施肥；⑦打药或打疫苗；⑧灌溉；⑨机耕；⑩农机修理；⑪提供田间管理或养殖中的技术指导；⑫大宗农作物收割或屠宰；⑬采摘；⑭包装；⑮储藏；⑯运输；⑰收购与销售；⑱加工

18. 您最需要合作社提供哪项服务？（　　）①农产品销售；②生产资料供应；③农业技术服务；④提供市场信息；⑤资金；⑥其他＿＿＿

19. 您对该合作社的服务满意吗？（　　）①难说；②很不满意；③不

满意；④一般；⑤比较满意；⑥很满意

20. 您愿意与该合作社保持稳定的销售关系吗？（　　）①非常不愿意；②不愿意；③一般；④比较愿意；⑤很愿意

21. 您如果退出合作社，会不会面临家庭收益减少的问题？（　　）⓪难说/不确定；①不会；②有可能；③会

22. 当地政府有支持农民专业合作社发展的政策吗？（　　）（①有；②没有；③不知道）

23. 平时合作社社员之间聊天多吗？（　　）①很多；②比较多；③一般；④比较少；⑤很少

　　用什么语言沟通？（　　）①汉语；②少数民族语言；③其他（请说明情况）____

　　不同民族成员之间平时交流的多吗？（　　）①很多；②比较多；③一般；④比较少；⑤很少

　　如果有交流，用什么语言沟通？（　　）①汉语；②少数民族语言；③其他（请说明情况）_____

24. 如果您是当地主体民族，您认为如果有非当地主体民族的人员参加本合作社，会对合作社有什么样的影响？（　　）①会有不好的影响；②说不清楚；③没什么影响；④有积极影响。为什么？_____

25. 您认为如果有境外的人员参加本合作社，会对合作社有什么样的影响？（　　）①会有不好的影响；②说不清楚；③没什么影响；④有积极影响。为什么？_____

26. 如果合作社社员是来自不同的民族，您觉得合作社应该因民族类别不同而对社员在提供服务分配利益等方面区别对待吗？（　　）①应该；②说不清楚；③不应该。为什么？_____

27. 如果有境外人员参与本合作社，您觉得他们在接受服务等方面和合作社正式成员应该有区别吗？（　　）①应该；②说不清楚；③不应该　　为什么？_____

28. 您觉得合作社在对促进民族团结方面有积极的影响吗？（　　）

①有；②说不清楚；③没有

如果有，作用大吗？（　　）①很小；②比较小；③一般；④比较大；⑤很大

29. 您觉得合作社在促进边境内外农户交流维护边境稳定方面有积极的影响吗？（　　）①有；②说不清楚；③没有

如果有，作用大吗？（　　）①很小；②比较小；③一般；④比较大；⑤很大

体现在哪些方面？_____

30. 您觉得需要合作社组织社员进行宗教活动吗？（　　）①需要；②不需要；③无所谓

31. 合作社每年都召开社员大会吗？（　　）①召开；②不召开；③不知道；如果召开，您会参加吗？（　　）①会；②不会；③有时参加

如果参加，大会上成员之间交流多吗？（　　）①很多；②比较多；③一般；④比较少；⑤很少

32. 您除了参加该合作社，还有参加其他合作社吗？（　　）①有；②没有，如果有还参加了____个。您觉得和您还参加的其他合作社相比，该合作社算（　　）①很差；②比较差；③中等；④比较好；⑤很好

33. 您家 2017 年全年家庭总支出____元，其中投入农业生产经营的有____元

34. 您家 2017 年家庭总收入大概是什么水平（　　）①1.5 万元以下；②1.5 万~2.5 万元；③2.5 万~3.5 万元；④3.5 万~4 万元；⑤4 万~4.5 万元；⑥4.5 万~5 万元；⑦5 万~6 万元；⑧6 万~8 万元；⑨8 万~10 万元；⑩10 万元以上

35. 您加入合作社前和加入后相比，家庭收入有什么变化？（　　）①比以前增多了；②差不多；③比以前减少了

如果比以前增多了，那大概每年能增加____元；您觉得增加的收入对你们家重要吗？（　　）①很重要；②比较重要；③一般；④不太重要；⑤不重要

36. 您生产（或销售）农产品时，是否考虑农产品的质量与安全问题（　　）①十分关注；②比较关注；③一般；④不关注；⑤极不关注

37. 您购买农副产品（或食品）时，是否考虑产品的质量与安全问题（　　）①十分关注；②比较关注；③一般；④不关注；⑤极不关注

38. 如果您是被政府识别为精准扶贫对象的贫困户，您认为加入合作社对您脱贫的帮助大吗？（　　）①很小；②比较小；③一般；④比较大；⑤很大

39. 如果可以选择，您家以后愿意参与哪种生产经营方式？（　　）（①直接到市场上买卖；②卖给小商贩；③卖给相关的加工企业；④与企业签订包种子、技术、销售的生产合同；⑤加入农民合作经济组织）

参考文献

〔美〕奥利佛·威廉姆森、斯科特·马斯滕编《交易成本经济学——经典名篇选读》，李自杰、蔡铭等译，人民出版社，2008。

蔡荣：《"合作社+农户"模式：交易费用节约与农户增收效应——基于山东省苹果种植农户问卷调查的实证分析》，《中国农村经济》2011年第1期。

蔡荣、韩洪元：《合作社内部"影响成本"决定因素的实证分析——基于山东省苹果专业合作社的调查数据》，《经济评论》2011年第5期。

常青、孔祥智、张建华：《农民专业合作社发展中存在的问题及对策》，《山西财经大学学报》2009年第4期。

陈共荣、沈玉萍、刘颖等：《基于BSC的农民专业合作社绩效评价指标体系构建》，《会计研究》2014年第2期。

陈俊梁：《创新农民专业合作社治理结构的思考》，《南方农村》2010年第2期。

陈郁编《企业制度与市场组织——交易费用经济学文选》，上海三联书店、上海人民出版社，1996。

池泽新、张小有：《中介组织主导型市场农业体制初探——我国"小规模、分散化"农户经营市场化的"制度安排"与政策建议》，《农村经济》2004年第11期。

崔宝玉：《农民专业合作社的治理逻辑》，《华南农业大学学报》（社会科学版）2015年第2期。

邓衡山、王文烂：《合作社的本质规定与现实检视——中国到底有没有真正的农民合作社？》，《中国农村经济》2014年第7期。

邓衡山、徐志刚、黄季焜、宋一青：《组织化潜在利润对农民专业合作组织形成发展的影响》，《经济学（季刊）》2011年第4期。

丁建军：《对农民专业合作社内部治理几个问题的思考——基于湖北省荆门市农民专业合作社的调查》，《农村经济》2010年第3期。

杜吟棠主编《合作社：农业中的现代企业制度》，江西人民出版社，2002。

范远江、杨贵中：《农民专业合作社绩效评价研究范式解析》，《经济纵横》2011年第10期。

傅琳琳、李海涛、朋文欢、黄祖辉：《农户参与农民合作社对其绩效的影响——来自生猪养殖户的证据》，《中国畜牧杂志》2019年第4期。

郭红东：《龙头企业与农户订单安排与履约：理论和来自浙江企业的实证分析》，《农业经济问题》2006年第2期。

郭红东：《农业龙头企业与农户订单安排及履约机制研究——基于企业与农户行为的分析》，浙江大学博士学位论文，2005。

郭红东：《我国农户参与订单农业行为的影响因素分析》，《中国农村经济》2005年第3期。

郭红东、方文豪：《浙江省农户农产品生产与销售实证分析》，《西北农林科技大学学报》（社会科学版）2004年第9期。

郭红东、蒋文华：《"行业协会+公司+合作社+专业农户"订单模式的实践与启示》，《中国农村经济》2007年第4期。

郭红东、蒋文华：《龙头企业与农户的订单安排与履约——一个一般分析框架的构建及对订单蜂业的应用分析》，《制度经济学研究》2007年第1期。

郭红东、蒋文华：《影响农户参与专业合作经济组织行为的因素分析——基于对浙江省农户的实证研究》，《中国农村经济》2004年第5期。

郭红东、钱崔红：《发展新型农民专业合作经济组织：农户的意愿和需求——对浙江省164个农户的调查与分析》,《农业经济》2004年第3期。

国鲁来:《农民合作组织发展的促进政策分析》,《中国农村经济》2006年第6期。

国鲁来:《农民专业合作社需要制度创新》,《农村经济》2011年第5期。

何坪华:《论降低农户经营市场交易成本的意义与途径》,《调研世界》2000年第7期。

何坪华、凌远云:《订单农业发展中企业与农户之间的利益矛盾及其协调机制——基于湖北宜昌夷陵地区的调查》,《调研世界》2004年第6期。

何坪华、沈建中:《中介组织节约市场交易成本的理论与案例分析》,《农业经济》2000年第6期。

何坪华、杨名远:《农村市场中介组织的经济评价》,《新疆农垦经济》2000年第3期。

何坪华、杨名远:《小生产与大市场矛盾的表现与根源及其整合》,《华中农业大学学报》(社会科学版)2000年第2期。

胡明霞、胡耘通、黄胜忠:《农民专业合作社规范运行的监管机制探析》,《农村经济》2015年第6期。

胡平波、卢福财、李建军:《文化生态视角下农民专业合作社的形成与发展——以江西省为例》,《农业经济问题》2012年第11期。

黄季焜、邓衡山、徐志刚:《中国农民专业合作经济组织的服务功能及其影响因素》,《管理世界》2010年第5期。

黄季焜、邓衡山、徐志刚:《中国农民专业合作经济组织的服务功能及其影响因素》,《管理世界》2010年第5期。

黄胜忠:《成员异质性与农民专业合作社的所有权分析》,《农业经济问题》2007年第10期。

黄胜忠:《以地入股农民专业合作社的运行机制及产权分析》,《中国农村观察》2013年第3期。

黄胜忠、伏红勇:《成员异质性、风险分担与农民专业合作社的盈余分配》,《农业经济问题》2014年第8期。

黄胜忠、伏红勇:《公司领办的农民合作社:社会交换、信任困境与混合治理》,《农业经济问题》2019年第2期。

黄胜忠、林坚、徐旭初:《农民专业合作社治理机制及其绩效实证分析》,《中国农村经济》2008年第3期。

黄祖辉、扶玉枝:《合作社效率评价:一个理论分析框架》,《浙江大学学报》(人文社会科学版)2013年第1期。

黄祖辉、高钰玲:《农民专业合作社服务功能的实现程度及其影响因素》,《中国农村经济》2012年第7期。

黄祖辉、高钰玲、邓启明:《寻求合作社民主管理与外部介入的均衡》,《农村经营管理》2014年第8期。

黄祖辉、梁巧:《小农户参与大市场的集体行动——以浙江省箬横西瓜合作社为例的分析》,《农业经济问题》2007年第9期。

黄祖辉、徐旭初:《基于能力和关系的合作治理——对浙江省农民专业合作社治理结构的解释》,《浙江社会科学》2006年第1期。

黄祖辉、扶玉枝、徐旭初:《农民专业合作社的效率及其影响因素分析》,《中国农村经济》2011年第7期。

季晨、贾甫、徐旭初:《基于复衡性和绩效视角的农民合作社成长性探析——对生猪养殖合作社的多案例分析》,《中国农村观察》2017年第3期。

孔祥智、陈丹梅:《政府支持与农民专业合作社的发展》,《教育与研究》2007年第1期。

孔祥智、郭艳芹:《现阶段农民合作经济组织的基本状况、组织管理及政府作用——23省农民合作经济组织调查报告》,《农业经济问题》2006年第1期。

孔祥智、蒋忱忱:《成员异质性对合作社治理机制的影响分析——以四川省井研县联合水果合作社为例》,《农村经济》2010年第9期。

孔祥智、史冰清:《当前农民专业合作组织的运行机制、基本作用及影响因素分析》,《农村经济》2009年第1期。

李冰：《非正式权力视角下合作社中贫困户权益保护研究》，《农村经济》2017年第3期。

李大胜、罗必良：《关于农产品流通的若干理论问题》，《南方农村》2002年第1期。

李杰义：《农业产业链视角下的区域农业发展研究》，同济大学博士学位论文，2008。

李金珊、袁波、沈楠：《农民专业合作社本质属性及实地考量——基于浙江省15家农民专业合作社的调研》，《浙江大学学报》2016年第5期。

梁巧、黄祖辉：《关于合作社研究的理论和分析框架：一个综述》，《经济学家》2011年第12期。

廖小静、应瑞瑶、邓衡山、徐志刚：《收入效应与利益分配：农民合作效果研究——基于农民合作社不同角色农户受益差异的实证研究》，《中国软科学》2016年第5期。

林坚、马彦丽：《农业合作社和投资者所有企业的边界——基于交易费用和组织成本角度的分析》，《农业经济问题》2006年第3期。

林毅夫：《小农与经济理性》，《农村经济与社会》1988年第3期。

刘风芹：《不完全合约与履约障碍》，《经济研究》2003年第4期。

刘金山：《内生性与农业市场组织创新》，《中国农村观察》2001年第5期。

刘俊文：《农民专业合作社对贫困农户收入及其稳定性的影响——以山东、贵州两省为例》，《中国农村经济》2017年第2期。

刘婷：《不同环境下农民专业合作社的形成路径探析——基于ANT视角的实证研究》，《农业经济问题》2011年第2期。

刘婷：《我国区域环境下农民专业合作社的创建模式》，《经济导刊》2011年第1期。

柳晓阳：《农村专业合作社机制与职能转型初探》，《农业经济问题》2005年第9期。

柳晓阳：《农村专业合作社机制与职能转型初探》，《特区经济》2005

年第 12 期。

罗必良：《交易费用的测量：难点、进展与方向》，《学术研究》2006年第 9 期。

罗必良：《农民合作组织：偷懒、监督及其保障机制》，《中国农村观察》2007 年第 2 期。

罗必良：《市场、企业和政府：功能边界与作用范围——基于交易费用经济学的考察》，《学术研究》2000 年第 7 期。

罗必良、刘成香、吴小立：《资产专用性、专业化生产与农户的市场风险》，《农业经济问题》2008 年第 7 期。

罗必良、王玉蓉、王京安：《农产品流通组织制度的效率决定：一个分析框架》，《农业经济问题》2000 年第 8 期。

〔美〕罗纳德·H. 科斯等：《财产权利与制度变迁——产权学派与新制度经济学派译文集》，刘守英等译，格致出版社、上海三联书店、上海人民出版社，2014。

罗颖玲、李晓、杜兴端：《农民专业合作社综合绩效评价体系设计》，《农村经济》2014 年第 2 期。

罗玉峰、邓衡山、陈菲菲、徐志刚：《农民专业合作社的农户参与：自选择还是被参与》，《农业现代化研究》2017 年第 1 期。

马彦丽、林坚：《集体行动的逻辑与农民专业合作社的发展》，《经济学家》2006 年第 2 期。

毛飞、王旭、孔祥智：《农民专业合作社融资服务供给及其影响因素》，《中国软科学》2014 年第 7 期。

门炜、任大鹏：《外部资源对农民专业合作社发展的介入影响分析》，《农业经济问题》2011 年第 12 期。

潘劲：《中国农民专业合作社：数据背后的解读》，《中国农村观察》2011 年第 6 期。

朋文欢、黄祖辉：《农民专业合作社有助于提高农户收入吗？——基于内生转换模型和合作社服务功能的考察》，《西北农林科技大学学报》（社会科学版）2017 年第 4 期。

朋文欢、黄祖辉：《农民专业合作社有助于提高农户收入吗？——基于内生转换模型和合作社服务功能的考察》，《西北农林科技大学学报》（社会科学版）2017 年第 4 期。

曲承乐、任大鹏：《农民专业合作社的价值回归与功能重塑——以小农户和现代农业发展有机衔接为目标》，《农村经济》2019 年第 2 期。

曲承乐、任大鹏：《农民专业合作社利益分配困境及对策分析——惠顾返还与资本报酬有限原则本土化的思考》，《农业经济问题》2019 年第 3 期。

屈小博：《不同经营规模农户市场行为研究——基于陕西省果农的理论与实证》，西北农林科技大学博士学位论文，2008。

任大鹏：《合作社应当成为乡村振兴的主力军》，《中国农民合作社》2018 年第 5 期。

任大鹏、李琳琳、张颖：《有关农民专业合作社的凝聚力和离散力分析》，《中国农村观察》2012 年第 5 期。

任大鹏、李蔚：《农民合作社梯次民主现象研究》，《西北农林科技大学学报》（社会科学版）2017 年第 6 期。

任大鹏、于欣慧：《论合作社惠顾返还原则的价值——对"一次让利"替代二次返利的质疑》，《农业经济问题》2013 年第 2 期。

任重、侯跃亮、王术科等：《烟农专业合作社绩效评价研究——基于山东省 15 个样本社的调查分析》，《农业经济与管理》2015 年第 4 期。

邵科：《农民合作社开展电商经营的路径、难点和前景》，《农民科技培训》2018 年第 3 期。

邵科：《如何看待和应对农民合作社"异化"》，《农村经营管理》2018 年第 12 期。

邵科、徐旭初：《成员异质性对农民专业合作社治理结构的影响——基于浙江省 88 家合作社的分析》，《西北农林科技大学学报》（社会科学版）2008 年第 2 期。

邵科、徐旭初、黄祖辉：《成员参与行为与农民合作社组织结构差异——基于中西方的比较分析》,《湖南农业大学学报》(社会科学版) 2013 年第 6 期。

邵科、于占海:《农民合作社在促进产业精准脱贫中的功能机理、面临问题与政策建议》,《农村经济》2017 年第 7 期。

施晟、卫龙宝、伍骏骞:《"农超对接"进程中农产品供应链的合作绩效与剩余分配——基于"农户+合作社+超市"模式的分析》,《中国农村观察》2012 年第 4 期。

史冰清、靳兴初、孔祥智:《产业链中影响农户横向合作行为意愿的因素分析——基于鲁、陕、晋三省(区)调查的实证研究》,《江汉论坛》2010 年第 1 期。

宋金田、祁春节:《农户合作行为形成与发展——基于新制度经济学视角的案例分析》,《华中农业大学学报》2013 年第 6 期。

孙亚范、余海鹏:《社员认知、利益需求与农民合作的制度安排分析——基于江苏的调研数据》,《南京农业大学学报》2009 年第 2 期。

孙艳华、刘湘辉、周发明、周力、应瑞瑶:《生产合同模式对农户增收绩效的实证研究——基于江苏省肉鸡行业的调查数据》,《农业技术经济》2008 年第 4 期。

孙艳华、晏书诚:《内部信任对社员合作意愿与参与行为的影响》,《湖南农业大学学报》(社会科学版) 2018 年第 19 期。

覃杰、袁久和、朱腾:《从成员异质性到组织同一性:我国农民专业合作社演进机制研究》,《中国市场》2016 年第 3 期。

谭智心、孔祥智:《不完全契约、非对称信息与合作社经营者激励——农民专业合作社"委托—代理"理论模型的构建及其应用》,《中国人民大学学报》2011 年第 5 期。

谭智心、孔祥智:《不完全契约、内部监督与合作社中小社员激励——合作社内部"搭便车"行为分析及其政策含义》,《中国农村经济》2012 年第 7 期。

唐宗焜:《合作社功能和社会主义市场经济》,《经济研究》2007 年第

12 期。

王德祥、李建军：《农村集体经济实现形式问题探讨》，《农村经济》2010 年第 1 期。

王图展：《农民合作社与关联组织纵向协作的影响因素》，《华南农业大学学报》2017 年第 1 期。

王图展：《自生能力、外部支持与农民合作社服务功能》，《农业经济问题》2017 年第 5 期。

王文丽、尉京红、周宁：《农民合作社的社会绩效评价指标体系探讨——基于"三农"视角》，《黑龙江畜牧兽医》2015 年第 6 期。

王小平：《"书记县长谈合作"系列二十 发展合作社是推进"三化"同步的重要途径》，《中国农民合作社》2012 年第 11 期。

温涛、王小华、杨丹、朱炯：《新形势下农户参与合作经济组织的行为特征、利益机制及决策效果》，《管理世界》2015 年第 7 期。

吴彬、徐旭初：《合作社治理结构：一个新的分析框架》，《经济学家》2013 年第 10 期。

吴晨：《不同模式的农民合作社效率比较分析——基于 2012 年粤皖两省 440 个样本农户的调查》，《农业经济问题》2013 年第 3 期。

徐旭初：《合作社是小农户和现代农业发展有机衔接的理想载体吗？》，《中国农村经济》2018 年第 11 期。

徐旭初：《合作社是小农组织化的核心载体》，《中国农民合作社》2019 年第 3 期。

徐旭初：《还谈在脱贫攻坚中发挥农民合作社的内源作用》，《中国农民合作社》2016 年第 8 期。

徐旭初：《农民合作社发展中政府行为逻辑：基于赋权理论视角的讨论》，《农业经济问题》2014 年第 1 期。

徐旭初：《农民专业合作社发展辨析：一个基于国内文献的讨论》，《中国农村观察》2012 年第 5 期。

徐旭初、吴彬：《治理机制对农民专业合作社绩效的影响——基于浙江省 526 家农民专业合作社的实证分析》,《中国农村经济》2010 年第 5 期。

徐志刚、张森、邓衡山、黄季焜:《社会信任:组织产生、存续和发展的必要条件?——来自中国农民专业合作经济组织发展的经验》,《中国软科学》2011 年第 1 期。

杨丹、刘自敏、徐旭初:《环境异质性、合作社交叉效率与合作关系识别》,《农业技术经济》2015 年第 3 期。

杨立社、杨彤:《农民专业合作社内部信用合作参与意愿》,《西北农林科技大学学报》(社会科学版) 2018 年第 18 期。

杨亦民、罗小文:《农民专业合作社生猪养殖户合作意愿分析——基于湖南省生猪产业的调查数据》,《黑龙江畜牧兽医》2016 年第 16 期。

苑鹏:《"公司+合作社+农户"下的四种农业产业化经营模式探析——从农户福利改善的视角》,《中国农村经济》2013 年第 4 期。

苑鹏:《合作社参与精准扶贫的创新实践》,《中国农民合作社》2019 年第 1 期。

苑鹏:《农民合作社:引导小农生产进入现代农业轨道》,《中国农民合作社》2017 年第 7 期。

苑鹏:《农民专业合作社联合社发展的探析——以北京市密云县奶牛合作联社为例》,《中国农村经济》2008 年第 8 期。

苑鹏:《试论合作社的本质属性及中国农民专业合作经济组织发展的基本条件》,《农村经营管理》2006 年第 8 期。

苑鹏:《中国特色的农民合作社制度的变异现象研究》,《中国农村观察》2013 年第 3 期。

苑鹏、刘凤芹:《美国政府在发展农民合作社中的作用及其启示》,《农业经济问题》2007 年第 9 期。

张兵、周翔、韩树枫:《农村信用社改革绩效评价——基于江苏省调查数据的分析》,《农村经济》2009 年第 4 期。

张琛、孔祥智:《农民专业合作社成长演化机制分析——基于组织生态学视角》,《中国农村观察》2018 年第 3 期。

张琛、孔祥智：《组织嵌入性对农民合作社绩效的影响研究——基于多案例的实证分析》，《财贸研究》2019年第2期。

张民省：《对我国建立和发展农民专业合作社的思考》，《经济问题》2009年第6期。

张荣、王礼力：《农民专业合作社社员搭便车行为影响因素分析——以陕西省为例》，《农村经济》2014年第11期。

张晓山：《促进以农产品生产专业户为主体的合作社的发展——以浙江省农民专业合作社的发展为例》，《中国农村经济》2004年第11期。

张晓山：《关于中国农民合作社可持续发展的几个问题》，《中国合作经济》2014年第10期。

张晓山：《农民专业合作社的发展趋势探析》，《管理世界》2009年第5期。

张晓山：《有关中国农民专业合作社未来发展的几个问题》，《农村经营管理》2017年第10期。

张燕、吴正刚：《论农村信息市场的经济法规制》，《长江论坛》2008年第4期。

张颖、任大鹏：《论农民专业合作社的规范化——从合作社的真伪之辩谈起》，《农业经济问题》2010年第4期。

赵佳荣：《农民专业合作社"三重绩效"评价模式研究》，《农业技术经济》2010年第2期。

赵晓峰、余方：《农民分化、社会互动与农户参与合作社的行为决策机制研究——基于3县6社358户调查问卷的实证分析》，《云南行政学院学报》2016年第4期。

赵晓峰、赵祥云：《规则意识、合作权能与农民合作社法制化建设——社员的视角》，《人文杂志》2016年第8期。

浙江省农业厅课题组：《农民专业合作社绩效评价体系初探》，《农村经营管理》2008年第10期。

郑少红、刘淑枝：《农民专业合作社运营绩效评价——以福建省为例》，

· 319 ·

《技术经济》2012年第9期。

钟颖琦、黄祖辉、吴林海:《农户加入合作社意愿与行为的差异分析》,《西北农林科技大学学报》(社会科学版) 2016年第6期。

周立群、曹利群:《农村经济组织形态的演变与创新——山东省莱阳市农业产业化调查报告》,《经济研究》2001年第1期。

周晔馨、叶静怡、曹和平:《社会资本是穷人的资本吗?——来自中国农户收入的经验证据》,《管理世界》2012年第7期。

周振、孔祥智:《盈余分配方式对农民合作社经营绩效的影响——以黑龙江省克山县仁发农机合作社为例》,《中国农村观察》2015年第5期。

周振、孔祥智:《资产专用性、谈判实力与农业产业化组织利益分配——基于农民合作社的多案例研究》,《中国软科学》2017年第7期。

朱哲毅、邓衡山、廖小静:《资本投入、利益分配与合作社生产性集体投资》,《农业经济问题》2019年第3期。

Alback S., Schultz C., "On the Relative Advantage of Cooperatives," *Economic Letters*, 1998, (59).

Alback S., Schultz C., "One Cow? One Vote?" *Scandinavian Journal of Economics*, 1997, 99 (4).

Anthony Wilson, "Capitalist Coordination of Agriculture: Food Processing Firm and Farming in Central Canada," *Rural Sociology*, 1990, Vol. 55 (3).

Bernard T., Spielman D. J., "Reaching the Rural Poor through Rural Producer Organizations? A Study of Agricultural Marketing Cooperatives in Ethiopia," *Food Policy*, 2009, 34 (1).

Bijman J., Hendrikse G., "Cooperatives in Chains: Institutional Restructuring in the Dutch Fruit and Vegetables Industry," *Journal on Chains and Network Science*, 2003, 3 (2).

Birchall J., "Rediscovering the Cooperative Advantage-Poverty Reduction Through Self-help," Geneva: International Labour Organisation, 2003.

Boger, Silke, "Quality and Contractual Choice: A Transaction Cost

Approach to the Polish Hog Market," *European Review of Agricultural Economics*, 2001, Vol. 28 (3).

Bugos G. E., "Intellectual Property Protection in the American Chicken-breeding Industry," *Business History Review*, 1992, Vol. 66.

Cook M. L., "The Future of U. S. Agricultural Cooperatives: A Neo-institutional Approach," *American Journal of Agricultural Economics*, 1995, 77 (10).

Cottrell, C. A., Neuberg, S. L., "What do People Desire in Others? A Sociofunctional Perspective on the Importance of Different Valued Characteristics," *Lournal of Personality and Social Psychology*, 2007, 92 (2).

DeeVon Bailey, Lynn Hunnicutt, "The Role of Transaction Costs in Market Selection: Market Selection in Commercial Feeder Cattle Operations," Annual Meeting of the American Agricultural Economics Association in Long Beach, 2002, CA. July 28-31.

Deng, H., Huang, J., Xu, Z., et al., " Policy Support and Emerging Farmer Professional Cooperatives in Rural China," *China Economic Review*, 2010, 21 (4).

Deval Y., Biere A., "Grain Producers Attitudes to New Forms of Supply Chain Coordination," *International Food and Agribusiness Management Review*, 1998, 1 (2).

Develtere P., Pollet I., Wanyama F. O., "Cooperating Out of Poverty: The Renaissance of the African Co-operative Movement," Geneva: International Labour Organization, 2008.

Egerstrom L., " Obstacles to Cooperation," Cooperatives and Local Development: Theory and Applications for the 21st Century, 2004.

Eisenhardt K. M., "Control: Organizational and Economic Approaches," *Management Science*, 1985 (31).

Emelianoff, *Economic Theory of Cooperation*, Ann AiIbor Edward

Brothers, 1942.

Enke S., "Consumer Cooperatives and Economic Efficiency," *American Economic Review*, 1945, 35 (1).

Ferrin Donald L., Bligh Michelle C., Kohles Jeffrey C., "Can't You to Trust Me? A Theory of Trust, Monitoring and Cooperation in Interpersonal and Intergroup Relationship," *Group & Organization Management*, 2007, 32 (4).

Frank S. D., Henderson D. R., "Transaction Costs as Determinants of Vertical Coordination in the U.S. Fond Industries," *American Journal of Agricultural Economics*, 1992 (74).

Fulton M., "Cooperatives and Member Commitment," *The Finnish Journal of Business Economics*, 1999.

Fulton M., "The Future of Canadian Agricultural Cooperatives: A Property Rights Approach," *American Journal of Agricultural Economics*, 1995, 77 (5).

Fulton M. E., Giannakas K., "Organizational Commitment in a Mixed Oligopoly: Agricultural Cooperatives and Investor-owned Firms," *American Journal of Agricultural Economics*, 2000, 83 (5).

Helmberger P. G., Hoos S., *Cooperative Bargaining in Agriculture: Grower-Processor Markets for Fruits and Vegetables*, Los Angeles: University of California, 1965.

Helmberger P. G., "Cooperative Enterprise as a Structural Dimension of Farm Markets," *Journal of Farm Economics*, 1964 (46).

Helmberger P. G., Hoos S., "Cooperative Enterprise and Organization Theory," *Journal of Farm Economics*, 1962 (44).

Hendrikse G. W., Veerman C. P., "Marketing Cooperatives: An Incomplete Contracting Perspective," *Journal of Agricultural Economics*, 2001, 52 (1).

Hendrikse G., "Screening, Competition and the Choice of the Cooperative as an Organizational Form," *Journal of Agricultural Economics*, 1998, 49 (2).

Hennessy David A., Lawrence John D., "Contractual Relations, Control, and Quality in the Hog Sector," *Review of Agricultural Economics*, 1999 (1).

Hobbs J. E., Youg L. M., "Closer Vertical Coordination in Agri-food Supply Chains: A Conceptual Framework and Some Preliminary Evidence," *Supply Chain Management*, 2000 (5).

Hobbs Till E., "Increasing Vertical Linkages in Agri-food Supply Chain: A Conceptual Model and Some Preliminary Evidence," Research Discussion Paper No. 35, University of Saskatchewan, August 1999.

Joskow Paul L., "Vertical Integration and Long-term Contracts: The Case of Coal-burning Electric Generating PlantsJournal of Law," *Economics and Organization*, 1985.

Key Nigel, McBride William, "Production Contracts and Productivity in the U.S. Hog Section," *American Journal of Agricultural Economics*, 2003, Vol. 81.

Kliebenstein James B., John D. Lawrence, "Contracting and Vertical Coordination in the United States Pork Industry," *American Journal of Agricultural Economics*, 1995 (12).

Levay C., "Agricultural Cooperative Theory: A Review," *Journal of Agricultural Economics*, 1983, 34 (1).

Martinez S. W., "Vertical Coordination of Marketing Systems: Lessons from the Poultry, Egg, and Pork Industries," Agricultural Economic Report No. 807, April 2002.

Martinez S. W., "Vertical Coordination in the Pork and Broiler Industries: Implications for Pork and Chicken Products," USDA, 1999, No. 777.

Mercer C., "The Discourse of Maendeleo and the Politics of Women's Participation on Mount Kilimanjaro," *Development and Change*, 2002, 33 (1).

Mighell R. L., Jones L. A., "Vertical Coordination in Agriculture, U.S. Department of Agriculture, Economic Research Service," Agricultural Economic Report No. 19, 1963.

Nickerson A. J., Silverman S. B., "Why Firms Want to Organize Efficiently and What Keeps Them from Doing So: Inappropriate Governance, Performance, and Adaptation in a Deregulated Industry," *Administrative Science Quarterly*, 2003, 48 (3).

Ollila P., Nilsson J., "The Pension of Agricultural Cooperatives in the Changing Food Industry of Europe," in Nilsson J. and Van Dijk G., *Strategies and Structures in the Agro-food Industries*, Assen: Van Gorcum, 1997.

Paul S. Adler, Seok-Woo Kwon, "Social Capital: Prospects for a New Concept," *Academy of Management Review*, 2002, 27 (1), 17-40.

Phillips R., "Economic Nature of the Cooperative Association," *Journal of Farm Economics*, 1953 (35).

Poole N. D., DeI Campo Comis, Igual J., Gimenz F. V., "Formal Contracts in Fresh Produce Markets," *Food Policy*, 1998, Vol. 23, No. 2.

Popkin S., *The Rational Peasant: The Political Economy of Rural Society in Vietnam Berkeley*, University of California Press, 1979 (31).

Rehber, Erkan, "Vertical Coordination in the Agri-food Industry and Contract Farming: A Comparative Study of Turkey and the USA," Food Marketing Policy Center Research, University of Connecticut 2000, Report No. 52.

Rehber, Erkan, "Vertical Integration in Agricultural and Contract Farmer Working Paper Series," Food Marketing Policy Center, University of Connecticut, Report No. 32, 1998.

Renos Vakis, Elisabeth Sadoulet, Alain de Janvry, "Measuring Transactions Costs from Observed Behavior: Market Choices in Peru," JEL Classification, October 2003.

Rhodes V. J., "Cooperatives and Contestable/Substainable Markets," in Royer J., *Cooperative Theory: New Approaches*, Washington D. C.: USDA, 1987.

Rhodes V. J., "The Large Agricultural Cooperative as a Competitor," *American Journal of Agricultural Economics*, 1983 (65).

Rogers R. T. , Sexton R. J. , "Assessing the Importance of Oligopsony Power in Agriculture," Amer. J. Agr. Econ, 1994.

Royer J. S. , "Potential for Cooperative Involvement in Vertical Coordination and Value-added Activities," *Agri-business: An International Journal*, 1995, 11 (5).

Sexton R. J. , Iskow J. , "Factors Critical to the Success or Failure of Emerging Agricultural Cooperatives," Giannini Foundation Information Series No. 88-3, Davis: University of California-Davis, 1988.

Shaffer J. D. , "Thinking about Farmer' Cooperatives, Contracts, and Economic Coordination," in Royer J. , Cooperative Theory: New Approaches. Washington D. C. , USDA, 1987.

Shylendra H. S. , "Microfinance and the Cooperatives: Can the Poor Gain from Their Coming Together?" *International Journal of Rural Management*, 2013, 9 (2).

Spolter J. , "Bargaining Cooperatives Lead in Using Conciliation: Agricultural Bargaining in a Competitive World," Proceedings of Service Report of 37th National and Pack Coast Bargaining Cooperative Conference, USDA, 1992.

Sporleder T. , "Assessing Vertical Strategic Alliances by Agribusiness," *Canadian Journal of Agricultural Economics*, 1994 (42).

Staatzs J. M. , "Cooperatives: A Theoretical Perspective on the Behavior of Farmers," East Lansing: Michigan State University, 1984.

Staatzs J. M. , "Farmers' Incentives to Take Collective Action Via Cooperatives: A Transaction-Cost Approach," in Royer J. , Cooperative Theory: New Approaches, Washington D. C. , 1987.

Staatzs J. M. , "Recent Developments in the Theory of Agricultural Cooperation," 1987.

Staatzs J. M. , "The Structural Characteristics of Farmer Cooperatives and Their Behavioral Consequences," in Royer J. , Cooperative Theory: New

Approaches, Washington D. C. , 1987.

Sykuta M. E. , Cook M. L. , "A New Institutional Economics Approach to Contracts and American Cooperatives," *Journal of Agricultural Economics*, 2001, 83 (5).

Verhofstadt E. , Maertens M. , "Can Agricultural Cooperatives Reduce Poverty? Heterogeneous Impact of Cooperative Membership on Farmers Welfare in Rwanda," *Applied Economic Perspectives and Policy*, 2015, 37 (1).

Williamson O. E. , "Comparative Economic Organization: The Analysis of Discrete Structural Alternatives Administrative," *Science Quarterly*, 1991 (36).

"Agricultural Cooperatives in Selected Transitional Countries," Discussion Paper, International Cooperative Agricultural Organization, 2000.

后 记

本书是在笔者主持的 2015 年度国家社会科学基金青年项目"滇西边境连片特困民族地区农业合作社生成机制、发展现状及影响因素研究"（15CMZ039）基础上形成的研究成果。

2014 年，我作为同事的课题组成员去滇西调研，滇西片区曾是我国 14 个集中连片特困地区之一，是云南涉及的 4 个集中连片特困地区中区域最广、贫困面大、深度贫困问题突出的片区。片区内少数民族众多，有汉、彝、白、傈僳、景颇、拉祜、傣、佤、怒、纳西、独龙等 26 个世居民族，其中有 15 个云南独有少数民族、8 个人口较少民族，且"直过"、沿边跨境特困少数民族较多，经济封闭而落后，农民组织化程度低，种养规模小而分散，信息技术等获取困难，难以与"大市场"连接。这就使我思考一些问题：如何能增强这些地区农户的市场意识？如何能有效降低他们的生产经营成本？如何有效地为他们提供农业生产的社会化服务？如何能促进这些小农户与现代农业发展有机衔接？

带着这些问题，2017 年 4~8 月，笔者及团队成员共 10 余人奔赴云南省保山市、红河州、临沧市及大理州 4 个地州（市），通过问卷访谈，共对 4 个地州（市）的 4 个县 19 个乡镇的 50 个合作社及 381 名社员进行了深入细致的调研，整个调研活动历时 5 个月。现在回想起来，调研时因为语言不通等问题着实给我们带来了不小的困难，好在我们都一一克服了。特别感谢在此过程中给予我们莫大支持和帮助的各位合作社理事长和成员，以及耐心帮助我们"翻译"的当地朋友们，再次表示衷心的感谢！

特别感谢张峻老师对本书第四章相关材料搜集整理过程中给予的帮助和指导！

无论水平高低，我们总算是初步完成了对那些问题的调查和思考，也希望本书能帮助读者了解在滇西这片相对落后闭塞的地区农民在生产经营过程中走向合作化的进路。

图书在版编目（CIP）数据

乡村振兴背景下农民专业合作社发展进路／史冰清著 .--北京：社会科学文献出版社，2023.5
ISBN 978-7-5228-0704-1

Ⅰ.①乡… Ⅱ.①史… Ⅲ.①农业合作社-专业合作社-发展-研究-中国 Ⅳ.①F321.42

中国版本图书馆 CIP 数据核字（2022）第 170554 号

乡村振兴背景下农民专业合作社发展进路

著　　者／史冰清
出 版 人／王利民
责任编辑／吴　敏
责任印制／王京美

出　　版／社会科学文献出版社（010）59367127
　　　　　　地址：北京市北三环中路甲 29 号院华龙大厦　邮编：100029
　　　　　　网址：www.ssap.com.cn
发　　行／社会科学文献出版社（010）59367028
印　　装／三河市龙林印务有限公司

规　　格／开本：787mm×1092mm　1/16
　　　　　　印张：21　字数：315 千字
版　　次／2023 年 5 月第 1 版　2023 年 5 月第 1 次印刷
书　　号／ISBN 978-7-5228-0704-1
定　　价／89.00 元

读者服务电话：4008918866

版权所有 翻印必究